Filmfestivals in Deutschland

# STUDIEN ZUR KULTURPOLITIK

Herausgegeben von Wolfgang Schneider

Band 5

PETER LANG

Frankfurt am Main · Berlin · Bern · Bruxelles · New York · Oxford · Wien

Kai Reichel-Heldt

# Filmfestivals in Deutschland

Zwischen kulturpolitischen Idealen
und wirtschaftspolitischen Realitäten

PETER LANG

Europäischer Verlag der Wissenschaften

**Bibliografische Information der Deutschen Nationalbibliothek**
Die Deutsche Nationalbibliothek verzeichnet diese Publikation in
der Deutschen Nationalbibliografie; detaillierte bibliografische
Daten sind im Internet über <http://www.d-nb.de> abrufbar.

Zugl.: Hildesheim, Univ., Diss., 2006

Gedruckt auf alterungsbeständigem,
säurefreiem Papier.

Hil 2
ISSN 1611-700X
ISBN-10: 3-631-56242-X
ISBN-13: 978-3-631-56242-0

© Peter Lang GmbH
Europäischer Verlag der Wissenschaften
Frankfurt am Main 2007
Alle Rechte vorbehalten.

Printed in Germany 1 2 3 4 5   7

www.peterlang.de

Geduldet wird die Kunst, solange sie wenigstens nicht defizitär ist, erwünscht ist sie jedoch nur, wenn sie sich als Standortfaktor vermarkten lässt und Umwegrentabilität verspricht. Deshalb soll die Kultur populär und massenattraktiv sein, Kulturpolitik wird in Stadtmarketing überführt, obwohl dies zur Konsequenz haben müsste, die Künste künftig aus dem Etat für Wirtschaftförderung zu alimentieren.[*]

## Danksagung

Der erste Dank gilt Professor Dr. Wolfgang Schneider, der den Anstoß zu dieser Arbeit gab, sie beharrlich in die richtigen Bahnen gelenkt hat und mir ermöglichte, meine Dissertation in seiner Reihe „Studien zur Kulturpolitik" zu veröffentlichen. Auch ohne die umfassende Unterstützung durch eine Vielzahl an Filmfestivalmitarbeitern, Kulturpolitikern und Fachvertretern aus der Filmbranche wäre diese Arbeit nicht zustande gekommen. Insbesondere jene haben mir weitergeholfen, die sich intensiv mit den an sie gerichteten Fragen auseinandergesetzt haben und Antworten jenseits rhetorischer Floskeln gaben. Ein besonderer Dank gilt den Menschen aus meinem persönlichen Umfeld, insbesondere Werner und Frajo, die mich in dieser Zeit unterstützt und ertragen haben.

---

[*]  Schmidt, Christopher: Bretter, die das Geld bedeuten. Schließt die Subventionsfresser – oder: Wie die allgegenwärtige Sparpolitik auch zur Zähmung der Kultur benutzt wird. In: *Süddeutsche Zeitung*, 25.06.2003

**Inhaltsverzeichnis**

8

# 1. Film im Spannungsfeld zwischen Kultur- und Wirtschaftsgut und untersuchungsrelevante Grundinformationen

## 1.1. Ziel der Untersuchung

In den kommenden Jahren stehen in Deutschland auf Grund der finanziellen Situation von Bund, Ländern und Gemeinden in den Kulturhaushalten große Umverteilungen und Kürzungen an. Diese können auch bei der Filmfestivalförderung von Kürzungen bis hin zur kompletten Streichung führen. Einzelne Veranstaltungen pausieren bereits wegen finanzieller Probleme entgegen ihrer gewohnten Rhythmen, ob sie zukünftig überhaupt wieder stattfinden werden, erscheint angesichts der angestrebten Einsparungen bei den Förderern und der gleichzeitigen Konzentration der Sponsorengeber auf die Bereiche Sport und kulturell massentaugliche Großereignisse fraglich. Der Druck seitens der Politik auf Filmfestivals zur stärkeren wirtschaftlichen Selbstständigkeit nimmt ständig zu, Umwegrentabilitätsanalysen werden als Maßstäbe zur Relevanzbewertung von Kulturveranstaltungen und zum förderungsinternen Vergleich der Rendite unterschiedlicher geförderter Projekte und Veranstaltungen herangezogen.

> „Angesichts knapper öffentlicher Kassen ist ein effektives Bewirtschaften der Ressourcen sicherlich anzustreben. Kultur muss aber ihren Eigen-Sinn und Eigenwert sowie ihre gesellschaftskritische Rolle jenseits ökonomischer Zweckrationalität behaupten. Gerade die ästhetische Erfahrung, die uns die Künste gewähren und die durch kulturelle Bildung vermittelt wird, hat zunächst keine ökonomischen Bezugsgrößen. Vielmehr geht es dabei um freie individuelle und subjektive Entfaltung."[1]

Ziel dieser Untersuchung ist es, den kulturpolitischen Sinn von Filmfestivals zu untersuchen und aus der momentanen Situation heraus aufzuzeigen, welche Folgen Kürzungen oder völlige Einstellungen von Filmfestivalförderung für das Kulturgut Film und dessen verschiedene Nutzergruppen haben können. Ebenso sollen Ansätze für eine zukunftsorientierte, jenseits von wirtschaftspolitischen Ansätzen sachgerechte Diskussion zum kulturpolitischen Wert von Filmfestivals geliefert werden. Dazu gehört auch das Infragestellen der derzeitigen Festivallandschaft. Einige Filmfestivals haben sich bereits freiwillig in Richtung Event entwickelt oder sind zur Sicherung der Gesamtfinanzierung um solche Entwicklungen nicht herumgekommen. Es stellt sich die Frage, in wieweit Festivals, die sich derart umorientieren, überhaupt noch aus kulturellen Zielen zugedachten Etats zu fördern sind, oder aus anderen Förderetats oder ganz ohne öffentliche

---

[1] Weiss, Christina: „Filmpolitisches Konzept: Vorschläge zur Reform der Filmförderung und zur Aufwertung des deutschen Films als Kulturgut." November 2001. www.bundesregie rung.de/Regierung/Beauftragte-fuer-Kultur-und-Me,9460/Filmpolitisches-Konzept.htm (Letzter Zugriff: 22.6.2003)

Förderung auskommen sollten. Nicht zu Unrecht stellen etwa die Autoren der Festschrift des Internationalen Filmfestivals Mannheim-Heidelberg die Frage, ob es Zweck von öffentlich geförderten Filmfestivals sein kann, zugunsten einer möglichst großen Breitenwirkung auf individuelle Inhalten zu verzichten und quasi als Subventionierer[2] von Filmverleihern aufzutreten, um sich im Gegenzug mit nationalen oder internationalen Premieren und Starbesuchern schmücken zu können?[3]

Im Rahmen dieser Untersuchung geht es nicht um einen Nachweis der individuellen Relevanz einzelner Veranstaltungen oder eine Klassifizierung nachwachsender oder sich durch Neubesetzung in den Leitungspositionen oder aktuelle Veränderungen der Kinofilmbranche ergebende Umpositionierungen langjähriger Filmfestivals. Anhand der allgemeinen Untersuchungen ebenso wie der Einzelfallbetrachtungen soll eine kritische Selbstreflexion der einzelnen Filmfestivals angeregt werden und damit eine Schärfung ihrer Profile sowie die Herausarbeitung der kulturpolitischen Werte und Ziele der Veranstaltungen. Auch sollen Filmfestivalveranstalter als Empfänger öffentlicher Kulturförderung an ihre damit einhergehende Verantwortung in der Mittelverwendung über ein reines „festival pour le festival" hinaus erinnert werden. Auf der anderen Seite soll öffentlichen Förderern damit eine Hilfestellung gegeben werden, die Förderwürdigkeit von Filmfestivals jenseits ökonomischer oder wirtschaftspolitischer Argumentationswege nach ihren kulturpolitischen Werten zu beurteilen. Oder, falls wirtschaftspolitische Interessen im Vordergrund der Förderung stehen, eine Verlagerung in entsprechende Etats anzuregen, um die im Vergleich zur Wirtschaftsförderung zumeist geringen Kuluretats von fachfremden Leistungen zu entlasten.

## 1.2.    Aufbau und Methode der Untersuchung

Die Untersuchung gliedert sich in vier Teilbereiche: Kapitel 1 widmet sich der wissenschaftlichen Methodik und der Definition des Forschungsgegenstandes. In Kapitel 2 geht es um einen Überblick über die kulturpolitisch und wirtschaftlich relevanten Aspekte des Themengebietes. Das Hinterfragen der Untersuchungsergebnisse anhand von drei ausgewählten Filmfestivals folgt in Kapitel 3. Das Resümee aus den gewonnen Erkenntnissen der Kapitel 2 und 3 folgt in Kapitel 4.

Zu Beginn geht es in Kapitel 1 um eine Abgrenzung von Filmfestivals als kulturpolitisch relevante Veranstaltungen im Gegensatz zu wirtschaftlich oder marke-

---

[2]    Es ist fraglich, ob Kulturförderungen grundsätzlich als Investitionen statt, zumindest teilweise, auch als Subventionen anzusehen sind, da nicht davon ausgegangen werden kann, dass alle Zuschüsse positive Umwegrentabilitätsmultiplikatoren ergeben. Siehe auch Kapitel 2.12.

[3]    Kötz, Michael; Günter Minas: Zeitgeist mit Eigensinn – Eine Filmfestivalgeschichte. Internationales Filmfestival Mannheim-Heidelberg: Mannheim, 2001

tingstrategisch orientierten Events und einen davon abgrenzenden Definitionsansatz des Forschungsgegenstandes. Diese Definition ist notwendig, da der Begriff „Filmfestival" weder im täglichen Sprachgebrauch noch in der Fachliteratur eine Abgrenzung zu Veranstaltungsfeldern wie Filmprogrammreihen oder kommerziellen Filmevents erfährt, der Begriff zur bessern Vermarktung von Filmreihen verwendet wird und im allgemeinen Sprachgebrauch auch synonym für Events benutzt wird. Der Begriff Filmfestival wird aus Gründen der sprachlichen Vereinfachung dann im Verlauf der Arbeit synonym für Filmfestspiele, -feste, -festivals und -tage verwendet.

Kapitel 2 liefert einen Abriss der kulturpolitischen und wirtschaftlichen Entwicklungsgeschichte der deutschen Filmfestivallandschaft in BRD und DDR und wie sie heute finanziell und organisatorisch aufgestellt ist. Dieser Bereich befasst sich auch mit den Veränderungen der kulturpolitischen Interessen der Förderer seit der deutschen Vereinigung und der damit einhergehenden Entstehung einer gesamtdeutschen Festivallandschaft. Darüber hinaus werden die kulturpolitischen und wirtschaftlichen Anforderungen, die von unterschiedlichen Nutzergruppen an Filmfestivals gestellt werden, analysiert. Hier werden auch die Gleichzeitigkeit von Film als Kultur- wie auch als Wirtschaftsgut thematisiert und die daraus resultierenden Fragestellungen diskutiert. Zudem wird an dieser Stelle auch näher auf die Rolle der Presse bei der öffentlichen Wahrnehmung von Filmfestivals sowie auf wechselseitige Abhängigkeiten eingegangen.

Auf ihre kulturpolitisch prägnanten Aspekte hin werden im Kapitel 3 stellvertretend drei Filmfestivals untersucht. Dabei geht es um die Herausarbeitung individueller Merkmale dieser Festivals sowie ihre auf vergleichbare Filmfestivals übertragbaren Aspekte, um die in Kapitel 2 gewonnenen allgemeinen Erkenntnisse an konkreten Beispielen darzustellen.

Das abschließende Kapitel 4 soll helfen, im Rahmen der laufenden haushaltspolitischen Veränderungen in der öffentlichen Kulturfinanzierung auf Bundes-, Landes- und Kommunalebene ebenso Anregungen für eine selbstbewusste Neuorientierung der Kulturpolitik im Bereich Filmfestivals zu geben, wie auch Förderern wie Veranstaltern eine kritische Hinterfragung der derzeit geförderten Filmfestivals zu ermöglichen. Die in den kommenden Jahren zu vermutenden Veränderungen bei der öffentlichen Förderung von Filmfestivals und deren Auswirkungen auf die Filmfestivallandschaft werden hierbei mitdiskutiert werden.

Als Ausgangsmaterial sowohl der Grundlagenforschung als auch der Detailuntersuchung der drei ausgewählten Filmfestivals dienen Festivalbesuche und Interviews und Gespräche mit Veranstaltern und Besuchern der Berlinale 1990 – 2004, dem Filmfest Emden-Aurich-Norderney 1999 – 2003, Festivalbesuch und Mitarbeit beim Internationalen KurzFilmFestival Hamburg 1994 – 2003, eine Publikums- und Akkreditiertenbefragungen im Rahmen des Internationalen Kurz-

FilmFestival Hamburg 2002, die Mitarbeit beim Filmfest Hamburg 1990 – 1998, den Lesbisch-Schwulen Filmtagen 2000 – 2003, Teilnahme als Fach- oder regulärer Besucher bei weiteren Festivals sowie qualitative Einzel- und Tiefeninterviews mit Vertretern der an Festivalorganisation und -rezeption beteiligten Nutzergruppen[4].

### 1.3. Zu den Auswahlkriterien der drei beispielhaft analysierten Filmfestivals

In den neunzehnhundertachtziger Jahren hat die Anzahl an Filmfestivals in der Bundesrepublik Deutschland stark zugenommen, seit der Vereinigung mit der Deutschen Demokratischen Republik auch in den neuen Bundesländern. Wie viele Filmfestivals es derzeit in Deutschland gibt, lässt sich nicht eindeutig sagen, da es keine einheitliche Definition des Begriffs gibt und darüber hinaus auch eine Vermischung der Begrifflichkeiten Filmfest, Filmfestival und Filmtage herrscht. In der Übersicht von „Carrefour des festivals"[5] sind 56 deutsche Filmfestivals aufgelistet, die Export-Union[6] listet in ihrer Festivalauswahl 64 Veranstaltungen und der „International Guide Film. Video. Festival 2003"[7] führt 86 Filmfestivals auf, ohne dass eine dieser Listen Anspruch auf Vollständigkeit erhebt. Bei dieser Fülle an Veranstaltungen, seien es nun 56 oder über 86, wird es für Fachbesucher zunehmend schwieriger, den Überblick über die für sie relevanten Veranstaltungen zu behalten. Dies wird zusätzlich dadurch erschwert, dass immer mehr Filmfestivals versuchen, den eigenen Stellenwert innerhalb der deutschen Filmfestivallandschaft durch Fachrelevanz zu erhöhen. D. h. es wird versucht, mit Sonderveranstaltungen wie Seminaren, Fortbildungen oder besonderen Programmen oder Vorstellungen verstärkt Fachbesucher anzusprechen, um durch deren Anwesenheit die eigene Relevanz innerhalb des Konkurrenzumfeldes zu steigern oder zu belegen. Aus diesem Überangebot resultierend stellen sich etwa Produzenten und Verleiher die Frage, bei welchen Filmfestivals es für sie überhaupt sinnvoll

---

[4] Die Interviews wurden geführt mit Besuchern und Fachbesuchern der folgenden Filmfestivals: Internationale Filmfestspiele Berlin 2002/2003, Internationales KurzFilmFestival Hamburg 2002/2003, Kinderfilmfestival Hamburg 2003/2003, Filmfest Emden – Aurich – Norderney 2002, Nordische Filmtage Lübeck 2001, Lesbisch Schwule Filmtage Hamburg 2002, Filmfest Hamburg 2002. Die Interviews mit den Fachvertretern wurden entweder im Rahmen dieser Veranstaltungen geführt oder telefonisch oder persönlich zu gesonderten Terminen.

[5] Laufend aktualisierte Onlineausgabe unter www.lefilmfrancais.com (Letzter Zugriff: 27.01.2004)

[6] www.german-cinema.de (Letzter Zugriff: 29.01.2004)

[7] Samlowski, Wolfgang, Hg. International Guide Film – Video – Festivals 2003. Vistas Verlag: Berlin 2003

ist, Filme einzureichen oder zum Abspiel zur Verfügung zu stellen, ohne durch Fehlentscheidungen das Risiko einzugehen, mit einer falschen Auswahl negative Publikums- oder Pressereaktionen zu riskieren. Förderern fehlt angesichts der großen Anzahl an Einzelveranstaltungen zunehmend die regionale oder nationale Relevanz der geförderten Veranstaltung und eine weitere Förderung wird daher in Frage gestellt.

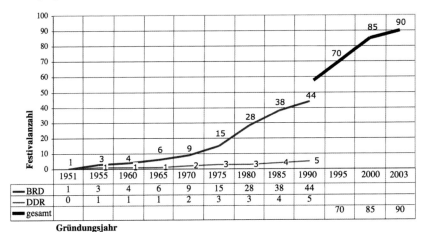

| Gründungsjahr | 1951 | 1955 | 1960 | 1965 | 1970 | 1975 | 1980 | 1985 | 1990 | 1995 | 2000 | 2003 |
|---|---|---|---|---|---|---|---|---|---|---|---|---|
| —BRD | 1 | 3 | 4 | 6 | 9 | 15 | 28 | 38 | 44 | | | |
| —DDR | 0 | 1 | 1 | 1 | 2 | 3 | 3 | 4 | 5 | | | |
| gesamt | | | | | | | | | | 70 | 85 | 90 |

Abbildung 1:  Entwicklung der Festivalanzahl in BRD, DDR und Gesamt-deutschland von 1950 bis 2003

Um die in Kapitel 2 gewonnenen Erkenntnisse zu vertiefen, werden in Kapitel 3 drei Filmfestivals beispielhaft analysiert. Hierbei werden bei jedem der ausge-wählten Festivals zum einen allgemein übertragbare Erkenntnisse aufgezeigt so-wie die individuellen Alleinstellungsmerkmale herausgearbeitet. Die Festivals wurden auf Grund der folgenden Kriterien ausgewählt: Die **Internationalen Filmfestspiele Berlin** stehen als Repräsentant für ein Festival mit internationa-lem Renommee und einer einzigartigen Stellung innerhalb der deutschen Festi-vallandschaft. Es ist zugleich das größte nationale Filmfestival mit der stärksten internationalen Reichweite wie auch der wichtigste nationale Filmhandelsplatz und die bedeutendste nationale wie internationale Marketingveranstaltung für den deutschen Film. Die daraus resultierende Bedeutung für die deutsche Film-wirtschaft und die Repräsentation der nationalen wie internationalen kulturellen Vielfalt von Filmproduktionen werden aufgezeigt. Trotz seiner überragenden Alleinstellung innerhalb der deutschen Festivallandschaft sind Einzelaspekte auf andere Festivals übertragbar. Ein besonderes Augenmerk gilt daher der Sektion „Panorama", ihrer Entwicklung und ihrem Standing innerhalb der gesamten Ber-linale. Ebenfalls wird der „Talent Campus" als Beispiel für die Entwicklung von

Sonderveranstaltungen zur Stärkung des Standings der Berlinale innerhalb des Konkurrenzumfeldes näher analysiert.

Das **Filmfest Emden-Aurich-Norderney** ist ein Beispiel für Festivals, deren Organisation bei einer öffentlich finanzierten Bildungseinrichtung liegt. Mit der Veranstaltung werden sowohl kultur- und wirtschaftspolitische Ziele verfolgt, wie auch den regionalen Tourismus fördernde Anreize geschaffen werden sollen. Es ist in zwei mittelgroßen Städten und auf einer Insel angesiedelt. Das Konkurrenzumfeld für Emden, Aurich und Norderney ist übertragbar auf Festivals, die in ihrer geografischen Lage und wirtschaftlichen Ausprägung in vergleichbaren Städten angesiedelt sind.

Das **Internationale KurzFilmFestival Hamburg** wurde ausgewählt, um die Besonderheiten von Kurzfilmfestivals im Gegensatz zu Langfilmfestivals. Es steht für Festivals, die ohne öffentlichen Auftrag von alternativen Organisationen gegründet wurden und den sich daraus ergebenden Besonderheiten. Ein besonderes Augenmerk liegt auf den finanziellen Rahmenbedingungen, den Organisationsstrukturen und den daraus resultierenden Problemen bei der inhaltlichen und organisatorischen Weiterentwicklung des Festivals.

## 1.4. Stellenwert und Breitenwirkung eines Kulturwirtschaftsgutes

In Deutschland ist Film eines der zentralen kulturellen Ausdrucksmittel und Medium zur Vermittlung von sozialen, kulturellen und politischen Werten. Wenn wir „durch unser kulturelles Erbe geprägt"[8] werden, ist es nur konsequent, dieses Erbe umfassend zu pflegen. Um Film jenseits seiner Rolle als Medium der Freizeitgestaltung auch als kulturelles Gut zu profilieren fordert die ehemalige Kulturstaatsministerin Dr. Christine Weiss „die kulturelle Bedeutung des deutschen und europäischen Films [...] im Bildungswesen durch Filmfestivals, Preisverleihungen und Archive aufzuwerten."[9] Im Folgenden werden den Untersuchungsgegenstand grundsätzlich betreffende Fragen erläutert, die für ein Verständnis der weiteren Ausführungen notwendig sind. Sie dienen zur Begriffsklärung und -vereinheitlichung, um späteren sprachlichen und definitorischen Missverständnissen zu begegnen.

---

[8] Schmidt, Thomas E./ Klaus Hartung. Vorzüge zeigen: Ein Gespräch mit Jutta Limbach, der neuen Präsidentin des Goethe-Instituts/InterNationes – über Grenzen kultureller Verständigung und den deutschen Exportschlager Grundgesetz. Die Zeit 19/2002. www.zeit.de/2002/19/200219_limbach_xml (Letzter Zugriff: 19.06.2003)

[9] Im Bund mit der Kultur. Neue Aufgaben der Kulturpolitik. Presse- und Informationsamt der Bundesregierung: Berlin, 2002

Die Frage, ob Film in Deutschland ein kulturelles oder wirtschaftliches Gut ist, kann nicht eindeutig zu Gunsten der einen oder anderen Zuordnung und den sich daraus ableitenden weitergehenden Bewertungen beantwortet werden. Verschiedene in die kulturelle wie kommerzielle Filmproduktion und -auswertung involvierten Nutzergruppen ordnen je nach Interessenlage zum Teil ein und dasselbe Werk aus ihrem jeweiligen Blickwinkel heraus unterschiedlich ein, da Film jenseits seiner kulturellen Bedeutung zugleich auch ein Handelsgut von zum Teil immensem wirtschaftlichem Wert ist. Christina Weiss spricht sich in ihrem grundsätzlichen Statement zur Filmpolitik des Bundes für eine Stärkung des Films als Kulturgut aus[10], weist in den Vorschlägen zur Reform der Filmförderung aber auch auf die bestehende Ambivalenz zwischen Kultur- und Wirtschaftsgut hin – „Nur machen eben wirtschaftliche Erfolge aus einem Kulturgut kein beliebig austauschbares Wirtschaftsgut."[11] – und bezeichnet Film darum an gleicher Stelle als ein Kulturwirtschaftsgut. Ebenso spricht der Deutsche Kulturrat von einem Kulturwirtschaftsgut und verweist zugleich auf

> „unverzichtbare Filmförderungsmaßnahmen. Diese Maßnahmen bestehen sowohl auf nationaler Ebene (Filmförderungsanstalt und Förderung durch den Beauftragten der Bundesregierung für Angelegenheiten der Kultur und der Medien) sowie auf regionaler Ebene (Länderfilmförderungen). Sowohl die Filmförderung des Bundes als auch die der Länder verfolgen darum das Ziel, den deutschen Film aus kulturpolitischen Gründen zu stärken."[12]

Wenn bei der Diskussion um Gegenwart und Zukunft des deutschen Films der Umstand beklagt wird, er sei im Ausland schwer zu verkaufen und selbst hierzulande leide der deutsche Film unter der drückenden Übermacht des US-amerikanischen Films, so wird hierbei sicher bewusst darüber hinweggesehen, dass Film in den USA primär als industrielles Wirtschaftsgut angesehen wird, das nach marktstrategischen Gesichtspunkten entwickelt und vertrieben wird und sich nationalen wie internationalen Marktveränderungen optimal anpasst, je nachdem, wie es eine optimale Rentabilität einbringen könnte. Dem gegenüber wurde der deutsche Film in der kulturpolitischen Diskussion vorrangig als kulturelles, die nationale Identität mitstiftendes künstlerisches Ausdrucksmittel behandelt, während gleichzeitig in der film- und wirtschaftspolitischen Diskussion schon längst die Frage nach der Rentabilität der deutschen Filmproduktion gestellt wurde.

---

[10]  www.bundesregierung.de/Regierung/Beauftragte-fuer-Kultur-und-Me-,9431/Filmpolitik. hatm (Letzter Zugriff:19.06.2003)
Begründung zur Novelle des Filmförderungsgesetzes. www.bundesregierung.de/Regierung /Beauftragte-fuer-Kultur-und-Me-,9431/Filmpolitik.htm (Letzter Zugriff: 19.06.2003)

[11]  Begründung zur Novelle des Filmförderungsgesetzes. www.bundesregierung.de/Regierung /Beauftragte-fuer-Kultur-und-Me-,9431/Filmpolitik.htm (Letzter Zugriff: 19.06.2003)

[12]  Deutscher Kulturrat. www.kulturrat.de/aktuell/Stellungnahmen/gats.htm (Letzter Zugriff: 19.06.2003)

Dank einer übergreifenden Einordnung als Kulturwirtschaftsgut sind die Interessen der diversen involvierten Beteiligten und ihre Erwartungen an Filmfestivals nachvollziehbar.[13] Dass Film in Deutschland trotz aller wirtschaftlichen Aspekte jedoch vor allem als unsere Gesellschaft prägendes Kulturgut begriffen wird, wird dieser Arbeit als Prämisse vorangestellt: Würde Film zuallererst oder gar einzig als Wirtschaftsgut betrachtet und Filmfestivals damit in den Eventbereich vorrangig zur Absatz- oder Imageförderung von Wirtschaftsunternehmen fallen, würde sich eine Untersuchung über den kulturpolitischen Sinn von Filmfestivals erübrigen.

Das Hoffmansche Postulat der „Kultur für alle" mag nicht mehr ganz neu sein, an seiner Gültigkeit hat sich seit den neunzehnhundertsiebziger Jahren bis heute nichts geändert. Auch in wirtschaftlich schwierigen Zeiten, in denen die Etats staatlicher und kommunaler Kulturförderungen sinken, in den Jahren 2000 - 2002 von rund 8,5 Mrd. EUR auf 8,3 Mrd. EUR[14], und zum Teil jahrelang kontinuierlich bewilligte kulturelle Förderungen zunehmend drastischeren Effizienzuntersuchungen standhalten müssen, darf die staatliche Förderung von Kultur kein Luxus werden, den die öffentliche Hand sich von dem leistet, was eventuell gerade noch übrig bleibt an Haushaltsmitteln. Da es an adäquaten Maßstäben zur Beurteilung erfolgreicher kultureller Arbeit im interkulturellen wie auch im Vergleich zur Wirtschaftsförderung mangelt, geraten Kulturschaffende seitens der Politik, selbst bei Kulturpolitikern, mitunter in den Pauschalverdacht, mit öffentlichen Mitteln verschwenderisch umzugehen. „Wir müssen aber allen klar machen, dass Anspruchsdenken allein nicht reicht, sondern dass gesundes Wirtschaften auch

---

[13] Die Folgen, die eine Einstufung als Wirtschaftsgut im Rahmen der anstehenden Novellierung des General Agreement on Trades and Services (GATS-Abkommen) 2005 für die nationalen Filmindustrien jenseits der USA haben würde, wurden schon bei der Novellierung des General Agreement on Tariffes and Trade (GATT-Abkommen) 1993 vom Max-Planck-Institut als schwerwiegend eingestuft. Siehe dazu: Walter, Christian: XIV. Außenwirtschaftsverkehr und Welthandelsordnung. In: Völkerrechtliche Praxis der Bundesrepublik Deutschland im Jahre 1993. www.virtual-institute.de/en/prax 1993/ epr93_40.cfm (Letzter Zugriff: 20.06.2003)

Weitere Informationen zur Frage der Einstufung von Film als Kultur oder Wirtschaftsgut und zu den Folgen der Ratifizierung des GATS-Abkommens zum Jahr 2005 unter: www.attac.de, www.epd.de/entwicklungspolitik/2488_6028.htm, www.bundesregierung.de/ Nachrichten/Pressemitteilungen,433.466658/GemeinsamePresseerklaerungvo.htm, www.eu ropa.eu.int/scadplus/ printversion/de/lvb/l24109.htm, www.filmfoerderung-bkm.de/ internet /02foerderung/221.htm

[14] Söndermann, Michael. Zur Empirie des Kultursektors (Arbeitstitel). Aus: Lammert, Norbert, Hg. Alles nur Theater? Beiträge zur Debatte über Kulturstaat und Bürgergesellschaft. DuMont, 2004. Zitiert nach dem unveröffentlichten Skript, S. 5

19

für die Kultur eine Herausforderung ist."[15] Kultur ist jedoch kein „Anhängsel zur Verschönerung [...], das man sich leisten kann, wenn für alles andere schon gesorgt ist, sondern [ihr Fehlen bewirkt] dass alles andere in Gefahr gerät, dass die Substanz der Gesellschaft wie des einzelnen ausgehöhlt wird, wenn die Möglichkeit zur Auseinandersetzung mit den Künsten genommen ist."[16]

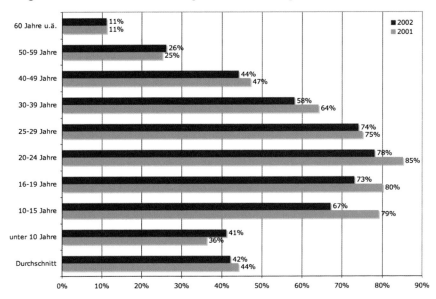

Abbildung 2: Kinogängeranteil je Altersgruppe 2001 und 2002. Quelle: FFA

Mit einer Mischung aus kommerziellen und künstlerischen Werken ist Film mit jährlich rund 125 Mio. Kinobesuchern auch heutzutage ein Teil der Massenkultur mit einer Breitenwirkung, die nur mit dem Bereich Musik vergleichbar ist. Er ist auch gerade für junge Menschen ein zentrales Medium zur Freizeitgestaltung, das die individuelle soziale wie kulturelle Entwicklung beeinflusst.[17]

[15]  „Auch die Kultur muss gesund wirtschaften." Interview von Hans-J. Fink mit der Hamburger Kultursenatorin Dr. Dana Horáková. In: *Hamburger Abendblatt*, 31.5./1.6.2003

[16]  Weiss, Christina. Stadt ist Bühne. Kulturpolitik heute. Hamburg: Europäische Verlagsanstalt, 1999, S. 8

[17]  Laut der Kinobeschehebung der FFA 2002 sind bei 67 % der 10-15 Jährigen Kinobesuche Teil der Freizeitgestaltung, bei den 16-29-Jährigen sogar 73-78 %.

Zoll, Markus. Die Kinobesucher 2002 Strukturen und Entwicklungen auf Basis des GfK Panels. Berlin: FFA, 2002

Damit zählt der Kinofilm in seiner Doppelfunktion als künstlerisches Werk wie auch seine Rezeptionsform als gemeinsames soziales Ereignis auch heute noch zu den prägenden Kulturträgern in Deutschland. Der deutsche Film ist Ausdrucksmittel nationaler ethischer und sozialer Werte ebenso wie Spiegel gesellschaftlicher Problemstellungen, wie er in seiner formalen Darstellung in über hundert Jahren geformt wurde, und stilistisch und inhaltlich von Filmen aus anderen Ländern unterscheidet, gleichsam eine „deutsche Note" entwickelt hat. Neben diesen nationalen Gesichtspunkten leisten Filme und die sie präsentierenden Festivals innerhalb der zusammenwachsenden europäischen Staaten ebenso wie innerhalb der weltweiten Völkerverständigung eine wesentliche Rolle bei der Vermittlung kultureller Werte und Eigenheiten.

Dabei haben Filmfestivals auch einen Einfluss auf die Entwicklung der nationalen Kinolandschaft, etwa zum Bestandserhalt der seit Ende der neunzehnhundertachtziger Jahre unter zunehmend stärker werdendem Konkurrenz- und wirtschaftlichem Druck stehenden Programmkinos und in den letzten Jahren auch immer häufiger zur Besucherbindung der besonders unter dem jüngsten Besucherrückgang leidenden Multiplexe.[18] Ebenso bilden Filmfestivals eine Brücke zwischen verschiedenen sozialen Schichten, da Festivalprogramme gleichzeitig den unterschiedlichen Ansprüchen sowohl aus dem Bereich der Hoch- wie auch der Breitenkultur gerecht werden können und ein gemeinsames, soziodemografisch übergreifendes kulturelles Erlebnis ermöglichen können.

## 1.5.  Zur Abgrenzung von Kulturveranstaltung und Event

Um einer in der öffentlichen Diskussion verbreiteten sprachlichen Ungenauigkeit vorzubeugen und eine für die Untersuchung notwendige Trennschärfe zwischen Kulturveranstaltung und Event zu gewährleisten, bedarf es einer vorherigen Begriffsbestimmung. Im Unterschied zum Event verfolgt die Kulturveranstaltung primär keine marketingorientierten oder wirtschaftsstrategischen Ziele. Bei der Entwicklung und Umsetzung eines Events liegt das Interesse der Veranstalter nicht im Erreichen kulturpolitischer Ziele, wie etwa der Förderung kultureller Einrichtungen oder der Vermittlung kultureller Bildungsziele. Ein Event ist ein nach marketingstrategischen Gesichtspunkten inszeniertes Ereignis, das gezielt für die Unternehmenskommunikation oder den Produktabsatz relevante Besucherschichten anspricht. Durch sie werden firmen- oder produktbezogene Kommunikationsinhalte erlebnisorientiert vermittelt, um wirtschaftliche oder image-

---

[18]  Aas, Nils Klevjer. Streiflichter: Quantifizierung des Phänomens „Europäische Filmfestivals". Vortrag des Autors auf der von der Europäischen Union veranstalteten Konferenz zum Thema „Angemessene Förderung europäischer Filme" während der Internationalen Filmwoche in Valladolid (Spanien) 1997 www.obs.coe.int/online_ publication/expert/0000 1262.html (Letzter Zugriff: 29.01.2004)

bildende Vorteile zu erzielen. Sie dienen der Kundenbindung oder -gewinnung, der direkten oder indirekten Bewerbung von Produkten, Dienstleistungen oder der Formung und Stärkung des Unternehmensimages[19]. Events zeichnen sich durch eine sensationell orientierte Vermarktung aus, eine massenwirksame oder zum Beispiel bei der Ausrichtung auf spitze Zielgruppen intensive Kundenansprache, die mit herkömmlicher Werbung nicht oder nicht in dieser Intensität oder mit dieser Nachhaltigkeit erreichbar sind. Dies bedeutet jedoch nicht zwangsläufig, dass Events grundsätzlich keine kulturellen Werte vermitteln, jedoch liegen die primären Ziele im Bereich des Marketings und des Verkaufs.

Im Gegensatz dazu sind kulturelle Veranstaltungen inhaltsorientiert, die Präsentation kultureller Werke oder die Vermittlung kultureller Inhalte und Werte sind das primäre Ziel und bestimmen Auftritt und Vermarktung der Veranstaltung. Die Kulturträger oder -institutionen selbst sind auch die Veranstalter oder bestimmen zumindest die inhaltlichen Zielvorgaben. Die kulturelle Veranstaltung stellt nicht das Erlebnis in den Vordergrund und verfolgt nicht primär wirtschaftliche Ziele.[20] Die Einbindung von Sponsoren und Förderern erfolgt unter Vorbehalt der künstlerischen Hoheit auf Seiten der veranstaltenden oder initiierenden Kulturinstitutionen und dient der Deckung des zur Durchführung notwendigen Budgets. Kulturelle Veranstaltungen können durchaus auch Ziele miterfüllen, die in den Bereich des Eventmarketings fallen, etwa wenn sie zum Ziel des Städtemarketings eingesetzt werden, jedoch sind dies keine Primärziele sondern Nebeneffekte, die entsprechend mitgenutzt werden können.[21] Auf die Gleichzeitigkeit von Filmfestivals als Kulturveranstaltung und Eventmodul wird im weiteren Verlauf am Beispiel der Filmverleiher eingegangen werden sowie bei der Frage nach den Vor- und Nachteilen der Sponsoreneinbindung und in diesen Zusammenhängen auch die gleichzeitige Nutzung von kulturell orientierten Filmfestivals als kommerzielles PR-Modul diskutiert.

Ein größeres Problem als die kommerzielle Nutzung einer kulturellen Veranstaltung stellen die damit einhergehenden Maßstäbe zur Erfolgsmessung von Filmfestivals dar. Durch eine Vermengung der Begrifflichkeiten Event und kulturelle

---

[19] Gabler Wirtschaftslexikon. 15., vollständig überarbeitete und aktualisierte Auflage. Wiesbaden: Gabler 2000

[20] Was nicht heißt, dass kulturelle Veranstaltungen nicht unter wirtschaftlichen Gesichtspunkten geplant und durchgeführt werden müssen. Ein möglicher finanzieller Gewinn ist jedoch bestenfalls ein positiver Nebeneffekt, der nicht der Gewinnausschüttung dient, sondern der Minderung der Zuschüsse oder als Rücklage für künftige Veranstaltungen.

[21] Ein gutes Beispiel für die Gleichzeitigkeit von kultureller Veranstaltung und Event ist die MOMA-Ausstellung in Berlin 2004. Neben der öffentlichen Präsentation bedeutender künstlerischer Werke gelang der eindrucksvolle Einsatz als nationale und internationale medienrelevante Städtemarketingaktion.

Veranstaltung besteht die Gefahr, dass kulturelle Veranstaltungen zukünftig noch stärker als bisher schon nach für sie inadäquaten Gesichtspunkten bewertet und darauf basierend Förderentscheidungen getroffen werden und letztlich die angestrebten kulturellen Ziele wirtschaftsorientierten Erfolgsmessungsfaktoren standhalten sollen.

## 1.6. Definition des Untersuchungsgegenstandes Filmfestival

Der Gegenstand dieser Untersuchung, Filmfestivals in Deutschland, zeichnet sich, trotz der durch den allgemeinen Sprachgebrauch vermeintlichen Klarheit, bei näherer Betrachtung durch ein hohes Maß an definitorischer Unschärfe aus. Die folgende Definition des Untersuchungsgegenstandes erfolgt auf Grund der im vorhergegangen Kapitel dargestellten Begriffsvermengung. Anhand dieser Begriffklärung soll im Bereich der Filmfestspiele, -festivals, -feste und -tage keine sprachliche Vereinheitlichung im Sinne einer womöglich notwendigen Umbenennung der diversen Filmveranstaltungen vorgenommen werden, sondern lediglich eine sprachliche Eindeutigkeit im Sinne einer Vereinbarung für die weitere Untersuchung erreicht werden.

Wurden in den Anfängen der deutschen Filmfestivalgeschichte (1950-1970) die Begriffe „Festspiele", „Festival" und „Fest" in Anlehnung an vergleichbare kulturelle Veranstaltungen mit entsprechender gesellschaftlicher und politischer Reputation aus den Sparten Theater und Musik ausgewählt, und deutete der Begriff „Filmtage" auf einen eher bildungs- als gesellschaftspolitischen Ansatz bei der Filmfestivalausrichtung hin, so wurden die Festivalnamen insbesondere in den neunzehnhundertachtziger und neunzehnhundertneunziger Jahren verstärkt nach phonetischen Gesichtspunkten ausgewählt. Auch hat die im Laufe der Jahre stattgefundene Weiterentwicklung der Inhalte und die Entwicklung der Corporate Designs unter Beibehaltung der ursprünglichen Namen, im Sinne einer Brandbildenden Kontinuität, dazu geführt, dass die Bezeichnungen immer mehr an Deskriptionskraft verloren.

Lexikalische Definitionsansätze sind bei der Begriffsbestimmung wenig hilfreich, da sie es an der notwendigen Trennschärfe zwischen Filmfestivals und Filmprogrammreihen vermissen lassen und einen zu eng gefassten, journalistisch orientierten Ausschnitt der öffentlichkeitswirksamen deutschen und internationalen Festivallandschaft erfassen, ohne dabei die gesamte Bandbreite zu berücksichtigen.[22] Die dort genannten Voraussetzungen von internationalen Wettbewer-

---

[22] Brockhaus-Enzyklopädie: in 24 Bd. – 19. Aufl. Mannheim: F.A. Brockhaus, 1988
Monaco, James: Film und Neue Medien: Lexikon der Fachbegriffe. Reinbek: Rowohlt-Taschenbuch-Verlag, 2000
Koebner, Thomas. Sachlexikon des Films. Stuttgart: Reclam, 2002

ben als festen Programmbestandteil und die Notwendigkeit von Uraufführungen orientieren sich deutlich an den Strukturen der Mitgliedsfestivals der „Fédéracion Internationale des Associations de Producteurs de Films" (FIAPF)[23], etwa den großen „A-Festivals" in Berlin, Cannes, Venedig. Da die FIAPF aber als internationaler Verband der Filmproduzenten einseitig an den Interessen seiner Mitglieder ausgerichtete Festivalstatuten hat, wird somit das Gros der bei der FIAPF nicht registrierten Veranstaltungen übergangen.[24]

Um den Untersuchungsgegenstand präziser einzugrenzen, wurden qualitative Einzelinterviews mit bei der Festivalorganisation involvierten Personen sowie den unterschiedlichen Nutzergruppen von Filmfestivals geführt.[25] Darüber hinaus wurden die Unterlagen der Studie „Evaluation und Kompendium geförderter Filmfestivals"[26] zur Kategorisierung und Klassifizierung niedersächsischer und Bremer Filmfestivals berücksichtigt, die 2002 von der nordmedia Fonds GmbH durchgeführt wurde.

Unter Berücksichtigung der oben aufgeführten Quellen lässt sich folgende Definition des Untersuchungsgegenstandes im Sinne einer Vereinbarung ableiten:

Ein Filmfestival ist eine regelmäßig, zumeist jährlich stattfindende mehrtägige Veranstaltung, mit mehreren täglichen, in mindestens zwei Sälen parallel stattfindenden Vorstellungen. Im Rahmen der Veranstaltung werden professionell wie nicht-professionell produzierte, nationale und / oder internationale Filme öffentlich aufgeführt. Es handelt sich in der Regel um Filme, die in Deutschland noch keine kommerzielle Kinoauswertung durch einen Filmverleih hatten. Ausnah-

---

Rother, Rainer, Hg. Sachlexikon Film. Hamburg: Rowohlt-Taschenbuch Verlag, 1997

[23] Informationen zur FIAPF unter www.fiapf.org (Letzter Zugriff: 21.03.2004)

[24] Eine Anerkennung der FIAPF als Mitgliedfestival ist durch die in den Statuten festgeschriebenen organisatorischen Vorgaben mit derart hohen Kosten verbunden, dass insbesondere finanziell gering ausgestattete Festivals sich eine Anerkennung nicht leisten können. Da somit das Gros an nationalen und internationalen Filmfestivals außen vorgelassen wird, schließt sich eine umfassende Definitionsorientierung an diesen Statuten aus.

Bei einem Telefonat mit dem Sekretariat der FIAPF in Paris vom 04.06.2003 wurde zum Ausdruck gebracht, das man dort kein Interesse an einer kritischen öffentlichen Auseinandersetzung mit dem Regelwerk der FIAPF und den Zielen, welche sie mit der Aufstellung ihrer Regularien verfolgt. Bemerkenswert auch der Hinweis, dass die Verbandsstatuten an Dritte nicht herausgegeben würden, da sie nur für Mitglieder bestimmt seien. Eine gesonderte kritische Untersuchung des Einflusses der FIAPF auf die weltweite Filmfestivallandschaft wäre interessant, würde hier jedoch den Untersuchungsrahmen sprengen.

[25] Grundlage sind qualitative Einzelinterviews sowie Standbefragungen mit Veranstaltern, Fachbesuchern, Gästen, Filmemachern und Besuchern.

[26] Fragebogen der nordmedia Festivalevaluation 2002/2003

men bilden Retrospektivreihen, deren Programm zum Großteil aus
Filmen besteht, die seit längerer Zeit kein reguläres Kinoabspiel mehr
hatten oder auf Grund ihrer formalen oder thematischen Zusammenstellung neue Aspekte eines Einzel- oder Gesamtwerkes thematisieren
oder dem Oeuvre an der Produktion Beteiligter gewidmet sind.

Die Filmauswahl erfolgt durch Gremien, deren Beurteilung zur Qualifikation ihrer Mitglieder und personeller Zusammensetzung in der
Verantwortung der Veranstalter liegt. Die Durchführung von Wettbewerben ist möglich. Hierbei können Preise oder Urkunden durch
Fach- und / oder Publikumsjurys vergeben werden. Es gibt für Filmemacher und -produzenten öffentlich zugängliche Regularien, Aus-
schreibungen und / oder Einreichaufforderungen als Printunterlagen
oder via elektronischer Medien. Die Programme werden in Kinos oder
kinoartig ausgestatten Räumen vorgeführt, die mit der zum mediums-
adäquaten Abspiel erforderlichen Technik ausgestattet werden.

Zu den Veranstaltungen werden an den ausgewählten Filmen beteiligte Gäste eingeladen, die bei den Vorführungen oder sonst im Rahmen des Filmfestivals anwesend sind. Die Vorführungen werden
durch Moderatoren begleitet, sei es durch Begrüßung im Kino, Pro-
grammeinführungen oder moderierte Gespräche zwischen Gästen und
Publikum vor und/oder nach den Vorführungen.

Fachbesucher, das heißt Veranstaltungsbesucher mit beruflichen Interessen, haben die Möglichkeit, sich kostenfrei oder gegen Gebühr zu
akkreditieren. Sie erhalten gesonderte Zutrittsmöglichkeiten zu Filmvorführungen, es gibt für sie das Angebot, sich zum besseren beruflichen Informationsaustausch an gesonderten Orten oder Terminen zu
treffen. Besucher können im freien Verkauf Eintrittskarten zu den öffentlichen Vorstellungen erwerben oder, bei kostenfreien Festivals,
unentgeltlich daran teilnehmen.

Das gezeigte Filmprogramm ist mit Zusatzinformationen aus Bereichen wie Cast, Credit oder mit Einführungen und Essays als Print-
oder digitales Medium zusammengefasst kostenfrei oder käuflich er-
hältlich.

Die Veranstalter sind bei der Programmzusammenstellung Sponsoren
gegenüber autonom. Die Veranstaltung verfolgt primär keine kommerziellen Zwecke und dient nicht der Bewerbung von Produkten,
Dienstleistungen oder Unternehmen oder der Erwirtschaftung eines
finanziellen Gewinns.

## 2. Kulturpolitische Zielsetzungen von Filmfestivals und die wirtschaftspolitischen Rahmenbedingungen

## 2.1. Die Entwicklung der Filmfestivallandschaft in Deutschland

Innerhalb weniger Jahre nach seiner Erfindung Ende des neunzehnten Jahrhunderts wandelte sich Film von der Effekt haschenden Jahrmarktsensation hin zu einem gesellschaftlich akzeptierten, kulturellen Kunstwerk, ohne dadurch seine Massenwirksamkeit zu verlieren. Gleichzeitig wurde auch das wirtschaftliche Potenzial entdeckt, insbesondere in den USA entwickelte sich das Medium durch seine industrialisierte Produktion sehr schnell auch zu einer kommerziellen Ware. Daneben wurden Filme besonders in kommunistischen und faschistischen Staaten teilweise offen, teilweise sehr subtil zu propagandistischen Zwecken eingesetzt. Das Medium Film entwickelte sich so bis heute in einem Spannungsfeld zwischen künstlerischem Werk, kommerzieller Ware und politischem Manipulationsinstrument, dessen Auswirkungen auch bei der Entwicklung der Filmfestivallandschaft in BRD und DDR zu beobachten waren.

Die Teilung Deutschlands nach dem zweiten Weltkrieg in Bundesrepublik Deutschland und Deutsche Demokratische Republik hatte zur Folge, dass beide Staaten eine unterschiedliche, von den verschiedenen Siegermächten ideologisch beeinflusste Filmpolitik entwickelten. Die damit jeweils verfolgten Ziele wandelten sich durch die im Verlauf der Jahre kulturell, sozial und wirtschaftlich unterschiedliche Entwicklung der beiden Systeme. Mit der Vereinigung beider deutscher Staaten im Jahr 1990 wurde auch die Kultur- und Filmpolitik bundesweit vereinheitlicht und gemäß dem Grundgesetz in die Kompetenz der einzelnen Bundesländer überführt. Um die unterschiedliche Entwicklung und Bedeutung von Filmfestivals in der Bundesrepublik Deutschland und der Deutschen Demokratischen Republik nachvollziehen zu können, ist es notwendig, auf die Entwicklung der nationalen Kultur-, insbesondere Filmpolitik zurückzublicken.

**Entwicklung der Kultur- und Filmpolitik in der DDR**

Die weit reichenden bildungspolitischen Möglichkeiten des Films hatte die Sowjetunion bereits in den dreißiger Jahren des zwanzigsten Jahrhunderts erkannt und Film zu einem der nationalen Hauptbildungsträger und Propagandamittel ausgebaut. Dieser Kultur- und Filmbegriff wurde in die assoziierten, so genannten sozialistischen Bruderstaaten getragen, so auch in die DDR. Die Ziele der DDR-Kulturpolitik waren im Artikel 18, Absatz 1 und 2 der Verfassung der DDR geregelt:

Artikel 18

(1) Die sozialistische Nationalkultur gehört zu den Grundlagen der sozialistischen Gesellschaft. Die Deutsche Demokratische Republik fördert und schützt die sozia-

listische Kultur, die dem Frieden, dem Humanismus und der Entwicklung der sozialistischen Gesellschaft dient. Sie bekämpft die imperialistische Unkultur, die der psychologischen Kriegführung und der Herabwürdigung des Menschen dient. Die sozialistische Gesellschaft fördert das kulturvolle Leben der Werktätigen, pflegt alle humanistischen Werte des nationalen Kulturerbes und der Weltkultur und entwickelt die sozialistische Nationalkultur als Sache des ganzen Volkes.

(2) Die Förderung der Künste, der künstlerischen Interessen und Fähigkeiten aller Werktätigen und die Verbreitung künstlerischer Werke und Leistungen sind Obliegenheiten des Staates und aller gesellschaftlichen Kräfte. Das künstlerische Sehaffen beruht auf einer engen Verbindung der Kulturschaffenden mit dem Leben des Volkes.

Den daraus resultierenden Kulturbegriff definierte Kurt Hager, Mitglied des Politbüros der SED und Sekretär des Zentralkomitees der SED für Wissenschaft und Kultur, als die „Gesamtheit der Lebensbedingungen, der materiellen und geistigen Werte, Ideen und Kenntnisse".[27] Kulturpolitik ist „jene Seite des Kampfes der Klassen und ihrer politischen Organisationen (Staat, Parteien u. a.), um die Realisierung und Sicherung ihrer letztlich sozialökonomisch bedingten Interessen und Ziele, die auf die kulturelle Entwicklung einer Gesellschaft, Klasse usw. einwirkt."[28] Dies verdeutlicht, wie selbstverständlich Kultur in der DDR zum Erreichen von allgemeinpolitischen und sozialen Zielen eingesetzt wurde. Sie war in der DDR ein zentralstaatlich geregeltes Mittel zur Steuerung der kulturellen, intellektuellen und sozialen Entwicklung der Gesellschaft und oblag der Weisungshoheit der SED und der von ihr direkt geleiteten oder zumindest politisch gesteuerten Organisationen. Kulturpolitisches Ziel war die „Förderung der allseits gebildeten sozialistischen Persönlichkeit, die in dem strapazierten Idealbild vom schreibenden, musizierenden und tanzenden Arbeiter ihre sinnbildliche Entsprechung fand."[29]

Sämtliche zentralstaatlichen und kommunalen Kulturinstitutionen unterstanden dem Einfluss der SED, deren Empfehlungen an die inhaltlichen Zielsetzungen der Institutionen Weisungscharakter hatten. Die Diskrepanz zwischen der offiziell geäußerten Zielen einer humanistischen DDR-Kulturpolitik und den realen Arbeitsbedingungen der Kulturschaffenden manifestierte sich in den Auseinandersetzungen zwischen systemkritischen Künstlern und Intellektuellen mit der

---

[27] Hager, Kurt: Beiträge zur Kulturpolitik – Reden und Aufsätze. Band 1. Berlin (Ost) 1987, S. 11. In Friedrich-Ebert-Stiftung, Hg.: Die DDR, Realitäten – Argumente: Kultur. Zur Kulturpolitik in der DDR. Entwicklungen und Tendenzen. Friedrich-Ebert-Stiftung: Bonn-Bad Godesberg, 1989

[28] Alscher, Ludger u. A., Hg. Lexikon der Kunst in 5 Bänden. Band 2. G-Lh. Westberlin: das europäische buch, 1984

[29] Informationsdienst Soziokultur Nr 45. www.soziokultur.de/_seiten/infodienst45/thema.htm (Letzter Zugriff: 28.8.2003)

SED, die über rein kulturelle Belange hinaus die realen sozialen und politischen Verhältnisse in der DDR thematisierten.

Die inhaltliche Ausprägung der Kulturpolitik wurde mit dem Schlagwort des Sozialistischen Realismus zusammengefasst. Der sozialistische Realismus beschrieb „ein dynamisch sich wandelndes und fortentwickelndes System von objektiv und subjektiv begründeten Prinzipien, Verfahren und sozialen wie individuellen Zielsetzungen der künstlerischen Aneignung der Wirklichkeit"[30], und wandelte sich im Laufe der Jahre immer wieder mit der kulturpolitischen Neuausrichtung innerhalb der herrschenden SED-Führung. „Die Parole Sozialistscher Realismus ist dann sinnvoll, praktisch, produktiv, wenn sie nach Zeit und Ort spezifiziert wird."[31] Verstand man anfangs unter sozialistischem Realismus die wahrheitsgetreue, historisch korrekte Abbildung der Wirklichkeit, geprägt von den Zielen und Wertevorstellungen einer sozialistischen Gesellschaft, so erweiterte sich ab den neunzehnhundertsiebziger Jahren der Begriff um die Darstellung „aller menschlichen Lebensäußerungen und aller in der Geschichte der Menschheit geschaffenen künstlerischen Ausdrucksformen". Die Inhalte blieben bei allem Wandel stets an den Bedürfnissen und Interessen der sozialistischen Gesellschaft ausgerichtet.[32]

Bis in die neunzehnhundertfünfziger Jahre berief sich die DDR auf den Wunsch nach einer gesamtdeutschen Kultur. Es sollten „alle Möglichkeiten zur Pflege und Entfaltung einer humanistischen deutschen Kultur"[33] wahrgenommen werden. Einhergehend mit dem immer rigider werdenden Umgang mit systemkritischen Künstlern und Intellektuellen in Folge des niedergeschlagenen Volksaufstandes in Ungarn 1956 wurde dieser gesamtdeutsche Kulturanspruch jedoch aufgegeben und in einen Alleinvertretungsanspruch auf das kulturelle Erbe Deutschlands seitens der DDR abgewandelt.

Erst in der Endphase der DDR öffnete sich die Kulturpolitik zunehmend nach innen und außen, billigte den Kulturschaffenden mehr Freiheiten zu und erlaubte in zunehmendem Maße internationalen kulturellen Austausch. Getragen wurde diese Öffnung von der Hoffnung, damit die inneren politischen Verhältnisse zu stabilisieren und die Kulturschaffenden und Intellektuellen wieder stärker in die ideologische Arbeit und Propaganda der SED einbinden zu können.

---

[30] Alscher, Ludger. A.a.O.

[31] Bertolt Brecht. In: Alscher, Ludger u. A., Hg. Lexikon der Kunst in 5 Bänden. Band 4. Q-S. Westberlin: das europäische buch, 1984

[32] Friedrich-Ebert-Stiftung, Hg. Die DDR, Realitäten – Argumente: Kultur. Zur Kulturpolitik in der DDR. Entwicklungen und Tendenzen. Bonn-Bad Godesberg: Friedrich-Ebert-Stiftung, 1989. S. 12ff

[33] Friedrich-Ebert-Stiftung. A.a.O., S. 22ff

Wie alle bildungs- und kulturpolitischen Fragen wurde auch die Filmpolitik in der DDR gesamtstaatlich geregelt, dementsprechend wurden auch Filmproduktion und -vertrieb staatlich kontrolliert. Mit der Gründung der DEFA[34] im Jahr 1946, deren Tätigkeit erst unter der Kontrolle der sowjetischen Besatzung, später der SED stand, wurde die Filmproduktion in der DDR wieder aufgenommen. Filmproduktion und -verleih wurden von Anfang an staatlich subventioniert und kontrolliert, die Entwicklung einer unabhängigen Filmindustrie nicht zugelassen. Durch das staatliche Monopol im Bereich der Filmproduktion und -auswertung erübrigte sich in der DDR auch die Notwendigkeit zum Aufbau von Filmfördersystemen, wie sie in Westeuropa im Zuge der Krisen in der Filmindustrie und als Reaktion auf die wirtschaftliche Dominanz des US-Kinos entstanden. Welch großen Stellenwert und hohe Einflussmöglichkeit dem Medium Film in der Volksbildung und Wertevermittlung zugerechnet wurden machen die Angriffe auf regimekritische Filmproduktionen im Rahmen des 11. Plenums des ZK der SED im Jahr 1965 deutlich. Die als Vorwurf vorgetragene Neigung zu Nihilismus und Skeptizismus in damaligen Filmproduktionen sah man als Bedrohung für die weitere Entwicklung der gesamten sozialistischen Gesellschaft an und schritt mit Aufführungs- und Produktionsverboten rigide gegen solcherart eingestufte Werke und der Schöpfer ein[35]. Da die DEFA die einzige Filmproduktionsgesellschaft blieb, war der Einfluss seitens Regierung und Partei im Bereich der künstlerischen Filmentwicklung entsprechend groß. Regisseure wie Wolfgang Staudte und Konrad Wolf drehten in der Nachkriegszeit national wie international viel beachtete Spielfilme. Etliche regimekritische Filme, die es trotz aller Zensurmaßnahmen immer wieder bis zur Fertigstellung gebracht hatten, wurden jedoch nach Produktionsabschluss oder unmittelbar nach der Premiere wieder beschlagnahmt und in Archive verbannt. Manche dieser später so genannten „Regalfilme" hatten mit dem Einsetzen der Liberalisierung der DDR-Kulturpolitik Ende der neunzehnhundertachtziger Jahre große Erfolge auf nationalen wie internationalen Filmfestivals und zum Teil auch im regulären Kinoabspiel in Ost- wie Westdeutschland.

Auf Grund des zunehmenden Einflusses des Fernsehens und der durch die staatliche Reglementierung und Zensur hervorgerufenen Stagnation in der inhaltlichen und künstlerischen Entwicklung, kam es in den neunzehnhundertsiebziger Jahren in der DDR zu einem deutlichen Besucherrückgang. Die Zuschauerzahlen sanken von im Jahr 1960 noch 237 Mio. Besuchern auf 70 Mio. im Jahr 1986. Anders als in der BRD ging damit keine existentielle wirtschaftliche Krise der Kinolandschaft einher, da diese staatlich betrieben wurden und keinen Rentabi-

---

[34]  www.defa-stiftung.de (Letzter Zugriff: 29.8.2003)

[35]  Zu den bekanntesten Beispielen zählen „Denk bloß nicht, ich heule"(1965/1990) und „Spur der Steine" (1967/1990)

litätszwängen unterlagen. Das Ende des kalten Krieges ermöglichte es in den neunzehnhundertachtziger Jahren, dass zunehmend auch ausgewählte Westproduktionen zum Abspiel in DDR-Kinos freigegeben wurden. Damit konnten bis zur Vereinigung von DDR und BRD die Besucherzahlen stabilisiert und zugleich die stetig wachsende Unzufriedenheit mit dem vorhandenen Kulturangebot und der Forderung nach mehr kultureller Freiheit seitens der Bevölkerung und der Kulturschaffenden Rechnung getragen werden.

## Entwicklung der Kultur- und Filmpolitik in der BRD

Die in Westdeutschland entwickelten föderalen Strukturen der Kulturpolitik basieren auf dem Wunsch, eine staatliche Instrumentalisierung der Kultur, wie es im Dritten Reich der Fall war, zukünftig zu vermeiden. Das „Kernstück des bundesrepublikanischen Föderalismus ist der Kulturföderalismus. Dabei sind die kulturstaatlichen Kompetenzen, die das Grundgesetz ex negativo den Ländern zuweist, wesentlich für ihre Identität und Legitimation."[36] Das Grundgesetz garantiert in Artikel 5 die Freiheit der Kunst und regelt in den Artikeln 28 & 30 die Autoritätsverteilung zwischen Bund, Ländern und Gemeinden:

Grundgesetz Artikel 5

(1) Jeder hat das Recht, seine Meinung in Wort, Schrift und Bild frei zu äußern und zu verbreiten und sich aus allgemein zugänglichen Quellen ungehindert zu unterrichten. Die Pressefreiheit und die Freiheit der Berichterstattung durch Rundfunk und Film werden gewährleistet. Eine Zensur findet nicht statt.

(2) Diese Rechte finden ihre Schranken in den Vorschriften der allgemeinen Gesetze, den gesetzlichen Bestimmungen zum Schutze der Jugend und in dem Recht der persönlichen Ehre.

(3) Kunst und Wissenschaft, Forschung und Lehre sind frei. Die Freiheit der Lehre entbindet nicht von der Treue zur Verfassung.

Grundgesetz Artikel 30:

Die Ausübung der staatlichen Befugnisse und die Erfüllung der staatlichen Aufgaben ist Sache der Länder, soweit dieses Grundgesetz keine andere Regelung trifft oder zulässt.

Grundgesetz Artikel 28:

(2) Den Gemeinden muss das Recht gewährleistet sein, alle Angelegenheiten der örtlichen Gemeinschaft im Rahmen der Gesetze in eigener Verantwortung zu regeln. Auch die Gemeindeverbände haben im Rahmen ihres gesetzlichen Aufgabenbereiches nach Maßgabe der Gesetze das Recht der Selbstverwaltung. Die Gewährleistung der Selbstverwaltung umfasst auch die Grundlagen der finanziellen

---

[36] „Kulturföderalismus in Deutschland erhalten". Rede von Staatsminister Nida-Rümelin vor dem Deutschen Bundestag am 5. Juli 2001 zum Antrag der Fraktion der F.D.P. BT-Drucksache 14/4911

30

Eigenverantwortung; zu diesen Grundlagen gehört eine den Gemeinden mit Hebesatzrecht zustehende wirtschaftskraftbezogene Steuerquelle.

Mit dem Ende der Adenauer-Ära setzte nach der restaurativen Ausrichtung der Kulturpolitik im Sinne einer fast ausschließlich repräsentativen Zielen dienenden Hochkultur eine weit reichende Liberalisierung des Kulturbegriffs ein. Einhergehend mit der voranschreitenden umfassenden Demokratisierung der Gesellschaft, nicht nur im politischen Sinn, sondern vor allem auch in Bezug auf soziale und kulturelle Strukturen und Forderungen, entstand die Neue Kulturpolitik. Mit dieser wurde in den neunzehnhundertsiebziger Jahren der Kulturbegriff von der bis dahin vorherrschenden Hoch- oder Repräsentanzkultur um die Soziokultur erweitert, d. h. die Hinwendung zu einer breiten Öffentlichkeit. Kunst und Kultur sollten möglichst allen Menschen zugänglich gemacht werden, im räumlichen Sinne durch den Abbau von realen Hemmschwellen, wie auch inhaltlich durch das Zugehen der Kulturinstitutionen und -einrichtungen auf Bürger in den unterschiedlichsten sozialen Schichten. Dies sollte nicht nur zu einer verstärkten Rezeption von Kultur führen, sondern die Bürger auch zu eigener künstlerischer Beschäftigung anregen. Diese „Kultur für alle" und das „Bürgerrecht Kultur" führten in den neunzehnhundertsiebziger Jahren zu einer erheblichen Ausweitung der kulturellen Aktivitäten, einem Ausbau der Kulturinstitutionen und zahlreichen neuen kulturellen Praxisfeldern. Diese kontinuierliche Erweiterung des Kulturbegriffs ist bis heute auch in der Entstehung inhaltlich neu ausgerichteter Filmfestivals bemerkbar.

Die Filmproduktion lief in der BRD in den Nachkriegsjahren erfolgreich an, neben etlichen Produktionen, die sich mit der Aufarbeitung des Dritten Reichs befassten, wurde vor allem das Bedürfnis nach unpolitischer Unterhaltung mit belanglosen Geschichten jenseits des Nachkriegsalltags mit einer Welle von Heimatfilmen und Komödien befriedigt. Für eine künstlerische Entwicklung oder visuelle oder narrative Experimente blieb bei diesen rein kommerziell ausgerichteten Filmproduktionen kein Platz. Diese inhaltliche und künstlerische Stagnation führte im Laufe der Jahre zu nachlassendem Interesse der Kinobesucher an diesen Filmen und damit zu rückläufigen Besucherzahlen in den Kinos. Mit dem Einbruch des Marktanteils deutscher Kinofilme von 47,3% im Jahr 1955[37] auf ein Niveau von kontinuierlich 10 – 17 %[38] seit den neunzehnhundertsiebziger Jahren geriet nicht nur die deutsche Kinofilmindustrie in existenzielle Schwierig-

[37] SPIO. Infodatenbank zum Internationalen Film: Deutscher Marktanteil von 1955-1998. www.deutsches-filminstitut.de/dt2ja0009c.htm (Letzter Zugriff: 24.6.2003)

[38] Christina Weiss. Filmpolitisches Konzept: Vorschläge zur Reform der Filmförderung und zur Aufwertung des deutschen Films als Kulturgut. REGIERUNGonline, November 2001. www.bundesregierung.de/Regierung/Beauftragte-fuer-Kultur-und-Me-,9460/Filmpolitisches-Konzept.htm (Letzter Zugriff: 22.6.2003)

keiten, es drohte damit zugleich einer der prägenden Teile der deutschen Kultur verloren zu gehen.[39] Als Reaktion der Filmschaffenden auf das niedrige künstlerische Niveau der deutschen Filmproduktionen – „Der großen Versuchung des deutschen Nachkriegsfilms, für die Verständnisfähigkeit des Publikums die unterste Grenze als Norm anzunehmen, ist auch dieser Film wieder erlegen."[40] – veröffentlichte die junge Nachkriegsgeneration von Filmemachern unter dem Schlagwort „Opas Kino ist tot" das Oberhausener Manifest[41]. Es war zugleich der Ausdruck der Unzufriedenheit mit der Qualität der aktuellen Spielfilmproduktion wie auch die Forderung, sich dem Medium Film frei von kommerziellen Zwängen als künstlerischem Werk mit hohen persönlichen Ausdrucksmöglichkeiten widmen zu können, das den interessierten Besuchern auch in Kinos präsentiert wird.

Die Kulturpolitik hat auf die qualitative und daraus resultierende wirtschaftliche Krise des deutschen Kinofilms reagiert, indem auf Bundes- wie Landesebene zahlreiche Fördermaßnamen ins Leben gerufen wurden. 1967 wurde vom Bund das erste Filmförderungsgesetz verabschiedet, seit 1980 gründeten die Länder zahlreiche kulturelle und wirtschaftliche Filmförderungen.[42] Neben der Produktionsförderung, inklusive allen Stufen von der Stoffentwicklung bis zum Verleih und Vertrieb, mit einem Fördervolumen in Höhe von rund 136 Mio. DM im Jahr 2000[43] die, zur Stärkung der regionalen Filmwirtschaft und dem Auf- und Ausbau von Medienstandorten gedacht, zumeist an einen Rückfluss in Form von Regionaleffekten gebunden ist, liegt ein weiterer Schwerpunkt in der Ausbildung in

---

[39] Seit 1995 schwankt diese Quote laut FFA zwischen 9,5 % und 18,4 % Diese Quote ist insofern kritisch zu betrachten, als es selbst in für den deutschen Kinofilm relativ erfolgreichen Jahren mit einer Marktanteilsquote von über 12 % lediglich zwei bis vier Kinofilme in die Top Zwanzig schafften, welche den deutschen Marktanteil anhoben. Dies waren 1996 "Werner – Dass muss kesseln", "Männerpension" und "Das Superweib", 1997 "Knockin' on Heaven's Door", "Rossini – oder die tödliche Frage wer mit wem", "Kleines Arschloch" und "Ballermann 6", 1999 "Asterix und Obelix gegen Cäsar", "Werner – Volles Roooäää!!! III" und "Sonnenallee", 2001 "Der Schuh des Manitu", "Die fabelhafte Welt der Amelie" und "Der kleine Eisbär" und 2003 voraussichtlich "Good bye Lenin". In wieweit Filme wie "Asterix und Obelix gegen Cäsar" oder "Die fabelhafte Welt der Amelie" überhaupt deutsche Filme sind, ist umstritten. Über die Qualität des deutschen Films sagt dieser Marktanteil bei der Betrachtung der in den Rankings vertretenen Filme nichts aus.

[40] Die Neue Zeitung im Dezember 1952 zu „Die große Versuchung" mit Ruth Leuwerik und Dieter Borsche. Zitiert nach: Kötz, Michael. A.a.O.

[41] www.deutsches-filminstitut.de/dt2ti0003.htm (Letzter Zugriff: 06.09.2003)

[42] Hamburg 1980, Schleswig-Holstein 1989, Saarland 1990, Nordrhein-Westfahlen 1991, Bayern 1996, Baden-Württemberg 1995, Niedersachen 1996, das Filmboard Berlin-Brandenburg 1996, Hessen 1997, Mitteldeutsche Medienförderung GmbH (MDM) als gemeinsame Filmförderung für Sachsen, Thüringen und Sachsen-Anhalt 1998.

[43] Christina Weiss. Filmpolitisches Konzept. A.a.O.

filmtechnischen und wirtschaftlichen Berufen sowie der direkten wie indirekten Filmfestivalförderung.

Die Zuständigkeiten des Bundes im Bereich Filmförderung umfassen neben finanziellen auch judikative Ebenen. Es werden die für die Erhaltung und Entwicklung der Filmindustrie und -kultur notwendigen gesetzlichen Rahmenbedingungen geschaffen. Das reicht von steuerlichen über urheberrechtliche Fragen bis hin zur Harmonisierung des Europäischen Rechts. Die Novellierung des Filmförderungsgesetzes zum 1.1.2004 stellte eine Anpassung der gesetzlichen Rahmenbedingungen bei der Finanzierung und inhaltlichen Ausrichtung der Filmförderungsanstalt FFA dar. „Mit den vorgeschlagenen Maßnahmen wollen wir den wirtschaftlichen und kulturellen Erfolg des deutschen Films im In- und Ausland entscheidend verbessern und deutlich sichtbar machen."[44] Weitere staatliche Stützungsmaßnahmen sind auf Bundesebene der Deutsche Verleiherpreis, der Deutsche Kinoprogrammpreis, in Ergänzung mit entsprechenden Kinoprogrammprämien auf Landesebene sowie Förderungen zur Verbesserung der technischen und qualitativen Ausstattung von Kinos, um so die gesamte Filmverwertungs- und Wahrnehmungskette zu erfassen sowie die gezielte Förderung der Kurzfilmproduktion und -auswertung. Denn es wurde seitens der staatlichen Stellen erkannt, dass mit der Produktionsförderung alleine nicht auch selbstverständlich das öffentliche Abspielen geförderter wie ach anderer kulturell wertvoller Filme ermöglicht wird. Zur nationalen und internationalen Promotion wurden im Jahr 1951 unter dem Namen „Filmband" der heutige Deutsche Filmpreis „Lola" ins Leben gerufen und im Jahr 1954 die Export-Union des Deutschen Films gegründet. Mit diesen Maßnahmen gelang es, den Marktanteil deutscher Filme im Kino auch zu Beginn des 21ten Jahrhunderts auf einem Niveau zwischen 10% und 17% zu stabilisieren und eine vielfältige Kinolandschaft weitestgehend aufrecht zu erhalten.

## 2.2. Die Entwicklung von Filmfestivals in BRD und DDR

Im Zuge der Vereinigung der beiden deutschen Staaten wurde auch die Kulturpolitik gesamtstaatlich einheitlich geregelt. Hierbei wurde das föderale System der Bundesrepublik zu Grunde gelegt. Im Folgenden wird anhand einer Auswahl an west- und ostdeutschen Filmfestivals die in den Jahren der Zweistaatlichkeit getrennt verlaufende, seit 1990 gesamtstaatliche Entwicklung der heutigen Filmfestivallandschaft in Deutschland dargestellt.

---

[44] Kulturstaatsministerin Weiss: Durchbruch bei der Filmförderung – Entwurf zur Gesetzesnovelle vorgestellt. Presse- und Informationsamt der Bundesregierung Pressemitteilung Nr.146

Die Gründung des ersten westdeutschen Filmfestivals, der Internationalen Filmfestspiele Berlin im Jahr 1951, ging auf eine Initiative der drei Westalliierten im
Nachkriegs-Berlin zurück. Um Berlin als „Schaufenster der freien Welt"[45] auch
öffentlichkeitswirksam und international sichtbar kulturell und gesellschaftlich
an den Westen anzubinden und um vor allem auch ausländische Touristen nach
Berlin zu holen, wurde 1950 mit der Planung eines Großereignisses begonnen,
dass sich inhaltlich und gestalterisch an den Filmfestivals von Venedig, Locarno
oder Brüssel orientieren und, der damaligen Gesamtberliner Senats- und der
westdeutschen innerstaatlichen Politik entsprechend, sektorenübergreifend von
der gesamten Berliner Bevölkerung wahrgenommen werden sollte.[46] Der Titel
„Filmfestspiele" war dabei durchaus programmatisch ausgewählt worden, sollte
das Festival in seiner kulturellen und gesellschaftlichen Wertigkeit doch an Veranstaltung wie die Wagnerfestspiele in Bayreuth anknüpfen. Welchen heute
kaum mehr vorstellbaren Einfluss die Politik damals noch auf die Programmgestaltung hatte, kann man daran erkennen, in welchem Maße, wie bei der in Kapitel 3.1. folgenden Analyse der Internationalen Filmfestspiele Berlin aufgezeigt
wird, das Bonner Innenministerium Einfluss auf die Filmauswahl nehmen konnte
und dass, trotz regelmäßiger Einladungen, etwa an die Sowjetunion, erst in den
neunzehnhundertsiebziger Jahren im Zuge der neuen Ostpolitik Willy Brandts
auch die ersten Sowjetproduktionen am Wettbewerb teilnahmen.

Innerhalb der westdeutschen Filmbranche waren die Filmfestspiele anfangs keineswegs unumstritten. So riet die Spitzenorganisation des Deutschen Films
(SPIO) ihren Mitgliedern von einer Teilnahme ab, da „die deutsche Filmproduktion in tragischer Weise gegenüber den ausländischen Produktionen benachtei-
ligt" sei.[47] Der Juni-Termin war so gewählt worden, dass die Filmfestspiele zeitgleich zu den Welt-Jugend-Festspielen in Ost-Berlin stattfanden. So konnten zum
einen die Welt-Jugend-Festspielteilnehmer auch als Filmfestspielbesucher angesprochen und zugleich der Presse ein attraktives Gegenthema zur Berichterstattung aus West-Berlin angeboten werden.[48]

Einen völlig anderen programmatischen Ansatz verfolgte die im Jahr 1951 initiierte und im Jahr 1952 erstmals durchgeführte 1. Mannheimer Kultur- und Dokumentarfilmwoche, die, mehrfach umbenannt, mittlerweile den Titel Internationales Filmfestival Mannheim-Heidelberg trägt. Auf Betreiben des damaligen

---

[45] Peter Merseburger: Neigung zum leicht entzündbaren Massenrausch. www.welt.de/data/
2003/06/23/122974.html?s=2 (Letzte Zugriff: 03.09.2003)

[46] Jacobsen, Wolfgang: 50 Jahre Internationale Filmfestspiele Berlin. Filmmuseum Berlin –
Deutsche Kinemathek, Nicolaische Verlagsbuchhandlung Beuermann: Berlin, 2000. S. 14

[47] Jacobsen, Wolfgang. A.a.O., S. 18

[48] Zur weiteren Entwicklung und dem heutigen Status der Internationalen Filmfestspiele Berlin siehe Kapitel 3.1.

Oberbürgermeisters rief das Mannheimer Kulturamt in Zusammenarbeit mit dem Kinobetreiber Dr. Künzig in dessen Kino Alster-Lichtspiele die Filmwochen ins Leben. Als Kontrast zu den sonst dargebotenen, künstlerisch und inhaltlich immer anspruchsloseren Unterhaltungsfilmen standen hier Kultur- und Dokumentarfilme im Mittelpunkt, da deren Inhalte „das reale Leben widerspiegeln und eine große belehrende Wirkung haben".[49] Von Anfang an wurde das Filmprogramm mit Diskussionen zu unterschiedlichen festivalrelevanten Themen abgerundet. Hier ging es nicht um die Schaffung eines gesellschaftlichen oder politischen Ereignisses mit internationaler Ausstrahlung, sondern um die Umsetzung bildungspolitischer Ziele engagierter Kommunalpolitiker.[50] Welchen hohen nationalen politischen Wert damals Filmfestivals hatten und welche Bedeutung in der Betitelung der Veranstaltungen lag, wurde deutlich an der Protestnote der Internationalen Filmfestspiele Berlin als Reaktion auf die Vergabe von Anerkennungen an einzelne Kultur- und Dokumentarfilme in Mannheim und der damit befürchteten Einführung von offiziellen Filmfestivalpreisen als direkten Konkurrenzakt.[51] Das Internationale Filmfestival Mannheim-Heidelberg ist noch heute ein erfolgreiches Beispiel dafür, wie ein Filmfest sich durch beständige Wandlung in der inhaltlichen Ausrichtung und der öffentlichen Präsentation den Veränderungen der nationalen Filmfestival- und Kinolandschaft und Ansprüchen der Kommunal- und Kulturpolitik anpassen und dadurch seine kommunal- und kulturpolitische Relevanz erhalten kann, ohne dabei profillos zu werden.

Die Mannheimer Kultur- und Dokumentarfilmwoche diente auch als Vorbild für die Westdeutschen Kulturfilmtage, mittlerweile umbenannt in Internationale Kurzfilmtage Oberhausen, welche Hilmar Hoffmann, damaliger Leiter der Volkshochschule Oberhausen, 1954 ins Leben rief. Auch hier waren bei der Gründung kulturpolitische Überlegungen der Antriebsfaktor, vor allem die ästhetische Bildung der Festivalbesucher durch kulturell wertvolle Filme und die Möglichkeit zur Begegnung mit Filmen aus aller Welt, die sonst nicht im deutschen Kino laufen.

1955 folgte auf die Mannheimer Kultur- und Dokumentarfilmwoche die Gründung des ersten Filmfestivals der DDR, die Kultur- und Dokumentarfilmwoche Leipzig unter der Leitung von Günter Klein. Wie auch die vorher gegründeten Westdeutschen Filmfestivals bestand ein Ziel des Filmfestivals darin, die nationale Filmkultur international zu präsentieren und eine deutsch-deutsche Begegnungsplattform im kulturellen Bereich zu schaffen. Die Filmauswahl unterschied

---

[49]  Kötz, Michael. A.a.O.

[50]  Die Programmauswahl wurde in den Anfangsjahren ebenso wie die Berlinale von politischer Seite beeinflusst, etwa wenn die Vorführung russischer Produktionen vom Innenministerium untersagt wurde.

[51]  Kötz, Michael. A.a.O.

sich deutlich von der westdeutscher Filmfestivals, da auch hier der im Folgenden dargelegte staatliche kulturpolitische Ansatz zum Tragen kam. So war eine thematische Auseinandersetzung mit sozialen Themen per se ein wichtigeres Auswahlkriterium als die gelungene filmische Umsetzung.[52] Leipzig entwickelte sich zum gesamtdeutsch wichtigen Dokumentarfilmfestival für sozial engagierte Themen. Mit dieser klaren, auch nach der Wende beibehaltenen Profilierung sicherte es sich seine Stellung innerhalb des nun gesamtdeutschen Festivalkonkurrenzumfeldes.

In der DDR entstand bis zum Jahr 1989 nur ein weiteres Filmfestival, die im Jahr 1972 gegründeten FDJ Studententage in Potsdam.[53] Ursprünglich gedacht als eine Art technische Leistungsschau der heutigen Hochschule für Film und Fernsehen Konrad Wolf entwickelte sich daraus ein Filmfest ausschließlich für den studentischen Film, dass sich erst für Produktionen aus dem befreundeten sozialistischen und kommunistischen Ausland, in den neunzehnhundertachtziger Jahren auch für Produktionen aus dem Westen öffnete. Nach der Wende wurden die Studententage vorübergehend in das Filmfest Potsdam integriert, bevor sie 1995 als studentisches Projektseminar unter dem Namen Sehsüchte – Internationales Studentenfilmfestival wiederbelebt wurden und sich kontinuierlich zu einem der bedeutendsten internationalen Studentenfilmfestivals entwickelten.

Aus Sicht der kulturpolisch Verantwortlichen in der DDR gab es keinen Bedarf an weiteren Filmfestivals. Die einheimische Filmproduktion war in einen festen Auswertungszyklus eingebunden, Filme aus befreundeten sozialistischen und kommunistischen Staaten liefen im Rahmen eines allgemeinen Kulturaustauschs regelmäßig in Kinos und Filmclubs. Ausgewählte, mit der staatlichen Kulturpolitik vereinbare Werke aus dem westlichen Ausland wurden über den Progress Filmverleih ausgewertet, eine darüber hinausgehende Vorführung anderer ausländischer Filme war nicht erwünscht. Somit unterblieb bis 1989 die Entwicklung einer ähnlich vielfältigen Festivallandschaft, wie sie in der Bundesrepublik stattfand.

Im Gegensatz zur DDR entwickelte sich in der BRD seit den neunzehnhundertsechziger Jahren nach und nach eine umfassende, flächendeckende Filmfestivallandschaft.[54] Als Folge der künstlerischen und inhaltlichen Stagnation im kommerziellen Kino und durch die aufkommenden Programmkinos auf die inhaltliche und ästhetische Vielfalt des Films aufmerksam geworden, entstand Ende der neunzehnhundertsiebziger-, Anfang der neunzehnhundertachtziger

---

[52]  www.goethe-institut.de (Letzter Zugriff: 29.08.2003)

[53]  www.sehsuechte.de (Letzter Zugriff: 28.08.2003)

[54]  Eine relativ vollständige Übersicht der deutschen Filmfestivallandschaft ist zu finden im International Guide Film – Video – Festivals von Wolfgang Samlowski, Hg.

Jahre ein wahrer Filmfestivalboom. Im Zuge der sich ändernden Kulturpolitik auf Landes- und Kommunalebene wurden die finanziellen Mittel zur Organisation weiterer Filmfestivals zur Verfügung gestellt. Inhaltlich sehr unterschiedlich ausgerichtete Filmfestivals wurden ins Leben gerufen, um das Interesse an nichtkommerziellen Filmen und die Vielfalt der jenseits des kommerziellen Kinos existierenden nationalen und internationalen Filmkultur der Öffentlichkeit präsentieren zu können. Das Hauptanliegen dieser Festivals lag weniger auf der gesellschaftlich-repräsentativen Ebene, als vielmehr im Bereich der soziologischen und ästhetischen Bildung der Festivalbesucher und Repräsentanz der vielfältigen nationalen wie internationalen Filmkultur. Auch die tourismus- und wirtschaftsfördernden Aspekte spielten erst ab den neunzehnhundertneunziger Jahren zunehmend eine Rolle bei der öffentlichen Förderung und inhaltlichen Strukturierung der Filmfestivals.

Diese Filmfestivals entstanden nicht nur auf Veranlassung von staatlicher Seite als Betriebe in kommunaler Verantwortung, etwa als Veranstaltungen der Volkshochschulen, sondern auch auf Grund privater Initiativen wie regionaler Filmclubs oder Filmarbeitsgemeinschaften. Durch den bei Filmclubs oder Arbeitsgemeinschaften häufig vorzufindenden basisdemokratischen Organisationsaufbau beeinflusst, entwickelten sich Filmfestivalstrukturen im Sinne einer „Kultur durch alle". Die Qualifikation zur inhaltlichen Mitgestaltung dieser Filmfestivals war nicht nur zum Beispiel durch universitäre filmtheoretische Ausbildung oder anderweitig erworbenes Fachwissen geprägt. Häufig handelte es sich um Quereinsteiger, die sich aus persönlichem Interesse am Medium Film bei Festivals engagierten und deren Qualifikation aus einer darauf basierenden, intensiven Auseinandersetzung damit beruhte.[55] Filmfestivals entwickelten sich dank dieser neuen Organisationsformen zugleich weg von jenen Kulturveranstaltungen, die primär das Bildungsbürgertum ansprachen. Im Gegenzug zu Veranstaltungen mit zum Teil ausgeprägten formalen Anforderungen, etwa in Fragen der Kleiderordnung, war das Ziel eine verschiedene soziale Bevölkerungsschichten übergreifend ansprechende informelle Kulturveranstaltung mit qualitativ anspruchsvollem Programm.[56]

Im Laufe der Jahre entwickelten sich etablierte Filmfestivals immer wieder über ihren ursprünglichen Adressatenkreis hinaus. Aus Veranstaltungen mit lokaler oder regionaler Relevanz erwuchsen bundesweit oder international relevante und renommierte Filmfestivals. Diese Entwicklung ging häufig einher mit steigendem

---

[55] Vergleiche dazu auch Kapitel 3.2.

[56] Dass durch diesen informellen Festivalstil wiederum andere, stark formell orientierte Besucherschichten sich nicht angesprochen fühlten, wurde bewusst in Kauf genommen.

Finanzbedarf[57] und der daraus resultierenden Forderung der Veranstalter nach wachsender finanzieller Unterstützung durch staatliche Stellen. Denn mit der inhaltlichen Fortentwicklung und häufig damit einhergehenden zeitlichen Ausdehnung zur Vorbereitung und Durchführung der Veranstaltungen wuchsen auch die personellen Anforderungen. Der Bedarf an Planstellen wuchs, um einen notwendigen Grad an organisatorischer Professionalität und inhaltlicher Kontinuität aufbauen und halten zu können, konnte dazu nur bedingt auf jährlich wechselnde oder zeitlich nur begrenzt einsetzbare ehrenamtliche Mitarbeiter zurückgegriffen werden. Aber auch die steigenden Anforderungen der fördernden Kommunen an die Präsentationsform und den Tourismus stärkende Effekte waren mit einem finanziellen Mehraufwand verbunden: Anzahl und Rang der geladenen Gäste inklusive entsprechender Betreuung und Unterbringung, sowie die Ausrichtung repräsentativer Veranstaltungen führten zu einem Anstieg der Etats und damit zu einer kontinuierlichen Bindung öffentlicher Fördermittel für diese Veranstaltungen, ohne dass sich daraus die Einrichtung eigener Haushaltstitel einfordern ließ. Gleichzeitig stiegen mit dieser wachsenden Förderung die Abhängigkeit der Veranstalter vom Wohlwollen der Förderer und damit auch deren zumindest theoretische Möglichkeit zur inhaltlichen oder formellen Einflussnahme.

Die inhaltliche Weiterentwicklung der Filmfestivals wurde in den neunzehnhundertachtziger und neunzehnhundertneunziger Jahren maßgeblich von zwei technischen Neuerungen beeinflusst. Die aufkommende Videotechnik stellte eine im Vergleich zur herkömmlichen Filmproduktion auch für Laien leicht handhabbare und finanziell erschwingliche Technik dar. Die damit verbundene Entwicklung einer neuen Filmästhetik gewann in der Öffentlichkeit dank der Filmfestivals die Anerkennung als vollwertiges Filmmedium neben den bisher bekannten.[58] Diese mit den neuen Produktionsmitteln entstandenen Werke entsprachen nicht unbedingt den technischen und qualitativen Anforderungen an professionelle Filme, zeichneten sich aber durch einen hohen Grad an Kreativität aus. So ist nach der Hoffmannschen rezipientenorientierten „Kultur für alle" hier der produzentenorientierte „Film für alle" entstanden[59]. Mit der Zulassung von Videoproduktionen als Filmfestivalbeiträge entstanden für die Veranstalter aber auch Probleme ganz anderer Art. Denn durch die starke zahlenmäßige Zunahme an Filmeinreichun-

---

[57]  Beispiel Internationales Filmfestival Mannheim-Heidelberg: Etathöhe: 1952-60: DM 50.000-110.000; 1961-73: DM 110.000-160.000; 1974-91: DM 160.000-900.000; 1992-2001: DM 900.000-2.100.000

[58]  Interessant ist hier, dass Videofilme einzig auf Grund ihrer Produktionstechnik unabhängig von den Inhalten als minderwertig eingestuft werden. Dies ist nicht zu Verwechseln mit dem Anfang der Neunzigerjahre einsetzenden noch avantgardistisch geprägten Öffnung zum Trashfilm. Eine Entwicklung, die Mitte der Neunzigerjahre ihren Höhepunkt in der Mainstreamisierung des Trashs erreichte.

[59]  Siehe Kapitel 3.2.

gen, speziell bei Kurzfilmfestivals[60], erwuchsen auch für die Programmauswahl-kommissionen neue Probleme. Galt es doch zu gewährleisten, diese Masse an Einreichungen so zu sichten, dass jedem einzelnen Film die gleich Unvoreinge-nommenheit und Aufmerksamkeit zuteil wird.[61]

Einen ästhetischen, kreativen und produktiven Schub erlebten Filmfestivals Ende der neunzehnhundertneunziger Jahre mit der Entwicklung der Computertechnik. Auch hier ist die Entwicklung mit jener der Videotechnik Anfang der neunzehn-hundertachtziger Jahre vergleichbar. Durch sie wuchs eine neue Generation an Filmemachern mit neuen produktionstechnischen und ästhetischen Möglichkei-ten heran.[62] Analoge wie digitale Kameras kamen zu erschwinglichen Preisen in semiprofessioneller bis professioneller Qualität in den Fachhandel, Schnitt- und Tonprogramme zur Nachbearbeitung mit benutzerfreundlichen Menüführungen für PCs wurden jenseits der professionellen Anwendungsprogramme zu Stan-dardsoftwares weiterentwickelt.

Dank der Entwicklung der Video- und Digitaltechnik ist die Filmproduktion zu Beginn des einundzwanzigsten Jahrhunderts im Zusammenspiel mit den Film-festivals sowohl bei der „Kultur für alle" als auch der „Kultur durch alle" ange-kommen. Aktuell müssen die Festivals sich auch verstärkt diesen neuen Forma-ten, ihrer veränderten Ästhetik und ihrer speziellen technischen Darbietung öff-nen, wenn sie die Besucher auf dem aktuellen technischen und ästhetischen Stand ansprechen wollen. Die anstehende sukzessive Einführung der digitalen Filmprojektion in den Kinos wird die mediumsgerechte Projektion digitaler Filmproduktionen im Rahmen von Filmfestivals zukünftig erleichtern.

## 2.3.  Kulturpolitische Grundlagen der Förderung von Film-festivals

Bei der Diskussion um eine zukunftorientierte Kulturpolitik im Bereich Film kommt es darauf an, diese auf allen drei Ebenen, der Bundes-, Landes- und Kommunalebene, so zu entwickeln, dass sie sich ihre Ausrichtung und Zielset-zung trotz der finanziellen Krise der öffentlichen Hand nicht von wirtschaftspo-litischen Argumenten vorgeben lässt.

> „Die Kulturpolitik in einem Staat, der sich als Kulturnation versteht, muss nicht nur die Freiräume schaffen, um künstlerische Produktion zu ermöglichen, sie muss auch Angebote der Vermittlung machen, die Brücken bauen zwischen den

---

[60] Einreichungen beim Internationalen KurzFilmFestival Hamburg: 1990: 1.500; 1995: 2.500; seit 2000: rund 3.500

[61] Siehe Kapitel 3.2.

[62] Programme wie Flash, FinalCut Pro oder Premiere gehören zu diesen semiprofessionellen Softwares zu moderaten Preisen.

Partnern Kunst und Publikum – dafür Sorge tragen, dass Angebote der Information, des Begreifens, des Diskutierens bereit gestellt werden."[63]

Der derzeitige so genannte kooperative Kulturföderalismus, das Zusammenspiel zwischen Bund, Ländern und Gemeinden und kommerziellen Kulturinstitutionen, befindet sich in einer Umbruchphase. Die Ständige Konferenz der Kultusminister übernimmt in überregionalen Kulturfragen die Abstimmung der Länderpositionen untereinander. Zwar sind die letzten Gespräche zur zukünftigen Regelung zwischen Bund und Ländern in der Kompetenzfrage bei gesamtstaatlichen Kulturangelegenheiten Ende 2004 gescheitert, doch ist eine Neuaufnahme der Gespräche unabdingbar. Zugleich gehen mehr und mehr Kompetenzen in Kulturfragen mit der Maastrichter Kulturklausel in die Verantwortung der EU über und werden damit sowohl der Zuständigkeit des Bundes wie auch der Länder entzogen.[64]

---

[63] Weiss, Christina: Die Kunst der Vermittlung - Kulturpolitik heute. In: Was Bleibt? Kulturpolitik in persönlicher Bilanz. Hg. v. Oliver Scheytt und Michael Zimmermann. Kulturpolitische Gesellschaft e.V. Bonn, Klartext Verlag Essen, 2001. S. 94

[64] Konsolidierte Fassung des Vertrags zur Gründung der Europäischen Gemeinschaft

Artikel 151 (ex-Artikel 128)

(1) Die Gemeinschaft leistet einen Beitrag zur Entfaltung der Kulturen der Mitgliedstaaten unter Wahrung ihrer nationalen und regionalen Vielfalt sowie gleichzeitiger Hervorhebung des gemeinsamen kulturellen Erbes.

(2) Die Gemeinschaft fördert durch ihre Tätigkeit die Zusammenarbeit zwischen den Mitgliedstaaten und unterstützt und ergänzt erforderlichenfalls deren Tätigkeit in folgenden Bereichen:

- Verbesserung der Kenntnis und Verbreitung der Kultur und Geschichte der europäischen Völker,

- Erhaltung und Schutz des kulturellen Erbes von europäischer Bedeutung,

- nichtkommerzieller Kulturaustausch,

- künstlerisches und literarisches Schaffen, einschließlich im audiovisuellen Bereich.

(3) Die Gemeinschaft und die Mitgliedstaaten fördern die Zusammenarbeit mit dritten Ländern und den für den Kulturbereich zuständigen internationalen Organisationen, insbesondere mit dem Europarat.

(4) Die Gemeinschaft trägt bei ihrer Tätigkeit auf Grund anderer Bestimmungen dieses Vertrags den kulturellen Aspekten Rechnung, insbesondere zur Wahrung und Förderung der Vielfalt ihrer Kulturen.

(5) Als Beitrag zur Verwirklichung der Ziele dieses Artikels erlässt der Rat

- gemäß dem Verfahren des Artikels 251 und nach Anhörung des Ausschusses der Regionen Fördermaßnahmen unter Ausschluss jeglicher Harmonisierung der Rechts- und Verwaltungsvorschriften der Mitgliedstaaten. Der Rat beschließt im Rahmen des Verfahrens des Artikels 251 einstimmig;

- einstimmig auf Vorschlag der Kommission Empfehlungen.

Im Bereich Filmfestivals sind die Zuständigkeiten und Interessenlagen zwischen Bund, Ländern und Gemeinden wie folgt aufgeteilt: In der Regel ist Filmfestivalförderung Sache der Länder und Gemeinden, lediglich bei herausragenden gesamtstaatlich oder international besonders relevanten Veranstaltungen beteiligt sich der Bund an der Förderung. Auf Grund der föderalen Strukturen der Bundesrepublik Deutschland und der vorab skizzierten Kompetenzen in kulturellen Fragen ist die Kulturpolitik ein Bereich, in dem Länder und Gemeinden in Bezug auf politische Schwerpunkte einen sehr großen gestalterischen Spielraum haben. Je nach kulturpolitischen Zielsetzungen können sie diese verfolgen, indem sie bestehende, staatlich unabhängig organisierte Filmfestivals mit entsprechend gelagerter Ausrichtung fördern oder über Kulturämter oder angegliederte Institutionen selbst ins Leben rufen um damit die beabsichtigen Ziele direkt in Angriff nehmen zu können. Die derzeit zu beobachtende Nutzung kultureller Förderung zum Erreichen wirtschaftspolitischer Ziele hat sich über viele Jahre entwickelt. Seit Ende der neunzehnhundertneunziger Jahre rücken in Förderfragen auch bei kulturellen Veranstaltungen verstärkt wirtschaftspolitische Interessen in den Vordergrund. Diese unterschiedlichen entscheidungsrelevanten Interessen zwischen Kulturpolitik und Wirtschaftsförderung umfassen ein weites Spektrum: Maßnahmen zur kulturellen Bildung innerhalb der Gemeinde oder Region, Förderung der regionalen Zusammenarbeit von Kulturträgern, Nachwuchsförderung im Bereich visuelle Bildung, aber eben auch Stärkung des Tourismus oder der regionalen oder kommunalen Wirtschaft, von indirekter Subventionierung bis hin zur Bereitstellung weicher Standortfaktoren zur Steigerung der Wohn- und Freizeitqualität für Arbeitnehmer und deren Familien. Auf die kultur- und wirtschaftspolitischen Ziele speziell bei der Festivalförderung wird im weiteren Verlauf noch detaillierter eingegangen. Im Folgenden werden die unterschiedlichen staatlichen kulturpolitischen Zuständigkeitsbereiche aufgeführt und erläutert.

Der Beauftragte der Bundesregierung für Kultur und Medien (Kulturstaatsminister) hat die „Verantwortung für die Kultur- und Medienpolitik des Bundes. Hierzu gehören neben der Förderung von kulturellen Einrichtungen und Projekten von überregionaler, nationaler Bedeutung die Weiterentwicklung und Modernisierung der rechtlichen Rahmenbedingungen künstlerischen Schaffens sowie die Sicherung einer freien und pluralistischen Medienlandschaft."[65] Die ehemalige Kulturstaatsministerin Dr. Christina Weiss sah trotz finanzieller Engpässe eine ihrer Aufgaben im Erhalt von künstlerischen Freiräumen.

„Angesichts knapper öffentlicher Kassen ist ein effektives Bewirtschaften der Ressourcen sicherlich anzustreben. Kultur muss aber ihren Eigen-Sinn und Eigenwert sowie ihre gesellschaftskritische Rolle jenseits ökonomischer Zweckrationalität

[65] www.bundesregierung.de/Regierung/-,4562/Beauftragte-fuer-Kultur-und-Me.htm (Letzter Zugriff: 19.062003)

behaupten. Gerade die ästhetische Erfahrung, die uns die Künste gewähren und die durch kulturelle Bildung vermittelt wird, hat zunächst keine ökonomischen Bezugsgrößen. Vielmehr geht es dabei um freie individuelle und subjektive Entfaltung."[66]

Die Einrichtung des Amtes des Kulturstaatsministers wurde von Seiten der Bundesländer nicht ohne Vorbehalt aufgenommen, da sie eine Einschränkung ihrer Rechte in Fragen der Bildungs- und Kulturpolitik befürchteten.[67] Im Bereich Filmfestival sind diese Vorbehalte unbegründet, da die Förderkompetenzen zwischen Bund und Ländern klar aufgeteilt und die Einflussmöglichkeiten des Staatsministeriums dadurch entsprechend eingeschränkt sind. Kulturstaatsministerin Dr. Weiss beschränkte sich in ihrem kulturpolitischen Ansatz nicht nur auf den Einfluss von Kultur zur Bildung eines individuellen ästhetischen Wertesystems, sondern verwies zugleich auf die mannigfaltigen Einflüsse, die Kultur bei der Sozialisation des Einzelnen und im sozialen Gefüge des gesamten Staates hat:

> „Kultur ist elementare Voraussetzung für eine offene, lebendige und zukunftsfähige Gesellschaft. Die Auseinandersetzung mit Kunst und Kultur bringt grundlegende Werte zum Ausdruck, prägt Formen des Zusammenlebens, schärft den Blick für soziale Teilhabe und ist Grundlage individueller Sinngebung und Selbstbestimmung.
>
> Die Bundesregierung bekennt sich zur nationalen Verantwortung Deutschlands für die Kultur. Dies schließt eine gestaltende Kulturpolitik des Bundes ein, denn die nationale Kultur ist mehr als die Summe der Kultur in den Ländern. Der Kulturföderalismus wird dadurch nicht gefährdet. Wir brauchen beides: die in der föderalen Ordnung zum Ausdruck kommende Anerkennung der verschiedenen kulturellen Regionen und die Anerkennung der nationalen Dimension von Kultur, das heißt Kulturföderalismus verlangt eine fruchtbare Kooperation von Bund, Ländern und Gemeinden.
>
> Die Schwerpunkte der Kulturpolitik des Bundes liegen dabei in der Schaffung des rechtlichen Rahmens für Kunst und Kultur (Ordnungspolitik), in der Förderung kultureller Einrichtungen von nationaler Bedeutung, in der Hauptstadtkultur, in der kulturellen Infrastruktur der neuen Länder und in der Auswärtigen Kulturpolitik."[68]

Der Bund hat 2001 zur Entlastung des unter hohem Konsolidierungsdruck stehenden Berliner Haushaltes und damit zur Sicherung der Zukunft der Internatio-

---

[66] www.bpb.de/publikationen/ZVTFOF,4,0,K%FCnste_und_kulturelle_Bildung_als_Kraftfel der_der_Kulturpolitik.html#art4 (Letzter Zugriff: 21.08.2003)

[67] Deutscher Städtetag: Städte befürworten gegenüber Staatsminister Nida-Rümelin einen „kooperativenKulturföderalismus".staedtetag.de/php/print.html?/10/presseecke/pressedienst.ht m (Letzter Zugriff: 04.02.2003)

[68] „Gestaltende Kultur- und Medienpolitik". www.bundesregierung.de/dokumente/-,413.66 76 0/Artikel/ dokument.htm. (Letzter Zugriff: 20.01.2003)

42

nalen Filmfestspiele Berlin im Rahmen des Hauptstadtkulturfonds mit dem Abschluss des „Vertrages zur Kulturfinanzierung der Bundeshauptstadt" die öffentliche Bezuschussung auf Grund der herausragenden nationalen und internationalen Bedeutung der Veranstaltung übernommen.[69] Darüber hinaus engagiert sich der Bund über andere staatliche Einrichtungen, in erster Linie über die Kulturstiftung der Länder, das Auswärtige Amt und das Presse- und Informationsamt der Bundesregierung, bei weiteren „herausragender Festivals, die für die Entwicklung der Filmkunst wie für die kulturelle Repräsentanz unseres Landes von besonderer Bedeutung sind"[70]. Dazu zählen die Filmfestivals von Mannheim/ Heidelberg, Hof und Saarbrücken, die internationalen Kurzfilmtage in Oberhausen, das internationale Leipziger Festival für Dokumentar- und Animationsfilm und die dem Kinderfilm gewidmeten Festivals in Gera und Frankfurt/Main.

Die Hoheit der Länder in kulturellen Fragen beruht auf Artikel 30 des Grundgesetzes der Bundesrepublik Deutschland.[71] Auf Grund dieser Zuständigkeitsverteilung gibt es keine einheitliche kulturpolitische Linie auf Länderebene in Bezug auf Art und Umfang der Finanzierung von Filmfestivals.[72] Im Allgemeinen werden durch Landesmittel Filmfestivals gefördert, bei denen die Länder Tourismus- und Wirtschaftsförderungsziele mitverfolgt sehen, d.h. ihre Interessen überregional darstellen möchten oder strukturschwache Gebiete gestärkt werden sollen, denn „Kulturpolitik ist auch Infrastrukturpolitik," so der Bayerische Kultusminister Hans Zehetmayer anlässlich des kulturpolitischen Kongresses der CSU in München im Jahr 1996[73]. Bei der Festivalförderung kann es sich somit auch um eine indirekte Subventionierung der regionalen Wirtschaft handeln, deren Wirkungsumfang im Rahmen von Umwegrentabilitätsanalysen ermittelt werden kann.[74]

---

[69]  Vertrag zur Kulturfinanzierung in der Bundeshauptstadt 2001 – 2004 in der Fassung vom 03.08.2001

[70]  http://www.bundesregierung.de/nn_25188/Webs/Breg/DE/Bundesregierung/Beauftragterfu erKulturundMedien/Medienpolitik/Filmfoerderung/FestivalsSymposien/festivalssymposien. html(Letzter Zugriff: 25.07.2006)

[71]  Grundgesetz Artikel 30: „Die Ausübung der staatlichen Befugnisse und die Erfüllung der staatlichen Aufgaben ist Sache der Länder, soweit dieses Grundgesetz keine andere Regelung trifft oder zulässt."

[72]  Der Umfang der einzelnen Länderzuschüsse zu Filmfestivals war leider weder vom statistischen Bundesamt noch den einzelnen Länder zu erfahren, da Festivalförderung nicht als expliziter Haushaltspunkt ausgewiesen wird, sondern in unterschiedlichen Haushaltstiteln geführt wird.

[73]  www.stmuk.bayern.de/index2.html (Letzter Zugriff: 21.08.2003)

[74]  Siehe Kapitel 2.12.

Vorschub erhält die Diskussion um Sinn und Zweck von Kulturförderung auch durch die sprachliche Ungenauigkeit oder bewusste Gleichstellung von Kulturförderung und Subventionierung. Insbesondere dann, wenn es um populistische, schlagwortartige Kritik an der gegenwärtigen Kulturförderung und deren Empfänger geht, werden diese beiden Begriffe anscheinend mutwillig selbst von Politikern gleichgesetzt, welche die Unterschiede eigentlich kennen sollten: „Wir müssen das ganze Subventionssystem daraufhin überprüfen, ob es zeitgemäß ist."[75]

Die rechtlichen Grundlagen bei der Förderung von Filmfestivals auf Gemeindeebene sind im Grundgesetzt geregelt. Nach Artikel 28, Absatz 2 haben die Gemeinden die kulturelle Entscheidungshoheit in den sie betreffenden Bereichen.[76] Dabei haben Gemeinden mit der finanziellen Unterstützung von Filmfestivals ebenfalls die Möglichkeit, sowohl kultur- wie auch wirtschaftspolitische Ziele zu verfolgen. Filmfestivals werden von Gemeinden als weiche Standortfaktoren bei der Ansiedlung oder dauerhaften Bindung von Wirtschaftsunternehmen wie Bürgern ebenso angeführt wie zu Tourismus fördernden Zwecken oder aus bildungspolitischen Überlegungen. Sie können durch die Veranstaltung oder Förderung von Filmfestivals Alternativen für das regionale, zumeist kommerzielle Kulturangebot bieten oder Bereiche abdecken, die sonst auf Grund wirtschaftlicher Unrentabilität unrepräsentiert blieben. Durch Filmfestivals kann die Förderung der lokalen Wirtschaft, ähnlich wie auf regionaler Ebene, als indirekte Subventionierung erfolgen, da ansässige Unternehmen den technischen, organisatorischen oder personellen Bedarf der Veranstaltungen decken helfen und somit von der Durchführung der Veranstaltung finanziell profitieren. Somit gehören auch kommunal veranstaltete Filmfestivals in den Bereich der indirekten Instrumente zur kommunalen Wirtschaftsförderpolitik.[77]

---

[75] „Auch die Kultur muss gesund wirtschaften." Interview von Hans-J. Fink mit der Hamburger Kultursenatorin Dr. Dana Horáková. In. *Hamburger Abendblatt*, 31.5./1.6.2003
Die Unterschiede zwischen Subventionierung und Förderung und die damit im Zusammenhang stehenden weit reichenden Folgen werden im Verlauf der Untersuchung eingehender dargestellt.

[76] Grundgesetz Artikel 28, Absatz 2: „Den Gemeinden muss das Recht gewährleistet sein, alle Angelegenheiten der örtlichen Gemeinschaft im Rahmen der Gesetze in eigener Verantwortung zu regeln. Auch die Gemeindeverbände haben im Rahmen ihres gesetzlichen Aufgabenbereiches nach Maßgabe der Gesetze das Recht der Selbstverwaltung. Die Gewährleistung der Selbstverwaltung umfasst auch die Grundlagen der finanziellen Eigenverantwortung; zu diesen Grundlagen gehört eine den Gemeinden mit Hebesatzrecht zustehende wirtschaftskraftbezogene Steuerquelle."

[77] Auch hier gilt es, die Unterschiede zwischen Subventionierung und Förderung zu beachten, die im weiteren Verlauf der Untersuchung dargestellt werden.

## 2.4.  Kulturpolitische Aufgaben und Ziele von Filmfestivals

Um Förderern wie Veranstaltern fundierte Einschätzungen über die Stellung von Filmfestivals innerhalb der Kultur- und Kernkonkurrenz[78] zu ermöglichen ist es notwendig, die hierin liegenden kulturpolitischen Aufgaben und Ziele zu benennen, um deren Erreichen nachvollziehbar belegen zu können. Im Folgenden wird es um die Klärung der Frage gehen, inwieweit Filmfestivals heutigen kulturpolitischen Anforderungen an öffentlich geförderte Kulturveranstaltungen gerecht werden, ob Filmfestivals als öffentlich geförderte Veranstaltungen überhaupt noch als zeitgemäß angesehen werden können oder sich möglicherweise eher in die Bereiche Tourismus- oder Wirtschaftsförderung entwickelt haben und dementsprechend in die dortige Förderung eingegliedert werden sollten.

Eine Aufgabe moderner Kulturpolitik ist Förderung der ästhetischen Bildung und Medienkompetenz, die Schaffung eines für möglichst breite Zuschauerschichten ausgelegten Zugangs zu kulturellen Angeboten, d. h. der Abbau von intellektuellen oder räumlichen Zugangshemnissen. Nur wer kulturelle Angebote kennt und keine oder nur eine geringe Hemmschwelle beim Zugang zur Kulturnutzung zu überwinden hat, kann sich aus freien Stücken für oder auch bewusst gegen Kulturkonsum entscheiden. Je früher der Kontakt zu verschiedenen kulturellen Bildungsangeboten erfolgt, umso geringer sind später die individuellen Barrieren der potentiellen Rezipienten zur Wahrnehmung kultureller Angebote. Damit können frühzeitig Interesse am Medium Film geweckt und dem Aufbau von Schwellenängsten vor einem Kinobesuch begegnet werden. Im Bereich ästhetischer Bildung können Filmfestivals dazu beitragen, dass Kinogänger frühzeitig ein individuelles, fundiertes Urteilsvermögen entwickeln. Das bedeutet, dass es auch Aufgabe dieser Veranstaltungen – und ausdrücklich nicht nur von Kinderfilmfestivals – sein sollte, kind- und jugendgerechte Angebote in das Festivalkonzept zu integrieren. In Ergänzung dazu bieten sich pädagogische Fortbildungsseminare für Lehrkräfte an, um ihnen eine Kompetenz zur Vermittlung eines reflektierten Umgangs mit dem Gesehenen zu vermitteln. Nach Ansicht von Dieter Kosslick, Leiter der Internationalen Filmfestspiele Berlin, ließen sich im Rahmen von Filmfestivals zwei Hauptziele schulisch gelenkter ästhetischer Erziehung erreichen: „[…] die Lust an einem Kunstwerk, dem Film, zu wecken und zugleich die Reflexion über ein Medium zu fördern, das gigantisch fies ist, weil es mit den Mitteln der Unterhaltung gefährliche Inhalte transportiert, die ohne diese Reflexion gar nicht durchschaut werden. Wenn wir als Festival – zum Beispiel mit dem Kinderfilmfestival – darauf hinwirken können, dass die Reflexion angekurbelt wird, dass wir das Medium selbst reflektieren, dann ist das gut und

---

[78]  Klein, Armin: Kultur-Management: Das Marketingkonzept für Kulturbetriebe. München: Deutscher Taschenbuch Verlag, 2001

könnte unser Beitrag zu einer audiovisuellen Pädagogik sein, die an jede Schule gehört."[79]

Trotz der hohen Relevanz, die Kinobesuche bei der Freizeitgestaltung von Jugendlichen einnehmen, ist Kino auch heutzutage für einen Teil der Kinder und Jugendlichen ein unbekannter Ort. Immer wieder kann man im Rahmen von Kinder- und Schulvorstellungen beobachten, welche Faszination ein Kinobesuch auf diejenigen ausübt, die erstmals einen Film im Kino sehen.[80] Durch schulisch organisierte Besuche kann die Hemmschwelle gegenüber dem Kulturort Kino überwunden und dieses als niedrigschwelliges Freizeitmedium ins Bewusstsein eingeführt werden. Je frühzeitiger Kinder Kino als einen normalen Bestandteil ihrer Freizeitgestaltung kennen lernen, und je eher sie im Stande sind, ein fundiertes ästhetisches Gespür und Qualitätsempfinden zu entwickeln, desto eher sind sie auch im späteren Leben bereit, Kino als hemmschwellenfreien Teil der Freizeitaktivitäten anzusehen und im besten Falle auch zur Rezeption von Filmen jenseits des gängigen Mainstreams offen. Dieses Vermögen ist die Grundlage für eine vorbehaltlose Filmrezeption mit der notwendigen Offenheit gegenüber ungewohnten Inhalten und ästhetischen Formen. Gleichzeitig gibt es im Rahmen von Filmfestivals über die reguläre Filmvorführung hinaus die Möglichkeit mit Workshops Kindern erste kreative Erfahrungen im Umgang mit dem Medium Film zu ermöglichen, sei es durch die Produktion eigener Kurzfilme oder durch das professionell angeleitete, gemeinsame Reflektieren über Film und so frühzeitig eine fundierte Medienkompetenz aufzubauen, die über die reine Kinofilmrezeption hinaus zum kritischen Umgang mit Medien notwendig ist.

Aber auch bei der weiteren Erwachsenenbildung können Filmfestivals Beiträge zum Hemmschellenabbau leisten. Im Gegensatz zum regulären Filmprogramm wird Besuchern im Rahmen von Filmfestivals häufig die Gelegenheit gegeben, im öffentlichen, teilweise sogar persönlichen Gespräch mit Filmemachern oder anderen Produktionsbeteiligten offene Fragen zu diskutieren und so auch Filme, die sich dem Zuschauer nicht auf Anhieb oder gar nicht erschließen, näher zu bringen. Diese direkte Auseinandersetzung kann dazu beitragen, Rezeptionsprobleme auch seitens erwachsener Besucher zu beseitigen und damit deren Offenheit

---

[79] Cristina Nord: „Kein Fax aus Hollywood". Interview mit Dieter Kosslick. In: *Die Tageszeitung*, 01./02.02.2003

[80] Gespräche mit Kindern, die im Rahmen von Schulvorstellungen oder mit ihren Familien während des Mo & Friese KinderFilmFestivals Hamburg 2001-2003 ins zeise kino, Hamburg, kamen. Die Kinder wurden vor und nach Festivalvorstellungen und nach der Teilnahme an diversen Workshops während der Filmfestivals in Einzelgesprächen und Gruppeninterviews befragt.

gegenüber Filmen jenseits der vertrauten Rezeptionsgewohnheiten zu fördern oder zu erhalten.[81]

Neben der Förderung des rezipierenden haben Filmfestivals auch die Möglichkeit zur Förderung des produzierenden Nachwuchses. Festivals können Filme von Nachwuchsregisseuren und -produzenten ohne das wirtschaftliche Risiko aufführen, das mit den Investitionen für einen regulären Kinostart, und sei er auch auf wenige Kopien beschränkt, für Verleiher und Kinos verbunden ist, aufführen. Produzenten und Verleiher haben die Möglichkeit, Festivalvorführungen gleichsam als Testscreenings für Produktionen anzusehen, deren Vermarktungsstrategie und Marktpotential noch offen ist. Da gerade Erstlingswerke es schwer haben, im kommerziellen Kinobetrieb zum Einsatz zu kommen und so öffentliche Reaktionen schwer einzuholen sind, bieten Filmfestivals jungen Filmemachern eine Chance, diese öffentliche Resonanz auf ihre Werke zu bekommen. Dabei sind positive wie negative Publikumsreaktionen hilfreich, das eigene Werk besser auf Zuschauerakzeptanz aber auch auf Verständlichkeit der angewandten Filmsprache hin zu reflektieren und sich gegebenenfalls noch einmal kritisch mit dem eigenen Werk zu befassen, um sich selbst darin zu versichern, ob die gewählte Inszenierung auch trotz möglicher Widerstände seitens des Publikum oder der Presse vor einem selbst Bestand hat, um entsprechende Lehren oder Selbstversicherungen daraus zu ziehen. Hierbei zeigt die Praxis, dass es große Unterschiede bei der Beurteilung der Filme zwischen Festivalpublikum und normalem Kinopublikum geben kann. Einem Festivalerfolg, sei es Publikumsliebling oder Juryfavorit, ist nicht automatisch ein wirtschaftlich zufrieden stellender Einsatz im normalen Kinoabspiel sicher, wie sich an prämierten Filmen zeigt, die bei der anschließenden Auswertung im regulären Kinoeinsatz anliefen, jedoch nicht genügend Zuschauer für sich interessieren konnten, um die Herausbringungskosten wieder einzuspielen.[82]

Durch die gezielte und kontinuierliche Präsentation von Werken von Nachwuchsfilmemachern und -produzenten kann der produzierende Nachwuchs mittel bis langfristig aufgebaut werden, bis ihre Werke im regulären Kinoabspiel zum Einsatz kommen – was keineswegs mit dem Verlust individueller filmischer

---

[81]  Da erfahrungsgemäß Diskussionen nach Filmvorführungen im Kino nur schwer in Gang kommen sollte der Gesprächsleiter stets Fragen parat haben, die helfen, die erste Zeit nach der Vorführung zu überbrücken und die Bereitschaft zur Gesprächsbeteiligung beim Publikum zu wecken. Was hier für Festivalveranstalter und Moderatoren selbstverständlich klingen mag, ist leider bei fast keinem Festival wirklich kontinuierlich zufriedenstellend geregelt.

[82]  Bei der Befragung der Filmverleiher kam zum Beispiel heraus, dass Max-Ophüls-Preisträger (Saarbrücken) branchenintern lange den Ruf hatten, „Kassengift" zu sein, da sie sich im Kino kaum kommerziell auswerten ließen.

Handschriften einhergehen muss, wie sich am Werk von Tom Tykwer, Jim Jarmusch oder Angelina Maccarone verfolgen lässt. Bei dieser Form der Nachwuchsförderung kann es durchaus vorkommen, dass einzelne Filme zur Vorführung kommen, die für sich betrachtet die Aufnahme in das Festivalprogramm nicht geschafft hätten, jedoch im Sinne einer kontinuierlichen Talentförderung trotzdem präsentiert werden.

Dass insbesondere Kurzfilmfestivals die Rolle der Nachwuchsförderung zu kommt liegt darin begründet, dass Kurzfilme aus produktionstechnischen und Etatgründen in der Regel die ersten Werke sind, die Nachwuchsproduzenten wie -regisseure umsetzen können, sei es im Rahmen von Hochschularbeiten oder selbst produziert, bevor die Gelegenheit gegeben ist, Langfilmprojekte in Angriff zu nehmen. Durch gezieltes Verfolgen der Karrieren von Regisseuren können Filmfestivals einen wichtigen Part in der künstlerischen Entwicklung übernehmen. Es gelingt Filmemachern selten, bereits mit ihrem ersten Werk auf Festivals oder im regulären Kinoabspiel für so viel Furore bei Presse, Öffentlichkeit oder Filmwirtschaft zu sorgen, dass sie sofort die finanziellen Mittel zur Produktion eines Folgewerkes oder, beim Wechsel weg vom Kurzfilm, für einen ersten Langfilm bekommen. Durch eine konstante Begleitung von Nachwuchsfilmschaffenden durch die Integration ihrer Filme in die Festivalprogramme ist die Chance gegeben, Verleiher und Produzenten auf diese Talente aufmerksam zu machen und sie in ihrer künstlerischen Entwicklung trotz möglicher kommerzieller Misserfolge zu bestätigen.

Ziel einer kontinuierlichen Nachwuchsförderung kann es aber auch sein, dadurch Filmemacher langfristig an Festivals zu binden. Das Talent-Campus der Internationalen Filmfestspiele Berlin dient nicht nur der Förderung des Nachwuchses, indirekt wird damit auch das Ziel verfolgt, Talente frühzeitig emotional an die Filmfestspiele zu binden:

> „[…] das mit den Filmemachern und den Filmfestivals ist ein bisschen wie eine
> alte Beziehung. Man geht dahin, wo man alles kennt. Ein Partnerwechsel ist
> schwierig."[83]

Ein wichtiger Aspekt wird auch die Förderung neuer künstlerischer und ästhetischer Entwicklung im Bereich Film sein. Neben dem klassischen Kinofilm werden verstärkt Film für mobile Player produziert werden, deren künstlerisches Potential noch längst nicht ausgeschöpft ist. Mit diesen Filmen gehen aber auch Veränderungen in der Filmrezeption einher, denen sich Filmfestivalveranstalter widmen sollten, um diesen Bereich nicht allein dem kommerziellen Markt der

---

[83] „Kein Fax aus Hollywood". A.a.O Bei der Analyse der Internationalen Filmfestspiele Berlin in Kapitel 3.1. wird das Talent Campus noch eingehender daraufhin untersucht, wie das Konzept im Detail aussieht, in wie weit es funktioniert und auf andere Festivals übertragbar sein könnte.

Unterhaltungsindustrie zu überlassen. Denn damit laufen sie Gefahr, den Kontakt zur Generation der Computergamer und Handhelduser zu verlieren und damit auch die Chancen, die künstlerischen Potentiale dieser technischen Neuerungen zu übersehen.

Auch kann der Einfluss von Filmfestivals auf die lokale oder regionale Kinoland-schaft nicht unterschätzt werden. Kinos und Filmfestivals befinden sich in einer Art symbiotischen Vorteilsverhältnis. Durch die Einbindung von ausgewählten Festivalspielstätten kann die lokale Kinolandschaft gezielt gefördert werden. Wie sich bei der Auswertung der Kurzfilmfestivalbesucherbefragung[84] gezeigt hat, schauen sich immerhin 23% der Befragten jenseits des Festivalbesuchs sonst nicht oder noch nie Filme in dem Kino an, in dem sie sich gerade befinden. Dies bedeutet, dass über die Kinoauswahl seitens der Filmfestivals ein Erstkontakt zwischen Kinos und Besuchern gesteuert werden kann. Dadurch erhalten Kino-betreiber die Möglichkeit neue Besucher über ihren bestehenden, mit ihrer regu-lären Werbung und Öffentlichkeitsarbeit hinaus direkt zu erreichen und mögliche Vorurteile gegenüber ihren Häusern abzubauen oder schlichtes nicht Wahrneh-men zu überwinden. Filmfestivals stellen damit einen zusätzlichen Werbefaktor jenseits der kinoeigenen üblichen Werbemittel dar (Programmhefte, Plakatierun-gen, Filmprogrammanzeigenschaltungen) und schaffen eine Medienpräsenz im Rahmen der Festivalberichterstattung, welche die meisten Kinos, abgesehen von großen Premierenkinos, mit eigenen Mitteln mit ihren regulären Kinoprogram-men nicht erreichen könnten. Aber in der Umkehrung gilt auch, dass das Festi-valimage durch die Wahl der Spielorte entscheidend mitgeprägt wird. Da die ver-schiedene Kinos schwerpunktmäßig jeweils unterschiedliche spezifische sozio-logisch und filmkulturell vorgeprägte Besuchergruppen ansprechen und nicht nur Kinos neue Besucher dazu gewinnen können, sondern im Umkehrschluss poten-tielle Zuschauer von einem Festivalbesuch abgehalten werden können, wenn die Hemmschwelle gegenüber unbekannten oder vorurteilsbeladenen Spielstätten zu groß ist, kann eine ungünstige Kinowahl durchaus nachteilig für Festivals sein.[85] Die deutsche Kinolandschaft lässt sich nach Programmprofilen im Wesentlichen in vier festivalrelevante Kinotypen unterteilen: Multiplexe, Programmkinos, kommunale Kinos und Einzelhäuser.[86] Für jeden dieser Kinotypen lassen sich spezielle soziostrukturelle und programmorientierte Besuchermerkmale feststel-len. Unter Berücksichtigung dieser unterschiedlichen Profile lassen sich, neben

---

[84]  Siehe auch die Analyse der Besucherbefragung in Kapitel 2.7.

[85]  Grundlage der folgenden Ausführungen sind Gespräche mit Vertretern der AG Kino, der Ufa AG und der Cinemaxx AG, dem Kommunalen Kino Hamburg

[86]  Weitere Kinotypen wie das IMAX oder Autokinos werden hier nicht weiter berücksichtigt, da sie von Filmfestivals auf Grund ihrer besonderen technischen oder örtlichen Gegeben-heiten nicht bespielt werden.

der inhaltlichen Festivalausrichtung, auch das Festivalimage und der Besucherzuspruch über die Wahl der Spielstätten beeinflussen[87], da mehr als die Hälfte aller Kinogänger ein Lieblingskino hat.[88] Unter Berücksichtigung der jeweiligen
Besucher- und Programmstruktur einzelner Kinos ist es für Filmfestivalveranstalter möglich, jene Kinos auszuwählen, bei denen seitens der Besucher ein hohes Interesse an einem Festivalprogramm erwartet werden kann, das ähnlich ausgerichtet ist, wie das reguläre Programm dieser Häuser. Auf Grund dieses zu
voraussetzenden Grundinteresses sollte es möglich sein, diese Besucher seitens
der Festivals mit geringem Werbeaufwand zu erreichen. Mit Anzeigen und redaktionellen Beiträgen in kinoeigenen Werbemitteln wie Programmheften erreicht man direkt die eigene Zielgruppe. Unter Berücksichtigung der Ergebnisse
der Studie zu „Filminhalten und Zielgruppen"[89] kann man unter Umkehrung der
Rückschlüsse von der Filmwirkung auf die Zuschauer eine entsprechende Auswahl der besucheradäquaten Spielstätten erstellen.

Programmkinos sprechen ein filmtheoretisch vorgebildetes und für ästhetische
Experimente offenes Publikum an, die Besucher sind die Auseinandersetzung mit
inhaltlich anspruchsvollen Themen gewohnt. Filme in Originalfassungen oder
Originalfassungen mit Untertiteln (zumeist in Deutsch oder Englisch) gehören
zum Standardangebot. Besucher bevorzugen Programmkinos gegenüber Multiplexen bei überschneidenden Filmangeboten auch wegen der individuellen Ansprache an Kasse und Einlass, dem unterschiedlichen Rezeptionsverhalten der
Besucher während den Vorstellungen, den in vielen Fällen dazugehörigen gastronomischen Einrichtungen und der räumlichen Nähe zu ihrem gewohnten Le-
bens- und Wohnumfeld.

Kinos, die nur einen einzigen Vorführsaal haben, sind nur bedingt festivaltaug-
lich, da ein schneller Wechsel zwischen zwei Sälen zwischen oder bei Fachbesuchern auch während der laufenden Vorstellungen nicht möglich ist. Die Eingliederung der dort häufig vorhandenen gastronomischen Einrichtungen als Aufent-
haltsorte oder Treffpunkte, die mehr zu bieten haben als Popcorn und Taco in
den Multiplexen, wird von Fachbesucher hingegen als besonderer Vorteil emp-
funden. Durch das vielfältige, mitunter täglich wechselnde Programm ist das
Vorführpersonal im Umgang mit verschiedenen Filmformaten geübt, durch Re-
pertoirespiel und selbst organisierte Filmreihen ist es auch den sensiblen Umgang
mit historischen Filmkopien oder Einzelstücken gewohnt. Die Dekoration der

---

[87]  Neckermann, Gerhard und Dirk Blothner: Das Kinobesucherpotential 2010 nach sozio-
demographischen Merkmalen. Berlin: Filmförderungsanstalt, 2001 S. 14

[88]  Neckermann, Gerhard. A.a.O., S. 14

[89]  Blothner, Dirk: Filminhalte und Zielgruppen. Wirkungspsychologische Untersuchung zur
Zielgruppenbestimmung von Kinofilmen der Jahre 1998 und 1999 auf der Basis des GfK-
Panels. Berlin: Filmförderungsanstalt, 2002 S. 9

Kinos zur Schaffung einer einheitlichen Festivalatmosphäre ist in Häusern, die komplett von Festivals belegt werden, einfacher möglich, als in Multiplexen, die nur teilweise bespielt werden und dementsprechend mit Werbemitteln aktueller und anstehender Filme werben. Auch engagieren sich die Kinobetreiber mitunter persönlich durch individuelle, festivalgerechte Dekoration der Kinos. Durch die geringere Größe der Häuser im Vergleich zu Multiplexen gelingt es leichter, Gästen und Besuchern den individuellen Kontakt zueinander zu ermöglichen. Durch vergleichbare Zielgruppenausrichtung und bauliche Profile der Kinos sind das Besucherprofil und die festivalrelevanten Aspekte von Kommunalen Kinos mit denen der Programmkinos vergleichbar.

Auf Grund des hohen Renditedrucks werden in Multiplexen in erster Linie Mainstreamfilme vorgeführt. Dementsprechend setzt sich das dortige Kinopublikum zu einem Großteil aus der oben genannten Kernkinogängergruppe zusammen. In den vergangenen Jahren haben Multiplexe angefangen, zuschauerträchtige Arthousefilme ins Programm aufzunehmen und mit Matineen oder Sondervorstellungen solcher Filme am Nachmittag oder in Spätvorstellungen auch andere Besuchergruppen anzusprechen, um ihre Häuser, vornehmlich auch in Randzeiten, besser auszulasten. Für Fachbesucher von Filmfestivals haben Multiplexe den Vorteil, dass sie mehrere Säle in einem Haus bieten, wodurch der Saalwechsel zwischen oder auch während laufender Vorstellung erleichtert wird. Obwohl die technische Ausstattung meist auf dem neuesten Stand ist, kommt es immer wieder zu nicht einwandfreien Vorstellungen, da es diesen Häusern häufig an vielfältig geschultem Vorführpersonal mangelt. Der unter Umständen täglich mehrfach notwendige Wechsel zwischen unterschiedlichen Bild- und Tonformaten kommt im regulären Kinoabspiel in Multiplexen nicht vor, so dass das Vorführpersonal hier mitunter an die Grenzen seiner Leistungsfähigkeit gerät.

Des Weiteren werden die gastronomischen Einrichtungen dieser Häuser immer wieder von Fachbesuchern bemängelt. Diese Einrichtungen sind auf die schnelle Abfertigung eines großen Besucheransturms mit standardisierten Speisen und Getränken ausgerichtet, in der Regel sind die vorhandenen Verkaufsstellen und Aufenthaltsareale nicht auf die Bedürfnisse von Fachbesuchern eingestellt. Im Rahmen von Festivals ist es daher notwendig, entsprechende Zonen einzurichten, um dem Bedürfnis der Fachbesucher nach Treffpunkten und Orten zum längeren Verweilen zwischen Vorstellungen nachzukommen. Multiplexe, die nur in Teilen von Festivals bespielt werden, erwecken optisch selten den Eindruck, ein vollwertiger Spielort zu sein, da die festivalprägenden gestalterischen Mittel in Konkurrenz zur Dekoration der regulär laufenden oder anstehenden Filme steht.

Unter Einzelhäuser sind all jene Spielstätten zusammengefasst, die sich bei ihrer Programmauswahl lediglich an den aktuellen Kinostarts orientieren und in der Regel selbstständigen oder regionalen Kinobetreibern zugehörige Häuser sind. Diese Kinos wenden sich je nach programmlicher Ausrichtung, eher Mainstreamfilme oder Arthouse, an ähnlich orientierte Besucher wie Programmkinos oder Multiplexe, auch abhängig davon, wie die lokale Konkurrenzsituation aussieht. Je nach Interessenlage der Betreiber können Sonderprogramme mit Arthouse- und Kinderfilmen das reguläre Filmangebot ergänzen. Das Feld dieser Kinos ist derart weit gefächert, dass sich allgemeine Aussagen zur Festivalspielstättentauglichkeit hier nicht treffen lassen.

Wenn man das Filmprogramm eines Filmfestivals auf die Zuschauerwirkung hin analysiert und „um die Arbeitsweise des Psychischen weiß und dessen unbewusste Mechanismen methodisch im Auge behält, kann man die zu erwartenden Wirkungsprozesse zumindest ungefähr prognostizieren"[90] und dementsprechend den Kinotypus mit der höchsten Zielgruppenaffinität bestimmen. Im Umkehrschluss besteht die Möglichkeit, dass man mit der falschen Kinowahl potentielle Besucher entweder nur mit starkem Werbeaufwand erreicht oder ganz ausschließt. Dies kann der Fall sein, wenn die Hemmschwelle potentieller Festivalbesucher zum Besuch fremder oder durch deren sonstiges Besucherumfeld und Bauart für sie negativ besetzter Kinos zu hoch ist. Es gibt nicht „das richtige" Festivalkino, die jeweiligen örtlichen Begebenheiten, Möglichkeiten und Besucherstrukturen sind für die Auswahl entscheidend. Ebenso gilt es abzuwägen, ob einzelne Kinos auf Grund ihrer Programmpolitik und Verdienste um die regionale kulturelle Vielfalt im Sinne der Pflege dieser Kinolandschaft vor anderen Abspielstätten bevorzugt werden sollten. Sofern Filmfestivals öffentliche Fördermittel erhalten, erwächst daraus für die Organisatoren auch eine bedingte Verantwortung der lokalen Kinolandschaft gegenüber. So gilt es neben der technischen Machbarkeit auch abzuwägen, welchen Einfluss die Wahl der Spielorte auf das Gefüge der regionalen Kinolandschaft haben kann. Angesichts der bestehenden, zum Teil die Existenz bedrohenden Konkurrenzsituation auf dem deutschen Kinomarkt und innerhalb der Förderempfänger, können dies ausschlaggebende Entscheidung zur verstärkten Ansprache zusätzlicher Zuschauer und damit zum Erhalt von Kinos und Festivals sein. Es darf nicht übersehen werden, dass die Auswahl oder gerade auch das nicht Berücksichtigen bestimmter Spielstätten für diese eine Entscheidung von großer Tragweite sein kann, da Kinos bei der Bewerbung für regionale oder nationale Kinoprogrammprämien in ihren Häusern stattfindende Filmfestivals positiv anführen können. Dass der Erhalt einer vielfältigen Kinolandschaft gerade auch zum Abspiel kommerziell weniger erfolgreicher Filme von kulturpolitischer Seite grundsätzlich gewünscht wird, drückt sich auch in verschiedenen Kinofördermodellen aus. Ebenso ist der Erhalt einer vielfältigen Kinolandschaft für Filmfestivals existenziell, da mit dem Wegfall festivalgeeigneter Spielorte die gesamte Veranstaltung gefährdet sein kann.

---

[90]  Blothner, Dirk: Filminhalte und Zielgruppen. A.a.O., S. 48

In Zukunft werden sich Filmfestivals auch dem Nachhaltigkeitsaspekt widmen müssen. Bei Nachhaltigkeit handelt es sich um einen Begriff aus Ökologie, Ökonomie und Soziologie, der seit den späten neunzehnhundertneunziger Jahren Einzug in die Kulturdebatte gehalten hat. Der Nachhaltigkeitsgedanke befasst sich mit der Verantwortung des gegenwärtigen Handelns und dessen Folgen für zukünftige Generationen.

> „Ziel der Nachhaltigkeitsstrategie ist eine ausgewogene Balance zwischen den Bedürfnissen der heutigen Generation und den Lebensperspektiven künftiger Generationen. Dabei ist Nachhaltigkeit mehr als die Fortsetzung der Umweltpolitik mit anderen Mitteln. Nachhaltigkeit ist eine Modernisierungsstrategie. In der Nachhaltigkeitsidee steckt ein enormes Innovationspotenzial für Wirtschaft, Umwelt und Gesellschaft, das mit der Nachhaltigkeitsstrategie erschlossen werden soll."[91]

Der Nachhaltigkeitsgedanke umfasst im Bezug auf den Kultursektor die Bereiche Bildung, Hoch- und Alltagskultur, Kunst und Ethik. Hierbei kann der Nachhaltigkeitsgedanke nicht einfach auf den kulturellen Bereich übertragen werden, vielmehr übernimmt die Kultur die Aufgabe einer Querverbindung zwischen den Bereichen Ökologie, Ökonomie und Soziales. Filmfestivals haben hier entsprechend ihren kulturpolitischen Aufgaben das Potential, die kulturellen Grundwerte der Gesellschaft wie Lebensstile, Glauben und ethische Verhaltensnormen, aber auch Bildung und soziales Engagement zur Ausbildung sozial verantwortlicher Individuen zu fördern. Filmfestivals können analog den Forderungen des Rates für Nachhaltige Entwicklung die „Fähigkeit [fördern], Probleme zu erkennen und Lösungsmöglichkeiten zu finden, nach ethischen Grundsätzen zu handeln, eigene Initiativen mit den Handlungsmöglichkeiten anderer Menschen zu verbinden – das ist die wesentliche Herausforderung der Nachhaltigkeit."[92] Darüber hinaus ist es notwendig, dass sich die Kulturschaffenden aktiv an dieser Diskussion beteiligen und Einfluss auf die Debatte nehmen.

---

[91] www.dialog-nachhaltigkeit.de/html/infos.htm#indikatoren (Letzter Zugriff: 04.09.2003)

[92] Die Bundesregierung hat zwar den Gedanken der Nachhaltigkeit mit der Schaffung dieses Rates für nachhaltige Entwicklung im April 2001 zu einem zentralen Anliegen erklärt, bei den „21 Indikatoren als Gradmesser der Nachhaltigkeit" wird der Faktor Kultur jedoch nicht erwähnt. Der Rat für Nachhaltige Entwicklung hat sich dieser Problemstellung angenommen und es ist davon auszugehen, dass der Einfluss der Kultur in der Nachhaltigkeitsdebatte in Zukunft stärker sein wird.

Rat für Nachhaltige Entwicklung: Kultur und Nachhaltigkeit – Thesen und Ergebnisse aus einem Ideenworkshop vom11./12.12.2001, Berlin. S. 4 www.nachhaltigkeitsrat.de/service/download/pdf/Kultur_und_Nachhaltigkeit01-02.pdf (Letzter Zugriff: 04.09.2003)

www.dialog-nachhaltigkeit.de/html/infos.htm (Letzter Zugriff: 05.09.2003)

Die Bundesregierung: Perspektive für Deutschland – Unsere Strategie für eine nachhaltige Entwicklung. Abrufbar unter www.nachhaltigkeitsrat.de/n_strategie/index.html (Letzter Zugriff: 04.09.2003)

„Für Kunst und Kultur bedeutet die Nachhaltigkeitsdebatte auch eine Bereicherung: Künstlerinnen und Kulturschaffende könnten die Herausforderungen und Fragen der Nachhaltigkeit eigenständig aufgreifen, wenn sie diese als Herausforderung zum Beispiel der Formen- und Bilderwelt(en) und als neuen Diskurs über die Bedeutung der Ästhetik und die Rolle von Kunst auffassen – und sie tun es ja zum Teil bereits. Gerade eine Auseinandersetzung mit Nachhaltigkeit ermöglicht der Kunst maßgeblich an der Gestaltungen und am Wandel von Werten und ethischen Normen mitzuwirken. In dieser Sicht könnte mit Nachhaltigkeit die Kultur und die Kunstform einer ‚anderen' Beziehung der Menschen zur Natur erzählt werden. Die Künstler könnten so eine neue und zugleich alte, aber längst vergessene Liaison zwischen Kunst und Wissenschaft, Handwerk und Fortschrittshoffnung, individuellem Schaffen und gesellschaftlichem Reichtum fördern, wenn nicht gar begründen. Und nicht zuletzt stellt sich die Frage nach der Nachhaltigkeit von Kulturpolitik und Kunst selbst. Sind sie doch mit einem unverkennbaren Hang zur Übersteigerung (immer größere und aufwendigere Events) selbst mitunter Teil des Problems."[93]

Dabei geht es nicht um ein „überstülpen" des Nachhaltigkeitsgedankens über die aktuelle Kulturpolitik, sondern um die Fortentwicklung derselben.[94] Filmfestivals haben durch ihre programmliche Ausgestaltung die Möglichkeit, diesen Gedanken der Nachhaltigkeit in die Praxis umzusetzen. Nicht nur durch Filme, die sich direkt mit sozialen, ökonomischen und ökologischen Fragestellungen befassen, sondern gerade auch mit solchen Werken, die diese Problemstellungen indirekt thematisieren und dadurch Besucher erreichen, die sich einer direkten Auseinandersetzung mit diesen Themen entziehen würden, sei es aus Angst vor intellektueller Überforderung oder schlichtem Desinteresse. Auch können Filmfestivals als internationale Begegnungsstätten von Besuchern und Gästen dienen, im Rahmen

---

[93]  Rat für Nachhaltige Entwicklung: Kultur und Nachhaltigkeit. A.a.O. S. 7
Im Punkt Nachhaltigkeit unterscheiden sich kulturelle Veranstaltungen deutlich von Events, denen es nur um einen nachhaltigen Werbe- und Imagefaktor geht, die transportierten Inhalte jedoch zweitrangig und den anderen Zielen untergeordnet sind. Der Gedanke der Nachhaltigkeit beeinflusst auch die Diskussion im Arbeitskreis Kultursponsoring des Bundes der Industrie, da erkannt wurde, dass nur nachhaltiges, verantwortungsbewusstes und auf Dauer angelegtes Engagement im Bereich Sponsoring zum beiderseitigen Nutzen führen kann. Gerade hier ist ein Ansatz gegeben, in die Diskussion der Nachhaltigkeit von Kultur die Wirtschaft auf ihre soziale und kulturelle Verantwortung in Ergänzung zur Politik und der öffentlichen Hand aufmerksam zu machen.
www.aks-online.org (Letzter Zugriff: 28.04.2005)

[94]  „Auch wurde kritisch die Frage gestellt, ob der Begriff der Nachhaltigkeit nun über alle bisherige Kulturpolitik gestülpt werden soll – einer Kulturpolitik, die in vieler Hinsicht schon nachhaltig sei (von Projekten zu lebenslangem Lernen bis hin zur Finanzierung öffentlicher Büchereien). Ferner wurde betont, dass Kultur nicht nur Teil der Lösung, sondern auch Teil des Problems ist; sie leistet als Eventkultur (auch) einem Lebensstil der Verschwendung und des Immer-Größer Vorschub."
Rat für Nachhaltige Entwicklung: Kultur und Nachhaltigkeit. A.a.O. S. 8

von Sonderveranstaltungen, durch die begleitende Präsentation ihrer Filme und die darüber hinaus gehende Anwesenheit in Form von ungesteuerten, normalen sozialen Kontakten.

## 2.5. Unterschiedliche Organisationsstrukturen und die daraus resultierenden festivalprägenden Einflüsse

Die Organisationsformen und -strukturen von Filmfestivals lassen sich wie folgt gliedern: Festivals als eigenständiger kommunaler Betrieb, angegliedert an eine kommunale Gesellschaft oder als selbstständige Organisation. Die jeweils gewählten Organisationsformen stehen in engem Zusammenhang mit den Gründungsinitiativen und den bei der Gründung proklamierten Zielen. Sie haben unterschiedliche Entscheidungsfreiheiten in Bezug auf Zielsetzungen sowie je nach Rechts- und Organisationsform spezifische Entwicklungs- und Organisationsprobleme.

Festivals, die von eigenständigen, speziell zur Festivaldurchführung gegründeten kommunalen Organisationen veranstaltet werden, unterliegen in ihrer Zielsetzung den Vorstellungen der die Organisation finanzierenden kommunalen oder staatlichen Stellen. Damit befinden sie sich in einer ähnlichen Weisungslage, wie an kommunale Betriebe oder Einrichtungen angegliederte Veranstalter, als deren Träger etwa Volkshochschulen oder Kommunale Kinos auftreten können. Die Inhalte der Veranstaltungen richten sich an den kultur- und wirtschaftspolitischen Interessen der diese Einrichtungen tragenden staatlichen Stellen aus. Dies bedeutet nicht zwangsläufig, dass sich die Träger in künstlerische Fragen einmischen, jedoch gibt es in der Regel Zielvorstellungen, deren Erreichen von Seiten der Veranstalter belegt werden sollen. Die damit einhergehenden Probleme der individuellen wie bereichsübergreifend vergleichbaren Erfolgskontrolle werden später gesondert betrachtet.

Treten unabhängige Vereine, Arbeitsgemeinschaften oder Gesellschaften als Veranstalter auf, so haben sie erst einmal eine größere gestalterische Freiheit, da sie die Ziele der Veranstaltung selbst wählen können. Einschränkend wirkt jedoch, dass sie im Bedarfsfall notwendige öffentliche Förderung wiederum nur erhalten, wenn die Ziele des Filmfestivals sich mit anderen Zielen der kommunalen Kultur- oder Wirtschaftspolitik in Einklang bringen lassen. Es ist dabei unerheblich, ob die kultur- und wirtschaftspolitischen Ziele der Gemeinden ein ausdrücklich formuliertes, primäres Ziel der Veranstalter sind oder ob deren Erfüllung gleichsam als Nebenprodukt der Veranstaltung abfällt. Somit sind die künstlerische Freiheit und der Gestaltungsspielraum bei kommunalen wie unabhängigen Organisationsformen letztlich trotz der unterschiedlichen Abhängigkeitsverhältnisse von kommunalen Förderern ähnlich groß. Der eigentliche Unterschied liegt in der Weisungsgebundenheit der öffentlichen Betriebe im Gegensatz zur mehr oder minder freiwilligen Orientierung an den kultur- und wirtschaftspolitischen Zielen der Städte und Gemeinden bei freien Trägern.

Je höher die Förderung durch die öffentliche Hand ist, desto größer sind in der Regel die inhaltlichen Vorgaben und Erwartungen an kultur- oder wirtschaftspolitische Erfolge der Veranstaltungen. Auch wenn Förderer sich darauf berufen, sich nicht in die inhaltliche Ausgestaltung von Filmfestivals einzumischen, so ist doch die Entscheidung über eine Förderbewilligung, Mittelsteigerung oder -kürzung davon abhängig, wie weit die Erfolge der Veranstaltungen den Erwartungen der Förderer in kultureller, künstlerischer oder wirtschaftlicher Hinsicht entsprechen.

> „Staatliche Eingriffe manifestieren sich zwar nicht mehr in dem Verbot von Büchern oder Theaterstücken, doch Daumenschrauben sind genug geblieben, nicht zuletzt bei der Finanzierung."[95]

Anhand der drei in Kapitel 3 analysierten Filmfestivals wird diese gegenseitige Bedingung von Mittelzufluss und Erwartungshaltung eingehender thematisiert.

## 2.6.  Erwartungshaltungen von Nutzergruppen an Filmfestivals

Je nach Beweggrund lassen sich die Filmfestivalbesucher in unterschiedliche Nutzergruppen einordnen, die wiederum in vier übergeordneten Nutzergruppen zusammengefasst werden können. Die Zuteilung zu diesen vier Nutzergruppen richtet sich nach verbindenden beruflichen oder privaten Interessen oder Erwartungen gegenüber Filmfestivals. Die Erwartungshaltungen der einzelnen Nutzergruppen und der darin wiederum zusammengefassten Untergruppen sind vielfältig. Um diese Nutzergruppen gezielt anzusprechen, ist es notwendig, die unterschiedlichen Bedürfnisse zu erkennen und zu bedienen. Zur erfolgreichen Einbindung der Nutzergruppen ist es notwendig, deren Ansprache im Einklang mit dem Festivalprofil durchzuführen.[96]

Die Gruppe der „**Fachbesucher**" umfasst all jene Filmfestivalbesucher, die aus primär beruflichen Gründen zur Veranstaltung kommen. Hierzu zählen filmwirtschaftliche Berufsgruppen wie Filmproduzenten, -einkäufer und -verkäufer, Regisseure, Schauspieler, Dramaturgen, Autoren, Cutter und alle weiteren an der Herstellung eines Films Beteiligte sowie Vertreter filmtechnischer Betriebe und staatlicher Filmförderinstitutionen. Ebenso zählen Journalisten dazu, die über Filme, Filmfestivals oder das gesellschaftliche Umfeld in ihren jeweiligen Medien berichten. Die Zugehörigen dieser Nutzergruppe finanzieren in der Regel

---

[95]  Oppermann, Thomas. Schützen und fördern. Kulturpolitik in Niedersachsen. In: Schneider, Wolfgang. Kultur. Politik. Diskurs. Aus Lehre und Forschung des Instituts für Kulturpolitik der Universität Hildesheim. Heft 4, 2001. S. 21

[96]  Grundlage sind Interviews mit Vertretern dieser Nutzergruppen.

die Kosten für Anreise, Unterkunft und Verpflegung selbst, sie können sich gegen Gebühr oder kostenfrei akkreditieren und kommen mit speziellen Ausweisen zu Sondervorführungen, mit ihren Akkreditierungen in reguläre Vorstellungen oder haben Zugang zu speziell für sie organisierten Sonderveranstaltungen. [97]

Die umfassendste Nutzergruppe ist die der **Fachbesucher**. Das Verhältnis der Veranstalter zu Fachbesuchern ist trotz aller Anstrengungen, sie zum Festivalbesuch zu bewegen, durchaus auch ambivalent. Wie weiter unten eingehender beschrieben wird, ist für die Veranstaltungsreputation gegenüber Förderern und Sponsoren eine hohe Anzahl an Fachbesuchern hilfreich, da sie Förderern gegenüber eine brancheninterne und regionale wie überregionale Relevanz belegen soll. Seit dem zunehmend direkten oder indirekten Druck seitens der Förderer zur Relevanzbelegung der Veranstaltungen und der gleichzeitigen Notwendigkeit zur Etataufstockung oder -sicherung durch Sponsoren unternehmen daher stetig mehr Festivals den Versuch, verstärkt Fachbesucher für eine Teilnahme zu gewinnen. Durch die Ansprache von Schlüsselpersonen innerhalb der einzelnen Fachbesuchergruppen kann es zu einer Sogwirkung auf weitere Interessenten der gleichen Berufsgruppe kommen. Außerdem kann eine hohe Zahl an Fachbesuchern bei der Verhandlung um die Aufführungsrechte von Filmen ein wichtiges Argument sein. Zudem versprechen sie sich eine Stärkung der eigenen Position innerhalb der Kernkonkurrenz. Sofern Meinungsmacher und nicht Endverbraucher durch das Sponsorenengagement erreicht werden sollen, muss eine möglichst hohe Anzahl oder auch eine kleinere Anzahl dafür im Sinne des Sponsors umso relevantere Auswahl an entsprechenden Fachvertretern eingebunden werden.

Fachbesucher erwarten ihrerseits von Filmfestivals Serviceleistungen, die es ihnen erlauben, im Rahmen der Festivals effizient arbeiten zu können. So erarten Fachbesucher mit ihren zum Teil gegen hohe Gebühren erworbenen Akkreditierungen freien Zugang zu Festivalvorführungen, was zu einem Interessenkonflikt der Veranstalter führen kann, da diese gleichzeitig eine optimale kommerzielle Ausnutzung der Vorstellungen anstreben müssen. Auf Grund der in manchen Sälen geringen Platzangebote oder des mitunter hohen Publikumszulaufs zu bestimmten Programmschienen und Vorführungen ist es notwendig, hier vorab regulierend einzugreifen. Dies kann zum einen über eine Rangdiversifizierung innerhalb der Akkreditierten geschehen, zum anderen über eine Zuteilung fester Kontingente an Akkreditiertenplätzen. Hier kommt es darauf an, die Balance zu halten zwischen möglichst hoher Ticketverkaufsmöglichkeit für Besucher und den damit verbundenen Einnahmemöglichkeiten, und dem Anspruch der Fachbesucher auf adäquate Arbeitsmöglichkeiten gerecht zu werden. Auch ist die Durchführung von Sonderveranstaltungen für Fachbesucher (Diskussionen, Vor-

---

[97] Die teilweise oder vollständige Kostenübernahme von Fachbesuchern wird an den entsprechenden Stellen im Verlauf der Arbeit thematisiert werden.

träge, Sondervorführungen oder Märkte und Messen) für Veranstalter personal-
und kostenintensiv, was nur in seltenen Fällen über die Akkreditierungsgebühren
hinaus durch zusätzliche Eintrittsgelder ausgeglichen werden kann. Ob die Fach-
besucherakquise erfolgreich verlaufen wird und sich damit wirklich die individuelle Profilausbildung und Förderer- wie Sponsorenbindung erreichen lässt, wird
sich erst in den kommenden Jahren zeigen.

Fachbesucher lassen sich nach ihren Interessengebieten in folgende Untergruppen aufteilen:

a) Filmproduktion: Produzenten, Schauspieler, Autoren, Cutter,
   Technikausstatter, Castingagenturen u. A. von der Entwicklung bis zur
   Postproduction in eine Filmproduktion involvierte Berufsgruppen

b) Presse: Fach-, Allgemein- und Yellowpress aus den Bereichen Print,
   Rundfunk und TV

c) Filmverwertung: Verleih, Vertrieb

d) Filmfachverbände: z.b. HDF, SPIO, AG Kino, AG Kurzfilm

e) Abspiel: Kinobetreiber, Programmkuratoren

f) Aus- und Weiterbildung: Filmrelevante Studiengänge, Filmhochschulen

Um im Rahmen der Festivals ihren Interessen nachkommen zu können ist es
notwendig, diesen Fachbesuchern neben dem eigentlichen Kinobesuch weitergehende Arbeitsmöglichkeiten oder Fortbildungsmaßnahmen anzubieten. Vielleicht
mit Ausnahme der Internationalen Filmfestspiele Berlin ist es für deutsche Filmfestivals weder logistisch noch finanziell möglich, die individuellen Anforderungen weitgehend aller Fachbesucher zu erfüllen. Daher ist es notwendig, dass sich
Festivals auf die Ansprache einzelner Nutzergruppen konzentrieren, diese mit
sinnvollen Angeboten ansprechen und ihnen optimale Arbeitsbedingungen bieten. Dabei gilt es, die folgenden Erwartungen zu berücksichtigen:[98]

Programmliche Einzigartigkeit: Eine hohe Zahl an Erstaufführungen oder die
Ausrichtung von Retrospektiven oder originären Sonderprogrammen.

Branchentreffpunkte: Brancheninterne wie -überschneidende
Gesprächsmöglichkeiten im Rahmen von Panels, Diskussionen,
Fortbildungen ebenso wie im informellen Rahmen bei gemeinsamen
Essen, abendlichen Treffen, Partys.

Präsentationsmöglichkeiten für Firmen in Form von Auslage von
Informationsmaterial an öffentlichen Stellen oder gezielt an Akkreditierte
oder andere Fachbesucher, Messestände für Informations-, An- und
Verkaufsgespräche.

---

[98] Die unterschiedlichen Anforderungen wurden anhand der Fachbesucherbefragungen ermittelt.

Kontakt zu Besuchern: Gesprächsrunden vor oder nach den Vorstellungen, gesonderte Filmgespräche

Den Vertretern der Gruppe der Filmverwerter geht es bei einem Festivalbesuch auf der einen Seite um die Entdeckung von Filmen und Talenten (primär Regisseure und Darsteller), die neu auf den Markt kommen und in den für die Produktion, den Verleih oder Vertrieb interessanten Lizenzbereichen für künftige Projekte noch ungebunden sind. Auf der anderen Seite besteht das Interesse, eigene Lizenzrechte an Kunden (Zwischenhändler oder Endabnehmer) zu verkaufen. Hierfür ist neben der Präsenz der eigenen Filme im Rahmen von Festivalvorführungen ein Filmmarkt Voraussetzung, in welchem diese und andere, nicht im offiziellen Festivalprogramm laufende Filme von Einkäufern gesichtet werden können. Zunehmend sind Vorabsichtungen von in der Produktion oder Postproduktion befindlichen Filmen die Regel, um Vorabverkäufe tätigen und so frühzeitig weitere Finanzmittel akquirieren zu können.

Bei der Auswahl der Premierenfestivals wird es für deutsche Produktionsfirmen in Zukunft verstärkt von Bedeutung sein, ob diese zu jenen Filmfestivals gehören, durch deren Teilnahme oder eine Auszeichnung durch diese zur Beantragung von Referenzfördermitteln der Filmförderungsanstalt Berlin berechtigen. In der novellierten Fassung des Filmförderungsgesetzes werden diese Festivals und Preise aufgeführt.[99] Autoren, Ausstatter etc. sind vorwiegend am gruppeninternen Austausch interessiert oder um sich für zukünftige Projekte zu empfehlen. Die Interessen von Schauspielern und Festivals liegen auf Seiten der Festivals in der Steigerung der eigenen Reputation. Auf der anderen Seite versuchen Schauspieler diese Veranstaltungen für eigene PR-Zwecke zu nutzen, entsprechende Rahmenbedingungen sind daher die Voraussetzung für einen Besuch.[100]

Der Wunsch nach einer hohen Präsenz der Pressevertreter beruht auf gegenseitigen Vorteilen. Filmfestivals haben ein Interesse daran, in der breiten ebenso wie in der Fachöffentlichkeit möglichst präsent zu sein. Von Hinweisen auf Einreichtermine, der lang- und mittelfristigen Vorberichterstattung, über begleitende Presse bis zur Nachberichterstattung wird der Grad der Pressepräsenz für die Relevanz eines Filmfestivals immer wichtiger, da auch die Anzahl der anwesenden Pressevertreter zu den scheinbar objektiven Relevanzgradmessern zählt. Finanzstarke Filmfestivals gehen dazu über, für sie relevante Medienvertreter auf Festivalkosten anreisen zu lassen und unterzubringen, um eine breite Pressepräsenz zu gewährleisten. Da dies finanzschwachen Festivals nicht möglich ist, kann dies zu einer Schere bei der überregionalen Berichterstattung zwischen ausrei-

---

[99] Zum Zeitpunkt des Verfassens dieser Arbeit war das neue FFG noch nicht verabschiedet und die Festivals mit Referenzfördermittelrelevanz noch nicht benannt.

[100] Weitere Ausführungen zum Verhältnis von Stars, Festivals und Presse sh. Kapitel 2.10.

chend und schwach finanzierten Festivals führen. Vor allem um Vertreter überregionaler Medien, die nicht näher mit der Materie befasst sind, zur Berichterstattung zu bewegen, ist es notwendig, die zum Teil vielschichtigen Festivalinhalte pressegerecht aufzuarbeiten. Es kann heutzutage immer weniger davon ausgegangen werden, dass Nicht-Fachpressevertreter die Zeit und auch Bereitschaft haben, sich auf die Inhalte der Filmfestivals intensiv vorzubereiten. So ist es etwa im Vorfeld notwendig, sich gegenüber der Presse auf wenige Beispielfilme oder ausgewählte Programmpunkte zu beschränken und diese pressegerecht mit Kurztexten aufzuarbeiten, stets unter Berücksichtung der jeweiligen Zielgruppenausrichtung der einzelnen Medien. Vor Ort erwarten Pressevertreter Räumlichkeiten und technische Voraussetzungen, um adäquat arbeiten zu können.

Der Wert von namhaften Stars für Filmfestivals liegt in erster Linie in ihrer Möglichkeit, darüber größere Berichterstattung zu generieren und in der Sogwirkung auf ein breites Publikum. Je größer das Staraufkommen im Rahmen eines Filmfestivals ist, je größer der einzelne Starwert ist, umso größer ist auch die Aufmerksamkeit der diversen Medien, da zur Bebilderung Berichte gerne auf Fotos mit Stars gesetzt wird. Hierbei geht es nicht nur um Präsenz in den Bereichen Kultur/Feuilleton, sondern darum, die Berichterstattung breiter zu streuen und auch Bereiche des Boulevards abzudecken. Gerade Boulevardrubriken wie ‚Lokales', ‚Boulevard' oder ‚Vermischtes' benötigen zur Berichterstattung Prominente, für sie bedarf es gesellschaftlicher Ereignisse mit Starbesuch wie Premierenfeiern, Galavorstellungen oder Preisverleihungen, um den Redaktionen thematische Aufhänger und zielgruppengerechtes Bild- und Tonmaterial liefern zu können. Denn der Wert der Festivalberichterstattung wird in der öffentlichen Wahrnehmung wie auch bei Förderern und Sponsoren nicht nur nach der inhaltlichen Qualität der Beiträge bemessen, sondern in erster Linie nach der Masse, der gesamten Auflagenstärke der Artikel, den Senderreichweiten und einer möglichst breiten Streuung in verschiedenen Medien. Der Erfolg von Filmfestivals wird daher stark am Staraufkommen und dem damit verbundenen Medienecho gemessen.[101]

Selbst in der Regionalpresse, die eigentlich ein besonderes Interesse an lokalen Kulturereignissen und der Berichterstattung darüber haben sollte, wird es, nicht zuletzt auf Grund der Anzeigenflaute und den deswegen vorgenommenen Einsparungen in den Redaktionen, der Rationalisierung bei den Produktionsabläufen durch Zusammenlegung verschiedener Redaktionen, Zurückgreifen auf Meldungen von Presseagenturen und durch die Verminderung des Seitenumfangs bei Printmedien, kontinuierlich schwieriger, Berücksichtigung zu finden. Je größer

---

[101] Siehe auch Kapitel 3.1.

Das Thema Stars und Filmfestivals kann an dieser Stelle nur angerissen werden, da die Komplexität den Rahmen dieser Arbeit sprengen würde.

das kulturelle Konkurrenzangebot insbesondere aus dem Eventbereich am Veranstaltungsort ist, desto schwieriger wird es, alljährlich erneut eine Präsenz in den Medien zu erreichen. Der Einwand der Presse, Festivals hätten ja auch nicht jedes Jahr Veränderungen oder Neuerungen zu vermelden kollidiert mit deren Bestreben nach einem gewissen Maß an Kontinuität der Festivalinhalte. Im Umkehrschluss drängt sich die Frage auf, ob es notwendig werden sollte, wegen einer besseren Pressepräsenz einer mediengerechteren Eventisierung nachzukommen? Hier ist eine Diskrepanz zu merken zwischen der Forderung der Medien nach mehr kulturell anspruchsvollen Inhalten auf der einen Seite[102] und zugleich der nach Stars und Eventisierung auf der anderen.[103]

Die Eventisierungsdebatte darf nicht verwechselt werden mit dem Problem der Kulturredaktionen angesichts der großen Anzahl an Filmfestivals, sich bei der Berichterstattung aus Platz- und Gewichtungsgründen im Vergleich auch zu anderen Kulturbereichen auf wenige konzentrieren zu müssen. Um sich jenseits der bundesweit medienrelevanten Filmfestivals wie Berlinale, Internationale Kurzfilmtage Oberhausen oder Filmfest München für eine Berichterstattung in der Printausgabe zu qualifizieren, müssen programmatische Inhalte von herausragender Relevanz und Qualität geliefert werden, um einer Präzedenzfalldiskussion mit nicht berücksichtigten Festivals vorzubeugen.[104] Als Ausgleich versuchen z.B. Wochenmagazine wie „Der Spiegel" laut Lars-Olav Beier, zumindest in ihren Onlineausgaben mehr Filmfestivals zu berücksichtigen.

Für Verleiher wie Produzenten ist darüber hinaus eine große Pressepräsenz von Interesse, um für anstehende Filmstarts eine hohe allgemeine oder zielgruppenspezifische Preawareness aufzubauen. Um diese zielgenau erreichen zu können ist ein möglichst scharfes Festivalprofil mit klarer Zielgruppenansprache wichtig. Oder es geht bei einer Festivalteilnahme um das Eventisieren des Filmstarts, das heißt, es wird der Versuch unternommen, einer Vorführung einen besonders hohen Aufmerksamkeitsfaktor über die normale Attraktivität hinaus zu geben, um aus der Masse der Berichterstattungen hervorzustechen oder eine besonders hohe Presseabdeckung zu erreichen, sei es in der Breite oder Qualität der Berichter-

---

[102] „Ein unglaubliches Geschenk. Dienstjubiläum: Ein Jahr ist Kultursenatorin Dana Horáková im Amt. Eine Bilanz." Kastner, Ruth. In: *Hamburger Abendblatt*, 06.02.2003

[103] Erklärung der Kulturredaktion des Hamburger Abendblattes, warum keine größere Berichterstattung im Vorfeld und während des Internationalen KurzFilmFestival Hamburg möglich ist. Telefonat vom 12.5.2003, sowie Gespräch mit der Redaktion des NDR Hamburg Journal, vom 05.06.2003.

[104] Lars-Olav Beier; Der Spiegel, auf die Anfrage nach einer Berichterstattung über das 19. Internationale KurzFilmFestival Hamburg 2003. Leider musste er ablehnen, da Der Spiegel ohne besonderen Aufhänger sonst mit dem gleichen Recht auf Pressepräsenz über alle Filmfestivals in Deutschland berichten müsse.

stattung. Während zwischen dem Einsatz von Filmen bei zielgruppenrelevanten Filmfestivals und dem regulären Kinostart mehrere Wochen oder Monate liegen können, zum Teil bewusst auf mittelfristige Mundpropaganda gesetzt wird, geht es bei breit angelegten Filmstarts mit hoher Kopienzahl zumeist um eine unmittelbare Nutzung der breiten öffentlichen Aufmerksamkeit, um einen „Must-See-Charakter" eines Filmes zu schaffen oder zu stützen. So kommt es vor, dass gerade potentielle Blockbuster in Einzelfällen noch während des Festivals anlaufen, in der Regel spätestens im Verlauf der kommenden Kinowochen regulär in den Kinos anlaufen.

„Wenn ich Filmmanager wäre, würde ich das Marketingpotenzial einer solchen Riesenveranstaltung – mit 3.500 Journalisten aus 82 Ländern Öffentlichkeit schaffen – auch ausnutzen, und meinen Film möglichst schnell ins Kino bringen"[105] fasst Kosslick das Interesse der Verleiher unter Berücksichtigung des Berlinale-PR-Potentials zusammen. Festivalorganisatoren wissen dieses Verleiherinteresse für eigene PR-Zwecke einzusetzen, da ohne deren finanzielle und logistische Unterstützung große Stars häufig unerreichbar wären.[106] Wie bereits ausgeführt kommt aber kein Langfilmfestival, das an einem breiten, überregionalen Presseecho Interesse hat, ohne Star- oder wenigstens Prominentenbesuch aus.[107] Da Verleiher wiederum ein Interesse daran haben, ihre Filme und die dazu gehörigen Stars bei Festivals in den besten Sälen und zur Prime Time zu zeigen, kollidiert dies unter Umständen mit der Programmstrategie der Veranstalter. Die finanzielle und auch logistische Abhängigkeit der Festivals bei der Anwerbung von Stars kann dann zu Interessenskonflikten führen, wenn man sich zwischen Programmhoheit und Öffentlichkeitswirksamkeit entscheiden muss.[108] Da außerdem gerade große Filmproduktionen mit Staraufgebot international zeitnah starten, um Raubkopierern das Geschäft zu erschweren, wird in diesen Fällen keine Rücksicht auf regionale Festivalterminierungen genommen. Dass z.B. „The Avi-

---

[105] „Kein Fax aus Hollywood". A.a.O.

[106] Mancher darauf zurückzuführende PR-Coup hinterlässt jedoch auch einen zwiespältigen Eindruck. So zum Beispiel die Europapremiere von SHARK TALES auf dem Markusplatz im Rahmen der Filmfestspiele von Venedig 2004. Die Anwesenheit der US-amerikanischen Synchronsprecher wie Will Smith und Robert DeNiro riefen zwar ein weltweites Presseecho hervor, die Qualität des Films erscheint angesichts des übrigens Programmangebots jedoch fragwürdig.

[107] Siehe Kapitel 2.10.

[108] Zum Verhältnis von Verleihern und Filmfestivals siehe auch Kapitel 2.11. Das Thema Stars und Filmfestivals kann an dieser Stelle nur angerissen werden, da die Komplexität den Rahmen dieser Arbeit sprengen würde. Das Thema, welcher Verleih zu welchen Konditionen seine Filme und die entsprechenden Stars zu den Festivals bringt, wird streng vertraulich gehandhabt, weshalb diese Aussagen sowohl von Festival- wie auch Verleiherseite aus anonymisiert wurden.

ator" von Martin Scorsese mit Leonardo DiCaprio, der vom Image und Starpotential her sehr gut zur Berlinale gepasst hätte, 2005 wenige Wochen vor der Berlinale gestartet wurde, zeigt, dass selbst Festivals dieses Rangs keinen Einfluss auf die internationale Vermarktungsstrategien haben. Auch dass „Das Parfum" von den Produzenten nicht als Eröffnungsfilm der Filmfestspiele Venedig 2006 freigegeben wurde ist ein Beleg für die Risiken, die von Produzenten und Verleihern für Blockbuster in einer Festivalteilnahme gesehen werden.

Auch muss die Zugkraft von Filmpreisen differenziert betrachtet werden. Insbesondere Major-Verleiher nehmen nur sehr bedingt auf Grund von Filmpreisen an Festivals teil. Sie sind in den seltensten Fällen die Empfänger der Preise, haben somit bei dotierten Auszeichnungen keinen direkten finanziellen Vorteil. Da im Rahmen eines Wettbewerbs nicht erhaltene Auszeichnungen jedoch eine Imageschwächung und Störung komplexer Marketingstrategien mit sich bringen könnten, werden große Produktionen häufig lediglich „außerhalb Konkurrenz" aufgeführt. Auf der anderen Seite bietet dieses Konstrukt die Möglichkeit, auf strategisch relevanten Festivals im Programm vertreten zu wenn, wenn sie entsprechend der Regularien nicht im offiziellen Wettbewerb laufen dürfen. Besonders wichtig ist, Festivals strategisch und vom Image her zu den nationalen wie internationalen Marketingkampagnen kompatible sein müssen. Die relevante Werbewirksamkeit von Festivalteilnahmen und -preisen ist nach Ansicht von Vincent de La Tour, Geschäftsführer Twentieth Century Fox of Germany, auf wenige beschränkt und auch diese sind bei der Öffentlichkeitsarbeit nur begrenzt wirkungsvoll einsetzbar. Selbst Preise von A-Festivals wie der Goldene Bär, Berlin, oder die Goldene Palme, Cannes, haben neben dem damit unzweifelhaft verbundenen Renommeegewinn nur eine begrenzte die Zuschauerzahlen steigernde Werbewirksamkeit. Der größte Werbeeffekt lässt sich im unmittelbaren zeitlichen Umfeld der Festivals auf Grund des damit zusammenfallenden Sensationscharakters und der breiten Berichterstattung in den Medien erzielen. Mit zunehmendem zeitlichem Abstand zwischen Preisverleihung und Filmstart lässt diese Breitenwirkung nach. Im Arthousesektor mit einer stärker cineastisch geprägten Zielgruppe, welche die Wertigkeit der Filmpreise als Qualitätsmerkmal wertet, wird daher auch bei größerem zeitlichem Abstand zwischen Auszeichnung und Auswertung verstärkt damit geworben. Verlässliche Untersuchungen zwischen dem Zusammenhang von Filmpreisen und dem Einfluss auf den kommerziellen Auswertungserfolg gibt es jedoch nicht. Die hohe Anzahl der kommerziell wenig erfolgreich oder gar nicht im Kino ausgewerteten Preisträgerfilmen von Festivals lässt zumindest den Rückschluss zu, dass die Werbewirkung der Auszeichnungen alleine nicht ausreicht, einen Film kommerziell erfolgreich zu vermarkten. Durch eine massive Häufung von Filmpreisen lässt sich wiederum eine Aufmerksamkeitssteigerung erreichen, die bei der kommerziellen Auswertung relevante Einflüsse haben können, da sich so ein Sensationscharakter für einen Films aufbauen lässt. Filmfachverbände nutzen gerade große Filmfestivals, um hier entweder Mitgliederversammlungen durchführen zu können, da von einer breiten Anwesenheit der Verbandsmitglieder ausgegangen werden kann und somit der Aufwand für die Sitzungsteilnahme sich für den Einzelnen in Grenzen hält. Oder es wird versucht, durch Messeteilnahme, eigene Fachveranstaltungen oder die Teilnahme an Veranstaltungen Dritter auf sich und die Verbandsanliegen aufmerksam zu machen. Darüber hinaus wird im Rahmen von festivalbegleitenden Veranstaltungen wie Empfängen oder Premieren allgemeine Lobbyarbeit betrieben.

Die Vertreter der Abspieler können sich hier über aktuelle Entwicklungen im nationalen wie internationalen Kino informieren, anhand von Publikumsreaktionen Hinweise auf die Attraktivität von Beiträgen für das eigene Kino- oder Filmfestivalprogramm bekommen und Kontakte zu Filmschaffenden und Produzenten knüpfen. Angesichts der in Großstädten herrschenden Konkurrenzsituation unter gleichartigen Kinotypen sind deren Betreiber daran interessiert, um sich für Premierenvorstellungen und Sonderveranstaltungen zu empfehlen und damit gegenüber der lokalen, regionalen oder nationalen Konkurrenz öffentlichkeitswirksame und wirtschaftliche Vorteile zu verschaffen.

Vertreter von Aus- und Weiterbildungsstätten ebenso wie die sich in Ausbildung befindlichen selbst haben ebenfalls die Möglichkeit, einen Einblick in die aktuelle Filmproduktion zu gewinnen, um auf dem aktuellen Stand nationaler und internationaler Produktionen zu bleiben und ggf. Dozenten für Vorlesungen, Diskussionen oder Lehrveranstaltungen zu akquirieren.

Unter dem Begriff „Veranstalter" werden Vertreter von anderen Filmfestivals zusammengefasst, die als Mitglieder des Konkurrenzumfeldes Interesse an den Veranstaltungen der Mitbewerber haben. Ob sich die Zugehörigkeit zu einem Konkurrenzumfeld auch in einem konkret umgesetzten Konkurrenzverhalten zwischen den Festivals ausdrückt, ist bei der Nutzergruppenzuteilung irrelevant. In der Regel haben die Mitglieder dieser Nutzergruppe vergleichbare Akkreditierungs- und Zugangsregelegungen wie Fachbesucher. Zur Beurteilung der individuellen Festivalarbeit und der Beurteilung der kulturpolitischen Relevanz innerhalb der Konkurrenzumfelder ist für Veranstalter der kontinuierliche direkte Abgleich mit inhaltlich vergleichbar ausgerichteten Filmfestivals notwendig. Diese regelmäßige Beobachtung ermöglicht es, die Qualität und Innovationskraft von Filmfestivals im Verhältnis zum Konkurrenzumfeld zu bewerten. Um diesen Vergleich vornehmen zu können müssen Filmprogramme sowie begleitenden Sonderveranstaltungen besucht werden. Dies dient neben der oben genannten Qualitäts- und Innovationskontrolle auch der Inspiration und Filmakquise für neue Programme und Sonderreihen. Es gilt auch, die gesamte Festivalatmosphäre, wie sie von anderen Nutzergruppen wahrgenommen wird, und die Gründe, wie sie zustande kommt, zu erfassen. Dies kann bei der Weiterentwicklung anderer Festivals aufgegriffen werden oder auch zur Vermeidung möglicher Fehlentwicklungen dienen. Gleichzeitig können persönliche Kontakte zwischen Festivalorganisatoren ebenso wie anwesenden Filmemachern und Fachbesuchern aufgebaut oder gepflegt werden. Ebenso ist es angesichts der hohen Zahl an nationalen und internationalen Filmfestivals für Festivalleiter und Programmgestalter notwendig, persönliche Kontakte zu Filmemachern, Produzenten und Verleihern zu knüpfen, um an Premieren oder begehrte Filmkopien zu kommen. Der gegenseitige Informationsaustausch dient auch zur Findung gemeinsamer Positionen bei rechtlichen und finanziellen Fragen. Es können neue kulturpolitisch relevante Inhalte erarbeitet werden, die es gegenüber Förderern durchzusetzen gilt, Strategien zur Optimierung der Festivals in Konkurrenz zu anderen lokalen, regionalen oder nationalen Förderempfängern entwickelt werden, und die Möglichkeiten zu Festivalkooperationen, um Kosten zu sparen und die Positionen gegenüber Filmproduktionen und -verleihern zu stärken. Ein wichtiger Punkt für Filmfestivalvertreter ist auch die Möglichkeit zur Auslage von Informationsmaterialen. Dies dient zum einen der Bewerbung der mit Informations- oder Werbematerial vertretenen Filmfestivals und damit der Schaffung von Öffentlichkeit, und ist für anwesende Filmemacher hilfreich bei der Umschau nach weiteren für sie relevanten Veranstaltungen.

Als „Gäste" wird jene Gruppe von Filmfestivalbesuchern zusammengefasst, die von Filmfestivals zur Veranstaltung eingeladen werden, um Filme zu präsentieren, an deren Entstehung sie beteiligt waren und die im Rahmen der Veranstaltung im Filmprogramm laufen, oder die zu Sonderveranstaltungen als Teilnehmer eingeladen sind, etwa als Referenten bei Diskussionen oder Dozenten bei Workshops. Sie unterscheiden sich von den ersten beiden Nutzergruppen durch das Entfallen von Akkreditierungsgebühren und die vom Veranstalter ausgehende Einladung zur persönlichen Festivalteilnahme, je nach Festival mit teilweiser oder vollständiger Kostenübernahme für Anreise, Unterkunft und Verpflegung. Im Mittelpunkt des Interesses der Gäste stehen die Reaktionen auf die Filme, an deren Produktion sie beteiligt waren, sowohl Publikums- als auch Fachbesucherreaktionen sind hierbei von Belang. Vor der kommerziellen Auswertung dieser Filme liegt das Interesse der Gäste darin, ihre Filme auf Festivals mit möglichst hoher Reputation oder Breitenwirkung innerhalb der anvisierten Zielgruppen zu zeigen, um auf ihr Werk, mitunter um zugleich aber auch auf sich selbst aufmerksam zu machen. Festivalteilnahmen dienen der Kontaktaufnahme zu Festivalorganisatoren und Programmkuratoren, um über weitergehende Festivalabspiele entscheiden zu können. Da es gerade von nicht-kommerziellen Produktionen oftmals nur wenige bis eine einzige Kopie gibt, müssen Filmemacher oder Produzenten sehr genau entscheiden, welchen Festivals sie ihre Kopien zur

Verfügung stellen. Daher ist der persönliche Kontakt ein wichtiges Mittel zu Entscheidungsfindung. Bei Produktionen, die jenseits des Festivaleinsatzes keine weitere kommerzielle Auswertung erfahren, ist es für Gäste die einzige Möglichkeit, überhaupt öffentliche Reaktionen einzuholen und so Rückschlüsse für die weitere Entwicklung von Projekten zu ziehen oder gegenüber neuen Produzenten oder auf Nachfolgeprojekte aufmerksam zu machen.

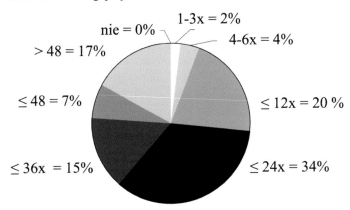

nie = 0%
1-3x = 2%
4-6x = 4%
> 48 = 17%
≤ 48 = 7%
≤ 12x = 20 %
≤ 36x = 15%
≤ 24x = 34%

Abbildung 3: Anzahl der jährlichen Besuche sonstiger regulärer Kinovorstellungen von Filmfestivalbesuchern. Grundlage: Festivalbefragung Internationales KurzFilmFestival 2002

Die Bezeichnung „reguläre Besucher" umfasst die Mitglieder jener Nutzergruppe, die aus privatem Interesse zu Filmfestivals kommen, sie sehen sie als Teil ihrer Freizeitgestaltung und besuchen kostenpflichtige Filmvorführungen gegen Eintritt. Sie haben weder mit der Organisation der Veranstaltung noch beruflich mit der Produktion oder Auswertung von Filmen zu tun. Sie haben ein rein privates Interesse an Filmfestivals und den dort gezeigten Filmen. Ging statistisch gesehen im Jahr 2000 jeder Deutsche rund zweimal ins Kino[109] und im Jahr 2005 jeder Kinobesucher 4,6-mal[110], so gehen Filmfestivalbesucher zusätzlich zu Festivalvorstellungen um ein Vielfaches häufiger ins reguläre Kino. Dies zeigt, dass Kino auch in ihrem Freizeitverhalten jenseits von Filmfestivals eine wesentlich wichtigere Rolle einnimmt, als bei Nichtfestivalbesuchern.

Die vielfältigen Beweggründe zum Festivalbesuch von regulären Besuchern wurden im Rahmen einer nichtrepräsentativen Besucherbefragungen während

---

[109] Zoll, Markus. Die Kinobesucher 2002. Strukturen und Entwicklungen auf Basis des GfK Panels. Berlin: FFA, 2002

[110] Die Kinobesucher 2005. Strukturen und Entwicklung auf Basis des GfK Panels. Berlin: FFA, 2005

des Internationalen KurzFilmFestival Hamburg (IKFF) 2002 untersucht. [111] Die Analyse der einzelnen Fragen gibt ein differenziertes Bild ab zu den Erwartungshaltungen der Besucher sowie Rückschlüsse auf die Wettbewerbsvorteile in den verschiedenen Konkurrenzumfeldern, die in Kapitel 2.8. analysiert werden. Die Grundfragestellung zu den Einzelaussagen des standardisierten Fragebogens lautete: „Warum gehen sie zu Filmfestivals? Was erwarten Sie von Filmfestivals?" Es waren Mehrfachantworten möglich. [112]

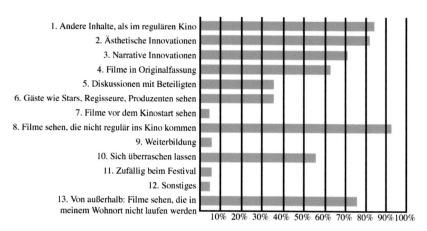

Abbildung 4:  Erwartungshaltung regulärer Besucher an die Programme von Filmfestivals. Grundlage: Besucherbefragung Internationales KurzFilmFestival 2002

1. Andere Inhalte als im regulären Kino: 84,38 %
Die Besuchererwartung an „andere Inhalte als im regulären Kino" entspricht den kulturpolitischen Erwartungen der Förderer gegenüber Filmfestivals. Damit sollen Filmfestivals das Bedürfnis nach Geschichten befriedigen, die im kommerziellen Kino auf Grund der zu geringen zu erwartenden Einspielergebnisse keine Verleiher finden oder von diesen nicht oder nur in geringem Umfang ausgewertet werden. Auch werden hier Filme erwartet, die auf Grund des möglicher-

---

[111]  Um aus der Befragung über den Bereich der Kurzfilmfestivals hinausgehende Rückschlüsse ziehen zu können, wurden nur diejenigen Besucher befragt, die angaben, neben dem KurzFilmFestival Hamburg auch Langfilmfestivals zu besuchen.

[112]  Da der Fragebogen in Abstimmung mit dem KurzFilmFestival entwickelt wurde und die Befragung mit Hilfe von Festivalmitarbeitern durchgeführt wurde, sind auch Fragen dabei, die kaum Relevanz für die Fragestellung der Dissertation haben, sondern im spezifischen Interesse des Festivals lagen.

weise lokal begrenzten Leinwandangebotes nicht zur Aufführung kommen können. Insbesondere Spartenfestivals wie das Fantasy Filmfest oder lesbisch-schwule Filmfestivals erfüllen die Erwartung der Besucher, zu einem bestimmten Themenkreis eine vielfältige Anzahl an Werken geboten zu bekommen. Auch werden im Rahmen von Festivals immer häufiger Filme zur Vorführung gebracht, die im Anschluss auf Grund der geringen kommerziellen Erwartungen nur auf DVD ausgewertet werden. Hier kann die Digitalisierung der Kinobranche in den kommenden Jahren zu einem Wandel führen, wenn die Vorführung digitaler Kopien möglich sein wird du damit, bei geklärter Rechtsfrage, ein wesentlich größerer Stock an Filmen dem regulären Kino zur Verfügung gestellt werden kann. Im Widerspruch dazu steht die zu beobachtende Aufnahme von TV-Movies in die Festivalprogramme, um verstärkt Sponsoren und Medienpartner einbinden zu können. Solche Programmentwicklungen können sich mittel- bis langfristig kontraproduktiv auf die Besuchererwartungen und damit -bindung auswirken.

2./3. Ästhetische Innovationen: 81,25% / Narrative Innovationen: 70,31%
Die Erwartungshaltungen an die ästhetische wie narrative Innovationskraft von Festivalbeiträgen sind fast ebenso hoch wie die an „andere Inhalte". Die Bereitschaft, sich auf Innovationen einzulassen kann auch darin begründet liegen, dass darunter auch kulturelle Unterschiede in der Filmsprache und Montage verstanden werden, die in ihren Heimatregionen zwar keineswegs innovativ, in Deutschland aber noch weitgehend unbekannt sind. So ließen sich der Manga- und Bollywood-Boom der vergangenen Jahre erklären, der neben den Festivalabspielen einzelnen Werken den Weg ins reguläre Kino ebnete und beide Gattungen in der breiteren Öffentlichkeit bekannt machte.

Diesen Ergebnissen entsprechen auch die Erfolge von Festivals, die sich neuen Filmtechniken widmen, wie die Videofilmfestivals der 80er Jahre, Digitalfilmfestivals und -programme der 90er Jahre und dessen Weiterentwicklung auf neue Projektions- und Präsentationsformen zu Beginn des 21. Jahrhunderts. Immer wieder haben sich Filmfestivals als Vorreiter bei der allgemeinen Akzeptanz neuer Techniken erwiesen und deren Einsatz im kommerziellen Kino den Weg bereitet.

Diese überraschend hohe Bereitschaft, sich auf ungewohnte Bildwelten und Erzählstrukturen einzulassen, im Verglich zum Schattendasein, dass der darunter fallende Experimentalfilm führt, kann auch im Zusammenhang mit der Befragung im Rahmen eines Kurzfilmfestivals liegen: Da im Bereich Kurzfilm ästhetische und narrative Experimente häufiger vorkommen als im Langfilm, ist das Publikum vertrauter mit damit. Es ist aber fraglich, ob dieser Wert auf Langfilmfestivals übertragbar ist. Zumal wenn man berücksichtigt, dass die meisten

Publikumspreise an ästhetisch eher konventionelle Filme geht, ist die Aussagekraft dieser Antworten zu relativieren.

4. Filme in Originalfassung: 62,50%
Während in der kommerziellen Kinoauswertung Filme in der Originalfassung aus mangelndem Publikumsinteresse jenseits von Programmkinos oder wenigen auf englische Sprachfassungen spezialisierten Kinos kaum zum Einsatz, erwarten beinahe Zweidrittel der Festivalbesucher, das die gezeigten Film in der Originalfassung zu sehen sind. Diese hohe Bereitschaft ist im Zusammenhang damit zu sehen, dass diese Originalfassungen in der Regel englischsprachig sind und bei anderen Sprachfassungen Kopien mit deutschen oder englischen Untertiteln eingesetzt werden. Der Einsatz neuer Techniken z.b. zur Videountertitelung von 35mm-Kopien hat die Anfertigung deutschsprachig untertitelter Filmfassungen selbst bei seltenen Filmkopien ermöglicht, auch ist zu erwarten, dass mit der Digitalisierung der Filmkopien zukünftig verschiedene Untertitelsprachfassungen kostengünstiger und mit weniger technischem Aufwand angefertigt und vorgeführt werden können.

Für diese erstaunlich hohe Akzeptanz von Originalfassungen scheint jedoch auch von Bedeutung zu sein, in wie weit auch außerhalb der Festivals die Möglichkeit besteht, Originalfassungen im Kino sehen. So sind die Vorstellungen von Originalfassungen im Rahmen des Filmfest Emden nach Auskunft der Veranstalter selbst bei englischer Sprachfassung deutlich schlechter besucht als deutschsprachige, was auch darauf zurückgeführt wurde, dass im normalen Kinoalltag über das Jahr hin nur deutsche Synchronfassungen gezeigt werden.[113]

5. Diskussionen mit Beteiligten: 35,94%
Diese Quote deckt sich mit den Beobachtungen, die man im Rahmen von Filmfestivals zwischen Filmende und Beginn der Diskussionen beobachten kann, wenn ca. zweidrittel der Besucher die Säle vor Diskussionsbeginn verlassen. Die Intensität der Diskussionen ist abhängig von der Fähigkeit der Moderatoren, durch einleitende Fragen das Gespräch in Gang zu bringen und nach anfänglicher Führung die Zuschauer mit einzubeziehen, der Thematik der Filme und der Eloquenz der Gäste. Diese Diskussionen zählen zu den Kernstücken der Möglichkeiten des direkten Informationsaustausches zwischen Festivalgästen und Besuchern. Je nach Programmplanung ist das Korsett dafür zum Teil sehr eng ge-

---

[113] Da laut Rolf Eckard, Leiter Filmfest Emden-Aurich-Norderney, Filme in Originalfassung im Rahmen des Filmfest in Aurich wesentlich schlechter besucht sind, als in Emden, ist zu vermuten, dass die Bereitschaft, sich auf nichtdeutsche Sprachfassung oder Filme mit Untertiteln einzulassen auch davon abhängig ist, in wie weit solche Sprachfassungen auch außerhalb von Filmfestivals gesehen werden können und damit diese Art der Filmrezeption vertraut ist.

steckt, eine flexible Gestaltung der inhaltlichen Gesprächsführung und bei entsprechend großen Diskussionsinteresse die Möglichkeit zum Wechsel der Räumlichkeiten auf Grund von Terminproblemen sollten von vornherein einkalkuliert werden, um dieses Kernstück der Abgrenzung zum regulären Kinoprogramm pflegen zu können.

Das rund 64% der Befragten nicht an solchen Diskussionen nicht teilnehmen wollen muss nicht allein auf Desinteresse zurückzuführen sein, sondern kann auch darin begründet liegen, dass Besucher die Zeit zwischen zwei Vorstellungen anderweitig nutzen wollen, sei es zum Entspannen oder zum privaten Austausch über das Gesehene. Auch kann die knappe Terminierung zwischen Vorstellungen von der Teilnahme an den Diskussionen und Publikumsgesprächen abhalten.

6. Gäste wie Stars, Regisseure, Produzenten sehen: 35,94%
Das relativ geringe Interesse der Besucher an Stars erklärt sich durch das Befragungsumfeld. Da der Kurzfilm im Kinoalltag und der Presse in der Regel kaum vorkommt, kommt es sehr selten vor, dass sich Stars herausbilden können. Ausnahmen bilden in der Regel Oscarnominierungen und -auszeichnungen, häufig wechseln die Filmemacher im Anschluss daran jedoch zum Langfilm über und stehen Kurzfilmfestivals daher nicht mehr zur Verfügung. Zwar spielen bekannte Darsteller häufig in Kurzfilmen mit, um damit das Augenmerk auf diese Filme und die dahinter stehenden Personen zu lenken. Es kommt jedoch nur sehr selten, in der Regel nur bei der Premiere dieser Filme, vor, dass diese Darsteller auch bei weiteren Festivalvorführungen anreisen. Da dieser Umstand dem Kurzfilmfestival durchaus bekannt ist, ist die Erwartung, Stars zu treffen von vornherein gering. Auch steht diese Quote im Einklang mit dem Interesse an Diskussionen im Festivalumfeld, auf das bei der vorhergehenden Frage eingegangen wurde.

Angesichts des Fanrummels im Rahmen von großen Festivals wie der Berlinale oder dem Filmfest München liegt die Erwartung nahe, dass die Quote bei Publikumsbefragungen im Rahmen dieser Festivals höher liegen würde.

7. Filme vor Kinostart sehen: 4,69% / 8. Filme sehen, die nicht regulär ins Kino kommen: 93,75%
Das geringe Interesse, im Rahmen von Filmfestivals Beiträge vor dem regulären Filmstart zu sehen korreliert zu der hohen Erwartung an Beiträge, die keine reguläre Kinoauswertung haben werden. Diese Erwartung entspricht dem Anliegen der Programmgestalter, in erster Linie Filme zu präsentieren, die im regulären Kinoabspiel nicht eingesetzt werden würden, sei es auf Grund der lokalen Kinolandschaft oder der generell zu geringen kommerziellen Chancen. Ebenso entspricht dieser Wert dem großen Publikumsinteresse an „anderen Inhalten als im regulären Kino". Der Wert von 93,75% auf Frage 8 dürfte anders als bei Kurzfilmfestivals bei Langfilmfestivals geringer ausfallen. Kurzfilmfestivalbesucher

wissen aus Erfahrung, wie selten, Kurzfilme im regulären Kinoabspiel zum Einsatz kommen und erwarten diesen daher erst so gut wie gar nicht. Auch liegt wiederum die Vermutung nahe, dass Befragungen im Rahmen von Premierenfestivals, insbesondere mit Beiträgen aus Hollywood die unter Mitwirkung namhafter Darsteller oder Regisseure entstanden, wesentlich größeres Interesse bestehen dürfte, Filme vor dem regulären Kinostart zu sehen. Dies entspricht dem Wunsch einiger Kinogänger, Filme möglichst vor dem regulären Filmstart gesehen zu haben, um sich damit im sozialen Umfeld zu profilieren.

9. Weiterbildung: 6,25%
Der Aspekt der Weiterbildung z. B. in ästhetischer, kultureller oder soziologischer Hinsicht ist kein Antriebsgrund für Festivalbesuch. Dieser wird in erster Linie als Teil der Freizeitbeschäftigung aufgefasst, die bei Festivalbesuchen gewonnenen Erkenntnisse werden seitens der Besucher nicht bewusst dem Bereich Weiterbildung zugeordnet, sondern vermutlich als unbewusster Nebeneffekt mitgenommen. Denn alleine die Rezeption von Filmen in Originalfassung und Werken mit neuen narrativen und stilistischen Wegen führen zur unbewussten Weiterbildung der Festivalbesucher, ohne dass dies gesondert reflektiert werden müsste. Auch die Rezeption von Filmen in Originalfassungen bringt ein gewisses Maß an Weiterbildung mit sich, da Sprachkenntnisse vertieft werden können, aber auch narrative und soziale Komponenten von Synchronfassungen sich durchaus von Originalfassungen unterscheiden können.

10. Sich überraschen lassen: 65,63%
Dass fast Zweidrittel der regulären Besucher sich von den dargebotenen Filmen überraschen lassen, entspricht der Erwartung an ästhetische und narrative Innovationen, spricht aber gleichzeitig auch für das hohe Vertrauen in die Qualität der Arbeit der Programmkommissionen. Die geäußerte hohe Bereitschaft, sich vom Filmprogramm überraschen zu lassen, kann auch darauf zurückgeführt werden, dass die im Rahmen von Filmfestivals gezeigten Beiträge schon allein auf Grund der Vielzahl an Beiträgen zumeist weniger Vorabpresse haben, als Filme zum regulären Filmstart. Dieser Umstand kann dazu führen, dass trotz intensiver persönlicher Vorabinformation zu einzelnen Beiträgen mit Hilfe von Festivalkatalogen oder durch weiteres Informationsmaterial sich beim Besucher der subjektive Eindruck ergibt, sich von den ausgewählten Filmen überraschen zu lassen.

Insbesondere Besucher von Kurzfilmfestivals informieren sich in der Regel weniger über einzelne Beiträge, sie orientieren sich bei der persönlichen Programmauswahl vielmehr an den thematischen Überbegriffen der Programme oder den verschiedenen Festivalsektionen. Auch bei Retrospektiven richtet sich das Interesse vieler Besucher weniger nach einzelnen Beiträgen als vielmehr nach dem

Wunsch, das Gesamtkonzept der Retrospektive zu erfassen oder unbekannte Werke neu zu entdecken oder bekannte Werke unter neuen Aspekten zu sichten.

11. Zufällig beim Festival: 6,25%
Die Quote der Zufallsbesucher des KurzFilmFestivals lässt sich nicht generalisierend interpretieren, da dies stark abhängig ist von der geographischen Lage und Erreichbarkeit der Kinos innerhalb einer Stadt, dem soziologischen Festivalumfeld und der grundsätzlichen Möglichkeit, kurzfristig Karten erwerben zu können. Die Frage diente gezielt zur Erfassung der Wahrnehmung der Festivalwerbung und der Effizienz der Werbemittel und -strategien.

12. Von Außerhalb: Filme sehen, die in meinem Wohnort nicht laufen werden: 75,00%
Dieser Wert lässt sich nicht eingehender kommentieren, da zu wenig Besucher von Außerhalb bei der Befragung erfasst werden konnten.

Wie an den entsprechenden Stellen bereits aufgezeigt, lassen sich die Ergebnisse der Detailanalysen dieser Befragung nicht immer verallgemeinern, da offen ist, wie weit die befragten Besucher wirklich vom konkreten Festival auf ihr allgemeines Festivalinteresse abstrahiert haben und welchen Einfluss die besonderen Gegebenheiten eines Kurzfilmfestivals auf die Antworten haben. Entscheidend ist jedoch, dass gesamt betrachtet die Interpretation der Befragung den Rückschluss zulässt, dass die seitens der Kulturpolitik in Filmfestivals gesetzten Erwartungen und seitens der Veranstalter beabsichtigten kulturpolischen Ziele offenbar erfüllt werden. Zur Absicherung der Rückschlüsse müssten ähnliche Befragungen im Rahmen von weiteren Festivals erfolgen so wie eine Gegenbefragung von regulären Kinobesuchern in Klein-, Mittel- und Großstädten in Programmkinos und Multiplexen erfolgen. Dies war im Rahmen dieser Untersuchung nicht zu leisten.

## 2.7. Untersuchung staatlicher Fördermodelle und Chancen und Risiken von Sponsoring bei der Festivaletatisierung

Angesichts der angespannten Haushaltslage und der wenig viel versprechenden Aussichten für die kommenden Jahre, hatte der deutsche Städtetag das Jahr 2003 zum „Schreckensjahr"[114] erklärt und sah auch für 2004 keine Trendwende erwartet. „Trotz des harten Sparkurses stehen die Kommunen 2003 vor einem bisher

---

[114] „Kommunen im Jahr des Schreckens" von Beate Willms. In. *Die Tageszeitung*, 28.01.2003

völlig unvorstellbaren Rekorddefizit."[115] Nicht anders sah es beim Bund und den Ländern aus. Allein schon aus haushaltsrechtlichen Gründen wird sich die Konsolidierung der öffentlichen Kassen in den kommenden Jahren fortsetzen müssen, wenn eine drohende Überschuldung oder weitere zum Teil verfassungswidrige Haushalte vermieden werden soll. Die damit einhergehenden Kürzungen werden sich vermutlich, so nicht bereits geschehen, auch auf die direkten und indirekten für Filmfestivalförderung zur Verfügung stehenden Etats auswirken. Der allgemeine Konkurrenzdruck unter den aus diesen Etats geförderten einzelnen Künstlern und Veranstaltungen wird sich dadurch noch erheblich verstärken.

> „Bei der Überprüfung der weiteren Förderwürdigkeit und damit verbunden Neuaufstellung der Fördermittelverwendung geht es, wenn man unterstellt, dass dieser Neuausrichtung der Kulturförderung ein kulturpolitisches Konzept zu Grunde gelegt wird, nicht nur um die Frage der zukünftigen Förderhöhe, sondern wird für zahlreiche Kultureinrichtungen auch [zu] eine[r] Frage des ‚Ob'. Dies zwar nicht generell, weil ein völliger Verzicht auf öffentliche und gesellschaftliche Kulturfinanzierung derzeit nicht zur Debatte steht, wohl aber als beträchtlicher Rückschritt und eine harsche Überprüfung des Bedarfs an Geld für kulturelle Zwecke in jedem Einzelfall."[116]

Angesichts dieser Aussichten ist zur Vermeidung von Finanzierungslücken und zum Ausgleich von Einschränkungen bisheriger Zuwendungen ein detaillierter Blick auf unterschiedliche Finanzierungsmodelle von Filmfestivaletats angebracht, um alternative Finanzierungswege zu entdecken oder bestehende intensiver zu erschließen, ohne dabei die damit verbundenen Risiken und Abhängigkeiten auszublenden. So vielfältig wie diese Modelle sind auch die damit verbundenen Förderbedingungen. Nachfolgend werden einige prägnante Beispiele aufgeführt und analysiert.

Sowohl aus europäischer wie auf nationaler Ebene gibt es Fördermodelle, die auch Filmfestivals zugänglich sind. Die Förderung von Filmfestivals kann auf europäischer Ebene ebenso erfolgen wie auf nationaler. Mit 2 Mio. EUR ist im Rahmen des europäischen MEDIA II Programms auch die Förderung von Filmfestivals vorgesehen.[117] Sie ist an eine Quote europäischer Filme in Höhe von 70% des Gesamtprogramms gebunden, zudem müssen Filme aus mindestens sechs Mitgliedsstaaten gezeigt werden. Diese Förderbedingungen legen zwei primäre Ziele nahe: Neben dem Erreichen bestimmter kultur- und sozialpolitischer Ziele wie einem verstärkten innereuropäischen Kulturaustauschs und dem Abbau nationaler Vorurteile untereinander können solchen Förderbedingungen

---

[115] „Keine Trendwende bei den Stadtfinanzen in 2004: Neue Einschnitte bei kommunalen Leistungen zu erwarte". Pressemitteilung Deutscher Städtetag, 30.12.2003

[116] Bendixen, Peter: Einführung in die Kunst- und Kulturökonomie. Opladen/Wiesbaden: Westdeutscher Verlag. 1998. S. 40

[117] Stand 2004, Quelle: Mediadesk

und dem mit der Antragstellung verbundenen Verwaltungsaufwand auch regulative Ziele verfolgt werden. Denn je höher die Hürden zur Förderwürdigkeit liegen, umso weniger Anträge werden gestellt, was eine Reduzierung der Antragsbearbeitung aber auch eine geringere Zersplitterung der gesamten Förderungsleistung mit sich bringt. Ebenso kann dies aber auch dazu führen, dass zur Erfüllung der Länderquoten die Programmzusammenstellung nicht mehr nur nach der Qualität der einzelnen Werke stattfindet. Ebenso kann die Präsentation von Schwerpunktprogrammen aus nicht-europäischen Ländern ganz entfallen, um die in den Förderrichtlinien festgelegten Quoten erfüllen zu können. Zur Förderung der innereuropäischen Zusammenarbeit ist die verbindliche festivalinterne Kooperation verschiedener europäischer Filmfestivals eingeführt worden. Hierzu zählt neben dem Austausch von Programmen auch der von Mitarbeitern. Stellt der Austausch von einzelnen Filmen oder ganzen Programmreihen zwischen Festivals eher eine logistische Entlastung in den Bereichen Programmauswahl, Recherche und Kopienbeschaffung dar, so wird der Personalaustausch zusätzlich mit finanziellen Zuwendungen gefördert und dient der Vermittlung unmittelbarer persönlicher Erfahrung, um den direkten sozialen und kulturellen Austausch innerhalb Europas zu fördern. Die Fördersumme pro Festival beträgt maximal 35.000 EUR bzw. 50% der anrechenfähigen Kosten für die Bereiche Miete für Ausrüstung, Promotion und Werbung, Untertitelung und Übersetzung sowie die Kosten für den Kopientransport.[118] Bei einer Unterschreitung der geförderten Etatpositionen ist eine prozentual anteilige Rückzahlung der Fördermittel notwendig, was nach Erteilung des Förderbescheids kurzfristige Etatumschichtungen erschwert und die Flexibilität der Festivals angesichts der mehrmonatigen Vorlaufzeiten bei Förderantragsstellung einschränkt. Auch kann es zur künstlichen Etataufblähung verführen, um die zugesagte Förderung in vollem Umfang abrufen zu können. Hier wäre eine Orientierung an der Haushaltsrealität von Filmfestivals wünschenswert, angesichts des damit verbundenen verwaltungstechnischen und nicht nur kulturpolitischen Abstimmungsaufwandes ist dies auch mit der Verabschiedung der neuen MEDIA-Programme nüchtern betrachtet kaum zu erwarten.

Auf nationaler Ebene fördern Bund, Länder und Gemeinden über unterschiedlich Haushaltstitel und Förderprogramme. Wie vorab schon aufgezeigt konzentriert der Bund seine Förderung auf Filmfestivals von nationaler oder internationaler Bedeutung, daneben erfolgt Förderung über die Kulturstiftung der Länder, in Einzelfällen fördern auch das Auswärtige Amt und das Presse- und Informationsamt der Bundesregierung. Einen wesentlich größeren Anteil an der Festival-

---

[118] Die jeweils aktuellen Förderrichtlinien und Anträge des MEDIA-Programms sind abrufbar unter www.mediadesk.de

förderung als der Bund tragen entsprechend der grundgesetzlichen Bestimmungen Länder und Gemeinden.

„Gegenwärtig macht der Etat meiner Behörde etwa 10 Prozent der gesamten staatlichen Kulturförderung aus. Der Schwerpunkt liegt mit rund 90 Prozent – ungefähr hälftig aufgeteilt – bei den Bundesländern und den Gemeinden." [119]

Die staatlichen Fördermöglichkeiten lassen sich dabei in drei haushaltstechnisch unterschiedliche Bereiche aufteilen: Festivals unter öffentlicher Verwaltung als eigener Haushaltsposten, Festivals, die von öffentlich geförderten Institutionen veranstaltet werden und Festivals, die aus allgemeinen Positionen heraus gefördert werden. Alle drei Bereiche haben nach Ansicht von Behördenvertretern und Förderempfängern Vor- und Nachteile. Bei allgemeinen prozentualen Kürzungen je Haushaltstitel sind als eigener Haushaltstitel erfasste Festivals unter Umständen von Kürzungen eher betroffen, als Festivals, die aus allgemeinen Titeln gefördert werden, deren Gesamthöhe zwar gekürzt werden, die Umverteilung auf die einzelnen Empfänger jedoch individuell geregelt wird. Im Gegenzug kann es bei nicht expliziten Haushaltstiteln im Zuge von Umorientierungen und Schwerpunktverlagerungen innerhalb der Ressorts eher zu kompletten Streichungen kommen. Die Länderförderung erfolgt in der Regel durch die Landesfilmförderungen, so Festivalförderungen gemäß den Förderrichtlinien überhaupt vorgesehen sind. In Fällen, in denen keine direkte Festivalförderung vorgesehen ist, ist es mitunter möglich, gezielt einzelne Positionen oder Sonderveranstaltungen gefördert zu bekommen, jedoch sind so Regelförderungen und damit verbundene Planungssicherheiten kaum möglich. [120] Die eingangs erwähnte angespannte Finanzsituation der Gemeindehaushalte wird sich besonders auf lokaler Ebene zu einem Verteilungswettkampf zwischen Förderempfängern unterschiedlicher Bereiche entwickeln, da mit Kürzungen der Länderförderungen Festivals sich mit ihren Anträgen verstärkt an kommunale Einrichtungen wenden werden. Hier wird es von der einzelnen kommunale Finanzentwicklung und dem örtlichen Stellenwert, der kulturpolitischen Zielen beigemessen wird, abhängig sein, wieweit Festivalförderung noch stattfinden wird. Auf Grund der in der Regel geringeren nationalen Tragweite von Entscheidungen wird auch das öffentliche Echo auf Verschlechterungen der lokalen Festivalfördersituation nur selten die regio-

---

[119] Staatsminister Nida-Rümelin: Die kulturelle Dimension des Nationalstaates www.bundesre gierung.de/dokumente/-,413.72068/Namensbeitrag/dokument.htm
(Letzter Zugriff: 20.01.2003)
Da die Filmfestivalförderung bundesweit aus sehr unterschiedlichen Haushaltstiteln erfolgt, liegen keine statistisch belegbaren Zahlen über die Gesamthöhe der staatlichen Festivalförderung vor.

[120] Die Förderbestimmungen sind den einzelnen Richtlinien zu entnehmen. Auf Grund der Vielfalt der Landesfördermodelle ist die nähere Betrachtung eines Einzelfalles wenig hilfreich, da die Rückschlüsse nicht auf andere Fördermodelle übertragbar wären.

nalen Grenzen überschreiten, wodurch einschneidende Änderungen bei Förderungen unter einem geringeren politischen Beobachtungs- und Rechtfertigungsdruck stehen. Jedoch kann im Gegenzug die persönliche Nähe zu und Einbindung von regionalen Entscheidungsträgern von entscheidender strategischer Bedeutung bei der Verabschiedung von Förderentscheidungen sein.

Neben der staatlichen Förderung ist Sponsoring für Filmfestivals zu einem unverzichtbaren Finanzierungsbestandteil geworden. Mit dem zunehmenden Rückzug der öffentlichen Förderer wird die Bedeutung des privatwirtschaftlichen Engagements in den kommenden Jahren aller Voraussicht nach noch zunehmen. Sponsoren sind weder Förderer noch Mäzene, d. h. sie unterstützen Veranstaltungen nicht aus altruistischen Gründen, sondern verfolgen damit in der Regel wirtschaftliche Interessen.[121] Insgesamt gaben deutsche Unternehmen 2002 rund 2,7 Mrd. EUR für Sponsoring aus, für 2006 werden 3,3 Mrd. EUR prognostiziert.[122] Nur ein geringer Teil dieser Gelder steht jedoch für Sponsorenengagements im Bereich Filmfestivals zur Verfügung. Diese fallen für Sponsoringgeber in der Regel nicht in den Sektor Kultur, der vom Gesamtetat ein geschätztes anteiliges Volumen von 350 Mio. bis 500 Mio. EUR jährlich hat[123], sondern in den Bereich Medien, dessen Gesamtvolumen lediglich 35 Mio. EUR beträgt.[124] Wenn man des Weiteren berücksichtigt, dass lediglich 2% aller bei potentiellen Sponsoren vorgestellten Projekte unterstützt werden, sind angesichts der massiven Konkurrenz die Chancen gerade für Veranstaltungen mit für Sponsoren wenig attraktiver Zielgruppen und anspruchsvollen Inhalten nahezu aussichtslos. Je spezieller die Programmprofile und spitzer die Zielgruppen der auf Sponsoringgelder angewiesenen Filmfestivals sind, desto notwendiger ist eine sehr zielgerichtete Sponsorenakquise, um entsprechend interessierte Unternehmen ausfindig zu machen und Zeit und Kosten für von vorn herein aussichtslose Anfragen zu sparen. Für Sponsoren ist es im Übrigen unerheblich, ob es sich um eine Kulturveranstaltung oder ein Event handelt, so lange durch ein Engagement die seitens der Sponsoren gewünschten PR- oder Marketingziele erreicht werden können. Denn für Unternehmen aus der Industrie oder dem Mittelstand, die im Bereich Sponsoring tätig sind, gerade wenn es sich um Firmen mit professionell orga-

---

[121] Sh. Berndt, Ralph/ Arnold Hermanns, Hg. Handbuch Marketing-Kommunikation. Wiesbaden: Gabler, 1993

[122] „Die goldenen Regeln des Sponsoring". Interview mit Manuela Rousseau vom 01.09.2002. www.faz.net (Letzter Zugriff: 04.04.2004)

[123] Söndermann, Michael. Zur Empirie des Kultursektors (Arbeitstitel). Aus: Lammert, Norbert, Hg. Alles nur Theater? Beiträge zur Debatte über Kulturstaat und Bürgergesellschaft. DuMont, 2004. S. 6

[124] Laut Lars Wilde, Sponsoringakquise Internationales KurzFilmFestival Hamburg, nach einem Besuch der Verleihung des FaSpo Awards 2003, Fachverband für Sponsoring.

nisierten Marketingstrukturen handelt, ist dies nur eines von mehreren Kommunikationsinstrumenten innerhalb einer komplexen Marketingstrategie.[125] Hier genügt es nicht, ein kulturell herausragendes Festival mit positiver Reputation[126] zu sein, um einen Sponsor zu gewinnen, sondern das Festival muss auch in die übrige Unternehmenskommunikation sinnvoll integrierbar sein, da die für ein erfolgreiches Sponsoring notwendige Glaubwürdigkeit fehlt, wenn das gesponserte Festival außerhalb der sonstigen Unternehmensdarstellung und -werte liegt.[127] Diese Integration in eine komplexe Unternehmenskommunikation ist bei Filmfestivalveranstaltern und auch einreichenden Filmemachern keineswegs unumstritten. Das Engagement von Wirtschaftsunternehmen mit dem Ziel einer Imageverbesserung oder Umsatzsteigerung ist berechtigter Weise diskutabel. Insbesondere Independent-Filmemacher, die ihre Werke unter erschwerten wirtschaftlichen Voraussetzungen realisieren, treten an Festivals mitunter mit der Forderung heran, ihre Werke nicht in Filmreihen zu zeigen, die von einem Wirtschaftunternehmen präsentiert werden oder sie reichen ihre Werke nicht ein, wenn sie das Gefühl haben, dass Wirtschaftsunternehmen Filmfestivals inhaltlich oder werblich dominieren könnten. Hier sind Filmfestivals gefordert, intern und extern zu verdeutlichen, in welchen Bereichen ein potentielles oder reales Sponsorenengagement tatsächlich Auswirkungen hat, um die Festivalreputation

---

[125]  Im Prinzip lassen sich Filmfestivals in Anlehnung an ihre regionale Bedeutungsreichweite auch in ihrer Bedeutung für Sponsoren einschätzen. In der Regel sind Sponsorgeber an Veranstaltungen interessiert, deren Reichweite mit denen des Marketings korreliert. Je größer die nationale oder internationale Ausrichtung eines Unternehmens ist, desto sinnvoller sind in der Kooperation Veranstaltungen mit vergleichbar reichender Außenwirkung. Es können jedoch auch regionale Filmfestivals nationale aktive Sponsorgeber für ein Engagement gewinnen, wenn das Festivalprofil entsprechend gut in die Marketingkommunikation des Unternehmens passt und eine regionale oder in der Zusammensetzung des Besucherprofils interessante, z. B. spitze Zielgruppe erreicht werden kann. In der Regel gelingt lokal oder regional ausgerichteten Filmfestivals, auch entsprechende lokale oder regionale Sponsorgeber für ein Engagement zu gewinnen. Da diese Sponsorgeber in der Regel kein Interesse an einer überregionalen Wirkung ihres Engagements haben, da sie sich lediglich an lokale oder regionale Kunden wenden oder sich aus Gründen der Mitarbeitermotivation und -bindung einbringen. Persönliche Beziehungen zwischen Festivalmitarbeitern und Sponsorgebern fördern das Zustandekommen und den Bestand von Kooperationen.

[126]  Herausragend nicht im Sinne einer Unterteilung in U- und E-Kultur, sondern im Sinne eines unverwechselbaren Auftritts und selbiger Inhalte.

[127]  Gallus, Thomas. Kommunale Kulturbetriebe und Kultur-Sponsoring als Instrumente der Kommunalpolitik. Peter Lang: Frankfurt am Main, Berlin, Bern, New York, Paris, Wien, 1997

proaktiv zu schützen.[128] Der Arbeitskreis Kultursponsoring (AKS), ein freiwilliger Zusammenschluss im Bereich Sponsoring tätiger Wirtschaftsunternehmen, hat es sich zur Aufgabe gemacht, das Verhältnis von Sponsoren und gesponserten Künstlern und Kulturveranstaltungen für seine Mitglieder nach ethisch-moralischen Unternehmensgesichtspunkten zu regeln, um Vorbehalten gegenüber Kultursponsoring offensiv zu begegnen. Die Mitglieder des AKS bekennen sich in ihrem Ehrenkodex zu ihrer kulturpolitischen Verantwortung in Deutschland und zu einem respektvollen Umgang mit gesponserten Kulturschaffenden und -institutionen:

> „Der AKS respektiert die Freiheit der Kunst und die Autonomie von Kulturschaffenden und Kulturinstitutionen. Er respektiert gleichermaßen die unterschiedlichen Strukturen der Kulturförderung, Kommunikationskonzepte und Förderprogramme seiner Teilnehmer, die von populären Kulturevents über den traditionellen Bereich der Künste bis zur Avantgardekunst reicht."[129]

Auch wenn es sich hier nur um einen Ehrenkodex und keine rechtsverbindliche Aussage handelt, ist die Mitgliedschaft im AKS doch ein Beleg für ein wohl reflektiertes Bewusstsein auch für die Sichtweisen und Problemstellungen gegenüber Sponsornehmern. Negativen Imageauswirkungen bei Verstößen gegen den Kodex würden somit nicht nur die oben erwähnten Probleme im Umgang mit den Sponsornehmern und der öffentlichen Wahrnehmung mit sich bringen, sondern auch Konsequenzen innerhalb des AKS nach sich ziehen, die ebenfalls wieder eine Imageverschlechterung mit sich bringen können.[130] Die Freiwilligkeit der Mitgliedschaft verdeutlicht, wie ernst die Mitglieder die Einhaltung des Kodexes nehmen. Auf der anderen Seite kann die Einhaltung des Ehrenkodexes seitens der Mitglieder als nicht zu kompliziert und allzu bedrohliches moralisches Damoklesschwert angesehen werden, da diese Unternehmen sowieso nur Veranstaltungen sponsern werden, bei denen ein Engagement und die eigenen Interessen mit dem Kodex in Einklang stehen und Konflikte zwischen Marketing- und Festivalzielen nicht zu erwarten sind. Die Akquise von Sponsoren und damit verbundenen möglichen Änderungen von Festivalkonzeptionen stehen nicht im Widerspruch zu den Richtlinien des AKS, da diese Veränderungen nicht von

---

[128] Beim Internationalen KurzFilmFestival Hamburg 2000 zogen einzelne Filmemacher ihre Werke aus dem Programm „Flotter Dreier" bzw. „P&S-Flotter Dreier" zurück, da sie sich nicht für die Werbezwecke von P&S Cigaretten „missbrauchen" lassen wollten, dem Sponsor des gesamten Festivals sowie darüber hinaus Namenspaten dieses Programms. Die Debatte um das Engagement von Sponsoren ist somit noch nicht so endgültig positiv abgeschlossen, wie es in der öffentlichen Diskussion um den Abbau von Förderungen und deren Ersatz durch Sponsoren erscheinen mag.

[129] §6 des Ehrenkodexes des Arbeitskreis Kultursponsoring. www.aks-online.org/aks_engine. shtml?id=19 (Letzter Zugriff: 20.03.2003)

[130] Manuela Rousseau, Leiterin PR-Programme Beiersdorf AG, im Gespräch

Seiten der Sponsoren an die Festivals herangetragen werden, sondern die Initiative zur Anpassung von diesen ausgeht. Für Sponsoren ist es irrelevant, ob diese inhaltlichen Veränderungen seitens der Festivals aus inhaltlichen Überlegungen oder auf Grund des finanziellen Drucks und der damit verbundenen Notwendigkeit der Sponsorengewinnung vorgenommen werden. Im Gegensatz zu Sponsoren aus dem Mittelstand oder der Industrie liegen bei kleinbetrieblichen, insbesondere lokalen Sponsorgebern die Beweggründe für ein Engagement nicht primär im Erreichen von Marketing- oder PR-Zielen. Entscheidend für ein Sponsoring mit Finanz- oder Sachmitteln ist häufig in erster Linie die persönliche Bindung zwischen Unternehmen und Mitarbeitern der Filmfestivals. Hier sind kontinuierliche persönliche Kontakte und Beziehungen zu den Sponsorgebern besonders wichtig, da häufig eher emotionale als rationale Entscheidungen bei der Projektförderung im Vordergrund stehen. Ähnlich wie bei der Förderung auf Gemeindeebene kann die örtliche Nähe und persönliche Einbindung in wirtschaftlich angespannten Zeiten zu einer größeren emotionalen und moralischen Bindung zwischen Sponsorgeber und -nehmer führen. Dies kann der Sicherung von unter rationalen und marketingstrategischen Gesichtspunkten irrelevanten Sponsoraktivitäten dienen.

Der Anteil der Eigeneinnahmen am Gesamtfestivaletat kann sich aus verschiedenen Einnahmequellen zusammensetzen. Die wichtigste davon ist bei kostenpflichtigen Veranstaltungen das Eintrittsgeld zu den Filmvorführungen. Die Höhe der Veranstaltungseinnahmen durch Eintrittsgelder wird durch verschiedene ideelle aber auch logistische Komponenten beeinflusst. Die soziale Schicht, die erreicht werden soll, das reguläre Preisniveau der bespielten Kinos oder die durch bewilligte Fördergelder möglicherweise verbundenen Vorgaben in der Ansprache bestimmter sozialer Zielgruppen und die damit gebotene Mäßigung bei der Erhebung von Eintrittsgeldern sind Faktoren, welche die Höhe dieser Einnahmeart beschränken. Neben diesen Einschränkungen bei der Festlegung der Eintrittsgelder ist auch die unbegrenzte Steigerung der Besucherzahlen zur Verbesserung der Einnahmesituation nicht möglich. Dies liegt an der mengenmäßigen Begrenzung der von den Filmfestivals angesprochenen Zielgruppen ebenso wie an den beschränkten Platzkontingenten der Festivalspielstätten. Von öffentlicher Seite kommt dennoch zunehmend die Forderung, die Eigenanteilsquote durch Einnahmesteigerungen zu erhöhen. Dies stößt jedoch nach ausschöpfender Ansprache aller potentiellen Besucher an die eben genannten Grenzen. Es ist problematisch, zur weiteren Einnahmesteigerung eine Erweiterung der Zielgruppenspannbreite in Betracht zu ziehen, da dies eine Änderung des Veranstaltungsprofils bedingen würde, die für Besucher nicht unbedingt inhaltlich nachvollziehbar sein kann. Dies kann bedeuten, dass Filmfestivals oder einzelne Programme mit spitzer Zielgruppe zukünftig nicht mehr durchgeführt werden könnten oder Stammbesucher auf Grund einer Profilwässerung oder -änderung von einem Festivalbesuch abgeschreckt werden. Und das gerade spitze Zielgruppen in der Ansprache sehr sensible sind ist genau einer der Gründe, warum derart ausgerichtete Filmfestivals überhaupt eine Chance bei der Akquise von Sponsorengeldern gegenüber anderen Kulturveranstaltungen und Events haben.

| Festival | #1 | #2 | #3 | #4 | #5 | #6 | #7 |
|---|---|---|---|---|---|---|---|
| MEDIA | 0,00 | 0,00 | 0,00 | 0,00 | 0,10 | 0,00 | 0,00 |
| Bund | 5,00 | 0,00 | 0,00 | 0,00 | 10,20 | 45,13 | 0,00 |
| Land | 15,00 | 51,61 | 27,13 | 32,54 | 38,10 | 61,41 | 0,00 |
| Bezirk | 0,00 | 0,00 | 0,00 | 5,42 | 1,10 | 0,00 | 0,00 |
| Gemeinde | 10,00 | 6,45 | 17,05 | 0,00 | 16,50 | 17,44 | 16,80 |
| Sponsoren/ Förderer | 30,00 | 9,68 | 9,30 | 0,00 | 11,00 | 0,00 | 24,30 |
| Eintrittsgelder | 20,00 | 25,81 | 27,91 | 2,39 | 10,00 | 0,51 | 58,90 |
| Sonstige Einnahmen | 20,00 | 6,45 | 18,60 | 59,65 | 13,00 | 20,51 | 0,00 |
| Gesamtetat in T€ | 100 | 100 | 250 | 100 | 500 | 100 | 100 |
| Etatentwicklung | 20% | 10% | 60% | 10% | 26% | 30% | 17% |
| Zuschauerentwicklung in % 1991-2000 | 30,00 | 22,22 | 59,45 | 17,65 | 13,64 | 0,00 | 40,00 |
| Zuschauerentwicklung in % 2000-2003 | 30,00 | 9,09 | 12,71 | 0,00 | 13,64 | 0,00 | 2,44 |
| Festival | #8 | #9 | #10 | #11 | #12 | #13 | #14 | Ø |
| MEDIA | 0,00 | 0,00 | 0,00 | 0,00 | 5,00 | 0,00 | 13,55 | 0,43 |
| Bund | 0,00 | 0,00 | 12,02 | 0,00 | 10,00 | 0,0 | 0,00 | 6,86 |
| Land | 16,22 | 8,57 | 51,68 | 0,00 | 15,00 | 14,43 | 67,75 | 22,69 |
| Bezirk | 4,46 | 0,00 | 0,00 | 8,70 | 0,00 | 0,00 | 0,00 | 1,64 |
| Gemeinde | 13,81 | 17,14 | 23,08 | 13,04 | 15,00 | 39,18 | 0,00 | 13,86 |
| Sponsoren/ Förderer | 16,49 | 24,29 | 2,40 | 65,22 | 50,00 | 12,37 | 2,17 | 20,22 |
| Eintrittsgelder | 22,28 | 50,00 | 3,61 | 0,00 | 5,00 | 18,56 | 12,20 | 18,87 |
| Sonstige Einnahmen | 26,74 | 0,00 | 7,21 | 13,04 | 0,00 | 15,46 | 4,34 | 15,43 |
| Gesamtetat in T€ | 100 | 100 | 500 | 100 | 500 | 100 | 100 | |
| Etatentwicklung in % | 5% | 10-15% | k.A. | 20% | 600% | k.A. | 30% | |
| Zuschauerentwicklung in % 1991-2000 | 28,18 | 57,14 | 0,00 | 60,00 | 33,33 | k.A. | k.A. | |
| Zuschauerentwicklung in % 2000-2003 | 18,53 | 50,91 | 30,00 | 50,00 | 300,00 | k.A. | k.A. | |

Abbildung 5: Finanzierungsaufbau von 14 Filmfestivals und die Zuschauerentwicklung von 1997 – 2003. Die prozentualen Angaben beziehen sich auf das Jahr 2003. Alle Angaben in % der Gesamtetats.

Neben Eintrittsgeldern für Filmvorführungen sind in zunehmendem Maße die Einnahmen aus Sonderveranstaltungen mit unterhaltendem Charakter von großer

Bedeutung, etwa Partys oder selbst geführte Festivalclubs. Hierdurch besteht nicht nur die Möglichkeit, innerhalb der Nutzergruppen sowie diesen untereinander informelle Kontaktmöglichkeiten zu bieten, sondern darüber hinaus können über Eintrittsgelder, Speisen- und Getränkeverkauf zusätzliche Einnahmen erzielt werden. Hier gilt es abzuwägen, ob Veranstalter in der Lage sind, die logistische Arbeit und den personellen Mehraufwand für diese Zusatzveranstaltungen selbst zu leisten und die Einnahmen dafür komplett in den Festivaletat einfließen zu lassen oder ob es vernünftiger ist, Partys und Clubs von externen Partnern organisieren und sich lediglich an den Einnahmen beteiligen zu lassen, um sich selbst auf die Kernaufgaben der Festivalorganisation konzentrieren zu können.

Unter eigene Einnahmen fallen des weiteren Akkreditierungsgebühren, der Verkauf von Katalogen, Souvenirs wie Pins oder T-Shirts und Plakate. Dieser Bereich ist je nach Festival sehr unterschiedlich weit erschlossen und auch nicht in jedem Fall sinnvoll. Denn erst wenn die Anzahl der Besucher überhaupt eine kritische Masse überschreitet kann es zu relevanten Verkaufszahlen von Merchandisingprodukten oder Memorabilien kommen, für deren Produktion die Festivals in Vorleistung gehen müssen. Der Verkauf der Merchandisingrechte an professionelle Agenturen zur Minimierung des wirtschaftlichen Risikos ist angesichts der in der Regel eher bescheidenen zu erwartenden Erlöse kaum möglich. Somit tragen die Veranstalter das wirtschaftliche Risiko, selbst einen Teil der Vorkosten, die bei der Produktion der zu verkaufenden Produkte entstanden sind, nicht wieder einzunehmen. Auch kann eine zu weit gefasste Palette an Merchandisingprodukten gerade bei spitz ausgerichteten Festivals mit kritischen Zielgruppen den Eindruck einer übermäßigen Kommerzialisierung nach sich ziehen.

Unter „sonstige Einnahmen" fallen auch Einnahmen aus Anzeigenschaltungen in festivaleigenen Medien wie Flyern, Programmheften und Katalogen. Konnten insbesondere regionale oder lokale Festivals jahrelang davon ausgehen, dass hierüber die Produktionskosten der Werbemittel zum Großteil wieder eingeworben werden konnten, ist dies in der gegenwärtigen Konsumflaute angesichts sinkender Mediaetats keineswegs mehr gesichert. Gerade zur Sicherung von solchen good-will Engagements ist eine enge Einbindung auch kleinerer Sponsoren notwendig, wie auch die Vermittlung des Gefühls, mehr persönlicher Partner als anonymer Sponsor zu sein. Auch hier kann es hilfreich sein, sich bei Sponsorempfängern aus anderen kulturellen und sozialen Bereichen umzusehen, wie es dort gelingt, zusätzliche finanzielle oder materielle Unterstützung einzuwerben. Gerade kleinere Festivals bewegen sich hier zwischen dem ideellen Problem, sich der Hilfe einer professionelle Sponsoringagenturen zu bedienen, wie es auch sein kann, dass angesichts der zu erwartenden Einnahmen sich der Arbeitsaufwand für diese Agenturen nicht rentiert. Auch hier verdeutlicht sich erneut das Problem, Sponsoren für Veranstaltungen jenseits des breiten öffentlichen Interesses gewinnen zu können.

Die im Frühjahr 2004 durchgeführte nicht-repräsentative Befragung von vierzehn Filmfestivals zu ihrem Finanzierungsaufbaus brachte folgende Erkenntnisse: Es lassen sich keine generalisierenden Aussagen zur Relevanz einzelner Einnahme-quellen treffen oder verallgemeinerbare Finanzierungsmodelle daraus ableiten, weil die unterschiedlichen Etatanteile von Förderern, Sponsoren, eigenen und sonstigen Einnahmen mit Schwankungsbereichen zwischen jeweils 0% und fast 70% zu unterschiedlich ausfallen. Die einzelnen Förderungen waren von 1997 bis 2003 zwar durchweg angestiegen, jedoch wird von Veranstalterseite überein-stimmend mit einer Reduzierung der einzelnen Förderungen in den kommenden Jahren gerechnet. Auch wird sich die Bedeutung des europäischen Förderpro-gramms MEDIA II etwa durch die Integration neuer Mitgliedsstaaten verändern. Durch die Osterweiterung der EU wird die Zahl der Filmfestivals, die im Rah-men von MEDIA II antragsberechtigt sind, ansteigen, der Gesamtetat des Förder-programms aber in den kommenden Jahren vermutlich unverändert bleiben wird, da die neuen Mitgliedsstaaten in den ersten Jahren eher zu den Nehmer- als Ge-berstaaten zählen werden. Deswegen ist bei diesem Förderprogramm nach Ein-schätzung von Astrid Kühl, Vorstandsmitglied der AG Kurzfilm, mit einer Sen-kung der durchschnittlichen Förderzuwendung je Festival zu rechnen.

Bei der Einwerbung von Sponsorenmitteln werden vermutlich in erster Linie die bundesweit bekannten, von den Medien überregional beachteten Filmfestivals überdurchschnittlich erfolgreich sein, da sich insbesondere finanzstarke Sponso-ren mit Interesse an bundesweiten PR-Effekten hier engagieren werden. Bei der Akquise von regionalen Sponsoren wird der Erfolg in den kommenden Jahren entscheidend von der gesamtdeutschen wirtschaftlichen Entwicklung abhängen. Da Einsparungen bei der Kulturförderung in allen Bereichen wirksam werden, wird auch der Wettbewerb um das Engagement von Sponsoren größer werden. Gleiches gilt für die Förderung durch Stiftungen, die nicht aus der Verzinsung des Stammkapitals fördern, sondern deren Ausschüttungsvolumen von Spenden-eingängen abhängig sind, deren zukünftige Entwicklung sich auch in einem Wettbewerb mit anderen Stiftungen befindet.

## 2.8. Ansätze zur Methodik von Konkurrenzanalysen für Filmfestivals

„Das Publikum ist also zunehmend unberechenbar geworden. Es hat weniger Ehr-furcht vor der Kunst, konsumiert Kultur beiläufiger, selbstverständlicher, unver-bindlicher und sehnt sich zugleich nach außergewöhnlichen „Events", in denen Kunstrezeption zum unvergesslichen, aus dem Alltag herausragenden Erlebnis wird."[131]

---

[131] Mandel, Birgit: PR für Kunst und Kultur – Zwischen Kunst und Vermittlung. Frankfurter Allgemeine Buch, Frankfurt a.M. 2004

Kaum eine Kulturinstitution hat heute noch klar umrissene Stammbesucher, mit deren Einnahmen sie verlässliche planen können.[132] Sinn einer Konkurrenzanalyse ist es daher, das Konkurrenzumfeld eines Filmfestivals umfassend zu untersuchen, um das tatsächliche Zuschauerpotential zu erkennen, gezielt anzusprechen und damit effizient auszuschöpfen, bei der Einwerbung von Drittmitteln die eigenen Stärken im Vergleich zu den Mitbewerbern herauszustellen und Alleinstellungsmerkmale (Points of Uniqueness) herauszuarbeiten. Dabei gilt es, diese Analyse je nach Reichweite der Veranstaltung auf internationaler, nationaler, regionaler und lokaler Ebene durchzuführen, um die eigene Relevanz objektiv und für Dritte nachvollziehbar ableiten und sich selbst entsprechend innerhalb des Konkurrenzumfeldes einordnen zu können.

Das folgende Modell einer Konkurrenzanalyse orientiert sich am Konkurrenzmodell von Armin Klein[133], da die darin beschriebenen Konkurrenzbereiche auf die Konkurrenzsituation von Filmfestivals übertragbar sind. Da je nach Austragungsort und Termin das jeweilige Konkurrenzumfeld anders gelagert ist und der individuelle Konkurrenzdruck unterschiedlich hoch ist, lässt sich kein allgemeingültiges Konkurrenzbild ableiten. Zu jedem Filmfestival ist eine Einzelanalyse gemäß dem folgenden Konkurrenzanalysemodell notwendig, dieses wird auch der in Kapitel 3 folgenden Einzelfallanalyse der Konkurrenzumfelder der drei ausgewählten Veranstaltungen zu Grunde gelegt. Für eine realistische Konkurrenzanalyse ist es ratsam, diese extern erstellen zu lassen, da, wie sich bei Gesprächen mit verschiedenen Veranstaltern gezeigt hat, ihre hohe Festivalinvolvenz eine objektive Einschätzung der eigenen Veranstaltung innerhalb des Konkurrenzumfeldes in der Regel nicht zulässt. Abschließend gilt es, die Stellung innerhalb der Konkurrenzumfelder auf die Möglichkeiten für eine Festigung oder gar Verbesserung dieser hin zu untersuchen.

Den Bereich der **Kernkonkurrenz** umfasst das lokale oder regionale reguläre Filmprogramm zeitgleich zum Festival spielender Kinos, das sich an überschneidende Zielgruppen wendet. Filmfestival haben es relativ leicht, gegenüber diesem Konkurrenzangebot zu bestehen, da bei regulären Filmprogrammen die meisten entscheidenden, einen Festivalbesuch auslösenden Momente nicht gegeben sind, etwa Einmaligkeit des Programmangebots, Gäste und verschiedenste Formen der Kontaktaufnahme und des Informationsaustausches. Zudem ist die Wahrscheinlichkeit, die regulär laufenden Filme auch nach Festivalende noch sehen zu können, größer, als die im Rahmen eines Festivals gespielten Filme später im regulären Kinoprogramm. Anders sieht es evtl. bei Filmen aus, die nur kleine

---

[132] Im Bereich Theater wird diesem Umstand mit dem verstärkten Bemühen begegnet, eine möglichst hohe Zahl an Abonnenten zu gewinnen, die eine verlässlichere Finanzplanung innerhalb einer Spielzeit ermöglichen.

[133] Vergl. Armin Klein, Kultur-Marketing. A.a.O. S. 197

Zuschauergruppen ansprechen, bei denen eine längere Spielzeit auf Grund der geringeren Einspielpotentiale nicht vorausgesetzt werden kann. Hier ist eine Konkurrenzsituation zwischen Filmfestival und regulärem Kino durchaus gegeben. Im Gegensatz zum regulären Kinoprogramm können Filmfestivals aber auf den Sensationsfaktor als verkaufsförderndes Argument bauen. Je größer die Einmaligkeit der Programminhalte oder je höher das Starpotential ist, umso höher ist der Anreiz zum Festivalbesuch trotz des Kernkonkurrenzangebotes. In den Bereich der Kernkonkurrenz fallen auch sich mit dem Filmprogramm anderer Kinos überschneidende Zielgruppen ansprechende thematische Filmreihen, die nicht zeitgleich mit dem jeweiligen Filmfestival stattfinden. Da Kino- wie Festivalbesucher nicht bereit oder in der finanziellen Lage sind, innerhalb kurzer Zeiträume beliebig häufig ins Kino zu gehen, muss von diesen eine Entscheidung zwischen sich inhaltlich überschneidendem Festival- und Kinoangebot gefällt werden. Darum gilt es, die Mehrwerte des Festivalbesuchs gegenüber dem Besuch der konkurrierenden Filmreihen für den Zuschauer herauszuarbeiten und sich, unterstützt durch das Programmprofil und begleitende Werbemaßnahmen, optimal im Konkurrenzumfeld darzustellen.

Die **Spartenkonkurrenz** umfasst den gesamten Bereich aller Veranstaltungen innerhalb der gleichen Kultursparte. Das bedeutet in diesem Fall den gesamten Bereich aller Filmfestivals. Um einzelne Festivals innerhalb der Spartenkonkurrenz richtig einzuschätzen, ist es notwendig, konkurrierende Veranstaltungen zu besuchen, die Resonanz von Presse und Öffentlichkeit zu analysieren und die Zielsetzungen zu erkennen. Hierbei geht es, je nach Ausrichtung der Filmfestivals, sowohl um das nationale als auch das internationale Konkurrenzumfeld. Einer dieser Konkurrenzgesichtspunkte ist die Festlegung auf Erstaufführungsrechte. Je größerer Wert auf Premierenvorstellungen gelegt wird, desto härter ist der Spartenkonkurrenzdruck. Auch die Aufführungen begleitende Starbesuche erhöhen den Spartenkonkurrenzdruck durch die Notwendigkeit, den Starbesuch aus Sicht der Verleiher oder des Managements durch relevante öffentliche Berichterstattung zu gewährleisten. Des Weiteren richtet sich der Druck innerhalb der Spartenkonkurrenz nach den Festivalsektionen, innerhalb derer sich das Festival bewegt, ob Lang- oder Kurzfilm, mit anderen Festivals überschneidende inhaltliche Ausrichtungen oder Zielgruppen. Vom Grad der Überschneidung und dem Standing innerhalb des Konkurrenzumfeldes hängt die Auswirkung auf Programmgestaltung, Finanzierungsmodell und Besucherzuspruch ab. Für eine Spartenkonkurrenzanalyse muss jedes Festival mit anderen nationalen und internationalen Festivals auf diese Überschneidungen und das eigene Standing hin überprüft werden.

Der Bereich **Kulturkonkurrenz** umfasst alle kulturellen Einrichtungen, Veranstaltungen und kultur-orientierten Events, die zeitgleich zum Filmfestival oder innerhalb eines begrenzten zeitlichen Rahmens um dieses herum stattfinden. Dazu zählen Konzerte, Museen, Theater und kulturelle Sonderveranstaltungen wie Vernissagen sowie kulturelle TV-Angebote. Ähnlich der Kernkonkurrenz muss der individuelle Sensationsfaktor eines Filmfestivals möglichst hoch sein, damit der in der Kaufentscheidung befindliche potentielle Besucher bereit ist, sich innerhalb des kulturellen Angebots und der kulturorientierten Events für einen Filmfestivalbesuch zu entscheiden. Hier gilt es, die veranstaltungsinhärenten Besonderheiten insbesondere bei der breit angelegten Öffentlichkeitsarbeit herauszustellen. Da Festivals innerhalb ihrer Kernzielgruppen durch eine hohe Affinität zu den gebotenen Inhalten einen Vorteil gegenüber dem Konkurrenzangebot in Hinsicht auf die Besuchsentscheidung haben, ist die erfolgreiche Ansprache der Kernzielgruppe einfacher als anderer Zielgruppen. Zu diesen Entscheidungen beeinflussenden Maßnahmen gehören klassische Werbemaßnahmen ebenso wie Imagekampagnen und die individuelle Ansprache bisheriger Besucher, z.B. über Mailings. Je geringer das regionale Angebot an konkurrierenden Veranstaltungen oder Events ist, umso einfacher ist es, potentielle Besucher zur Kaufentscheidung zu bewegen. Was jedoch nicht die Rückschlüsse zulässt, dass damit ein geringerer Qualitätsanspruch an die Veranstaltung einhergehen oder auf klassische Werbung verzichtet werden könnte. Denn auch bei geringem oder gänzlich fehlendem Konkurrenzangebot ist es notwendig, auch Erstbesucher zu gewinnen, allein schon, um durch den demografischen Wandel bestimmte Besucherrückgänge auszugleichen.

Der umfassendste Konkurrenzbereich ist die **Freizeitkonkurrenz**, da er sämtliche zeitgleich zum Festival, sowie alle, ähnlich wie bei der Kulturkonkurrenz durch die beschränkten Kaufkraftpotentiale der Zielgruppen in einem ausgabenrelevanten Zeitraum drum herum stattfindenden Freizeitgestaltungsmöglichkeiten umfasst. Dieses Konkurrenzumfeld beginnt beim täglichen TV-Programm, reicht über individuelle Freizeitgestaltungen wie Treffen mit Freunden oder Spaziergänge bis hin zu Besuchen von Freizeitbädern oder Sportveranstaltungen. Um sich in diesem Sektor zu behaupten ist insbesondere die Vermittlung des Einmaligen, der zeitlich nur sehr begrenzten Angebotswahrnehmung notwendig. Auch den im Vergleich zu anderen Freizeitangeboten nicht wiederholbaren Charakter des Festivalbesuchs gilt es betonen. Wesentlich für eine erfolgreiche Positionierung innerhalb der Freizeitkonkurrenz ist ein möglichst niedrigschwelliger Zugang zu Karten und den Spielorten. Diese Bereiche müssen den Servicestandards anderer Freizeitaktivitäten gleichkommen.

Anhand der Analysen der Konkurrenzumfelder können Strategien entwickelt werden, das Standing innerhalb der Konkurrenzumfelder durch Herausarbeitung der eigenen Stärken und Alleinstellungsmerkmale zu optimieren. Zugleich kann in dieser Analyse die Chance liegen, sich aus einem Bereich mit übermächtiger Konkurrenz und den daraus sich ergebenden Problemen bei der Organisation, Finanzierung und Programmgestaltung auf Inhalte umzuorientieren, die bisher unterrepräsentiert sind oder bei welchen die vorhanden Kompetenzen ein besseres Standing innerhalb der Konkurrenzumfelder ergeben.

## 2.9. Unterschiedliche Festivalimages und ihr Einfluss auf die Nutzergruppenansprache

Das Image, das Bild, das sich die Öffentlichkeit von einer Person oder Firma macht oder machen soll, besteht immer aus dem Wechselspiel von zielgerichteter Selbstdarstellung dieser Firma oder Person und der subjektiven Wahrnehmung dieser durch die Rezipienten. Im Idealfall decken sich das gewünschte Image und die Wahrnehmung der Rezipienten. Ziel eines Festivalimages ist es, in der Öffentlichkeit und bei den angepeilten Zielgruppen eine auf Dauerhaftigkeit hin ausgerichtete Festivalinvolvenz und -relevanz zu schaffen.

Bei der Untersuchung eines Festivalimages kann zwischen zwei Images und ihren entsprechenden Wirkungsrichtungen unterschieden werden, dem **internen** und dem **externen Festivalimage**. Das interne Image ist nach innen gerichtet, es wendet sich an die das Filmfestival organisierenden fest angestellten wie freien und ehrenamtlichen Mitarbeiter. Je geringer die finanzielle Entlohnung und je größer die Notwendigkeit ist, auf ehrenamtliche Mitarbeit zurückzugreifen, umso wichtiger ist ein positives internes Festivalimage zur Mitarbeitermotivation. Ein tragfähiges, positives internes Image schafft bei Mitarbeitern einen ideellen Ausgleich für fehlenden finanziellen Ansporn und durch Geldmangel begründete schwierige Arbeitsumstände in Bezug auf technische Ausstattung und Raumangebot. Eine offensichtliche Diskrepanz zwischen internem Image und realen Verhältnissen kann hingegen zu Demotivierung und letztlich dem Verlust von Mitarbeitern führen. Diese Problematik ist für unabhängige Festivals noch ausgeprägter als für staatlich getragene oder aus kommunalen Einrichtungen heraus organisierte. Da unabhängig Festivals mitunter auf breit angelegte basisdemokratische Entscheidungsstrukturen aufbauen, können Glaubwürdigkeitsverluste durch Diskrepanzen zwischen vermitteltem und realem internen Image nach außen getragen werden und so auch zu einer Negativbeeinflussung des externen Festivalimages führen.

Das externe Festivalimage bezieht sich auf die Wahrnehmung der Veranstaltung durch die Nutzergruppen. Dieses Image kann sich durchaus vom internen Image unterscheiden, ohne dass dies einen Bruch darstellen muss. Entscheidend ist das externe Image für die Gewinnung von Sponsoren und bei der Bewilligung von Förderanträgen. Ebenso hat es, besonders bei Profilüberschneidung konkurrierender Festivals, einen Einfluss auf Teilnahme von Fach- und regulären Besuchern. Auch ist dieses Image entscheidend für die Star- und Medienpräsenz, wie bei der später folgenden Erfolgsanalyse aufgezeigt werden wird. Da für Nutzergruppen spätestens beim Festivalbesuch Diskrepanzen zwischen dem vermittelten und dem realen externen Image offensichtlich werden und eine weitere Festivalteil-nahmen dadurch unwahrscheinlich werden, kann eine dauerhafte Bindung zwi-schen Festival und Nutzergruppen nur durch die Vermittlung eines tragfähigen Images erreicht werden.

Internes wie externes Image bedürfen einer kontinuierlichen Pflege und regelmä-ßiger Kontrolle, um Änderungen in der jeweiligen Wahrnehmung einer Veran-staltung zu erkennen und darauf möglichst proaktiv reagieren zu können. Dies geschieht anhand einer **Imageanalyse**. Sowohl zur Imageanalyse als auch -gestaltung ist es notwendig, die entsprechenden Imageteilbereiche zu bestim-men, angestrebte Ziele zu formulieren und ein Konzept zur Imagewandlung oder Bewahrung zu erarbeiten. Die einzelnen Bestandteile der Imageanalyse sind Corporate Identity, Corporate Communication sowie Corporate Behaviour.[134] Durch das Zusammenspiel der drei Komponenten entsteht das Gesamtimage, das, ähnlich der Markenführung eines Produktes, wesentlich ist zur Wahrung und Entwicklung des Festivalstandings innerhalb der zuvor analysierten Konkurrenz-umfelder ist.

Um sich innerhalb der Spartenkonkurrenz eindeutig zu positionieren, ist eine un-verwechselbare **Corporate Identity** (CI) notwendig. Die CI dient dazu, einen schlüssigen Zusammenhang zwischen dem Auftreten, den kommunizierten In-halten und den umgesetzten Inhalten zu bilden. Dies wird intern eingesetzt, um ein starkes Wir-Gefühl innerhalb des Teams zu fördern und gegebenenfalls in das Festivalteam passende neue Mitarbeiter anzusprechen. Hierfür ist es entschei-dend, anhand der CI die ideelle Grundausrichtung des Festivals zu kommunizie-ren, ob es sich um eine eher alternativ oder formal ausgerichtete Veranstaltung mit entsprechenden internen Umgangs- und Organisationsformen handelt. Da sich die Teamarbeit innerhalb eines Filmfestivals über eine relativ kurze, inten-sive Zeit von wenigen Wochen oder Monaten erstreckt, ist es notwendig, ein in sich geschlossenes Team aufzubauen, dass auch unter extrem belastenden Ar-beitsrhythmen effizient zusammenarbeitet. Gerade für Filmfestivals mit geringer finanzieller Ausstattung ist diese Teambildung von Bedeutung. Je geringer der ökonomische Ertrag des Einzelnen durch die Mitarbeit an der Festivalvorberei-tung und Durchführung ist, desto entscheidender ist für sie ein zu schaffender adäquater ideeller Gegenwert.

Im externen Einsatz dient die CI zur Vermittlung des Veranstaltungsprofils. Ins-besondere zur Ansprache von Fachbesuchern wird eine geschlossene CI, welche alle für die anvisierten Nutzergruppen relevanten Informationsbestandteile auf-zeigt und in einen Sinnzusammenhang stellt, benötigt.

---

[134] Die folgenden Ausführungen orientieren sich an den Begriffsdefinitionen in „Gabler Wirt-schaftslexikon". A.a.O.

Bei der Schaffung und Führung der CI kommt es weniger auf detaillierte Einzelinformationen an, als auf das Kreieren eines übertragbaren Wertes. Dieser sollte bei angestrebter Kontinuität von den Nutzergruppen auf die einzelnen Festivalbestandteile, von Filmprogramm über Sonderveranstaltungen bis hin zum Festivalclub, aber auch über mehrere Festivalausgaben hinweg beibehalten werden. Dadurch wird Nutzergruppen die Möglichkeit gegeben, dank des Images oder Profils auch ohne detaillierte Einzelinformationen Rückschlüsse zu ziehen über die im Rahmen eines Festivals zu erwartenden Inhalte und die individuelle Relevanz dieser. Dies kann auch durch über den Festivalzeitraum hinausgehende Kooperationen mit anderen Veranstaltungen mit korrelierenden Images geschehen.

In der **Corporate Communication** (CC) werden alle nach innen und außen gerichteten kommunikativen Aktivitäten aufeinander abgestimmt. Über die Vereinheitlichung der sprachlichen wie auch graphischen Kommunikationselemente wird die CI in ihrer Vermittlung nach außen gestärkt. Hierzu gehören insbesondere auch die Integration der stilistischen Kontinuität beim Verfassen von Werbe- oder Informationstexten sowie Pressemitteilungen. Um die angepeilten Nutzergruppen erfolgreich anzusprechen, ist eine diesen Gruppen im Form und Ausdruck adäquate Ansprache notwendig. Die Integration eines einheitlichen Corporate Designs in die CC erleichtert die kontinuierliche Widererkennung einer Veranstaltung innerhalb des Spartenkonkurrenzumfeldes und vereinfacht damit die Wahrnehmung in der allgemeinen Informationsflut.

Das **Corporate Behaviour** (CB) dient der Stützung der CI durch die Festigung des Veranstaltungsimages über auf verschiedenen Ebenen angesiedelte Verhaltenskodexes. Es dient der Personalführung, hilft Probleme der internen Kommunikation aufzufangen und unterstützt eine zielgerichtete Nutzergruppenansprache. Die drei hierbei zu berücksichtigenden Verhaltensbereiche gliedern sich auf in Personenverhalten, instrumentales Unternehmensverhalten und Medienverhalten. Das Personenverhalten betrifft in erster Linie die interne Kommunikation. In der Regel nur für den zur Organisation eines Festivals begrenzten Zeitraum zusammengestellte Teams müssen innerhalb kurzer Zeit aufeinander eingespielt werden. Für einen möglichst reibungslosen Organisationsablauf ist darauf zu achten, dass Konfliktpotentiale innerhalb des Teams frühzeitig erkannt und aufgefangen werden. Neben dem internen Personenverhalten gilt es, das Team auch zu einem einheitlichen externen Personenverhalten anzuhalten. Nach außen wird jedes Teammitglied als Festivalrepräsentant wahrgenommen, seien es die Organisationsmitarbeiter, die im Vorfeld durch ihren Kontakt zu Einreichern, Förderern oder Sponsoren das Image des Festivals prägen, oder externe Mitarbeiter wie Kassenkräfte oder Einlasspersonal. Um ein einheitliches Personenverhalten den Nutzergruppen gegenüber zu gewährleisten muss auch das externe Personal angemieteter Veranstaltungsorte auf den vom üblichen Kinoalltag abweichenden höheren Servicebedarf vorbereitet und mit entsprechenden festivalspezifischen Informationen versorgt werden. Festivals sind in ihrem Ablauf und seitens der Nutzergruppen serviceintensiver als der normale Geschäftsbetrieb und reguläre Kinobesucher, da der Arbeitsaufwand durch über dem Normalen liegendes Kopienaufkommen, Sonderdekorationen und -veranstaltungen aber auch einen überdurchschnittlich hohen Anteil an ortsfremden Besuchern eine Vielzahl an individuellen Fragen aufwerfen, etwa nach während des Festivals gesonderten Öffnungs- und Spielzeiten, Kartenvorverkaufsregelungen oder den Zugangsregularien für Akkreditierte.

Das instrumentale Unternehmensverhalten umfasst Bereiche, in denen Festivals durch den Einsatz von Handlungsinstrumenten aktiv in die Imagegestaltung eingreifen können. Unter anderem zählt hierzu der Bereich der Preispolitik, über den die angesprochenen Besucherschichten geregelt werden können. Hochpreisige Veranstaltungen schließen etwa von vorn herein sozial schwächer Gestellte aus. Durch Sondertarife kann man mit Kindern oder Schulklassen gezielt den Nachwuchs ansprechen oder einkommensschwachen Besucherschichten einen Festivalbesuch ermöglichen. Dazu gehört aber auch das Verhalten des Führungspersonals gegenüber Weisungsgebundenen. Je geringer die materiellen Leistungen für das einzelne Teammitglied sind, desto entscheidender sind die immateriellen Komponenten der Entlohnung für das individuelle Engagement. Dies reicht von der Anerkennung der geleisteten Arbeit einzelner Teammitglieder bis zum Erkennen individueller ideeller Mehrwerte und der Versuch, diese für das Festival nutzen zu können.

Durch das Medienverhalten wird die Rezeption eines Filmfestivals in der durch die Medien geschaffenen öffentlichen Meinung geprägt. Es gilt, einen Kreis von Journalisten in den Kernmedien anzusprechen, mit denen man ganzjährig in Kontakt bleibt und die bereit sind, sich intensiv mit dem Festival und seinen Inhalten auseinanderzusetzen. Durch eine zielgerichtete Auswahl angesprochener Medien soll die Aufmerksamkeit der anvisierten Nutzergruppen über Berichterstattungen erregt werden. Im Medienverhalten liegt darüber hinaus das Potential, ein geringes Werbe- und Marketingbudget durch kreative, ungewöhnliche Aktionen mit hoher Medienwirkung auszugleichen.

## 2.10. Chancen und Risiken des Imagetransfers zwischen Filmfestivals und Nutzergruppen

Je unverwechselbarer das Image eines Filmfestivals nach innen und außen definiert ist, umso größer ist auch der sich daraus ergebende Imagewert, an dessen Transfer bei der Vorbereitung und Durchführung eines Filmfestivals involvierte Nutzergruppen interessiert sind. Die unterschiedlichen, aus diesem Imagetransfer erhofften oder tatsächlichen Vorteile von Nutzergruppen werden nachfolgend aufgezeigt.

Der direkte Imagetransfer findet statt Veranstaltung und Veranstalter. Der Außenauftritt eines Filmfestivals muss auch der inhaltlichen Ausrichtung, den kulturellen und kulturpolitischen Zielen und der Zielgruppenansprache entsprechen. Ein die anvisierten Zielgruppen nicht ansprechendes Festivalimage kann trotz hoher Qualität der angebotenen Inhalte diese von einem Festivalbesuch abhalten, da sie sich auf Grund des vermittelten Images nicht angesprochen fühlen. Wenn ein vermitteltes Image die Erwartungen der am Festival teilnehmenden Nutzergruppen nicht erfüllen kann, kann es zu negativen Reaktionen kommen. Solch negative Reaktionen auf Imagedivergenzen können einen nachhaltigen Imageschaden nach sich ziehen.

> „Denn im letzten Jahr drohte die professionelle Außendarstellung des Festivals dieses selber in den Schatten zu stellen. Mit einem ähnlich witzigen Trailer, der erstaunlich erfolgreichen 99 Euro-Rolle und hippen Partys wurde die Veranstaltung überregional bekannt. Dafür waren viele Filme schlecht und die Organisation oft zu schlampig."[135]

Durch Kooperationen mit anderen kulturellen Veranstaltern mit vergleichbaren Images kann neben einer gegenseitigen Imagestärkung auch eine über das Festival hinausreichende Präsenz in der Öffentlichkeit geschaffen werden, wenn man durch diese Kooperationen außerhalb des Festivalzeitraumes in der Öffentlichkeit wahrgenommen wird. Im Normalfall tritt der Veranstalter in der öffentlichen Wahrnehmung hinter dem Festival zurück, die Veranstaltung selbst steht im Mittelpunkt. Jedoch können Veranstalter Filmfestivals auch nutzen, um auf weitere von ihnen organisierte Veranstaltungen oder angebotene Dienstleistungen hinweisen. So kann ein Festival oder die es veranstaltende Organisation gleichsam als Marke ausgebaut und geführt werden, wie sich bei der Analyse des Internationalen KurzFilmFestival Hamburg zeigen wird.

Der sich ergebende Imagetransfer zwischen Festivals und Förderinstitutionen gehört nicht zu den primären Zielen der Förderer, sondern der Imagetransfer zwischen Dritten. Wie bereits aufgezeigt, steht die Schaffung einer positiven Abstrahlung auf die Region, innerhalb der das Festival stattfindet und wahrgenommen wird, im Vordergrund. Dieser Imagetransfer kann je nach Festivalrelevanz und Einzugsgebiet der Nutzergruppen lokal oder regional begrenzt sein aber auch internationale Reichweite haben.

> „Die Arbeit an diesem Deutschlandbild beginnt bei uns zuhause, oder, um einen alten Slogan abzuwandeln: ‚Image begins at home.' Millionen von Ausländern le-

---

[135] Hippen, Wilfried: „Independent Ouldenbörgh". In: *Die Tageszeitung, Ausgabe Nord*, 02.09.2003

ben hier, arbeiten mit uns oder kommen zu Besuch. Sie und unser Umgang mit Ihnen prägen das, was draußen über uns gedacht wird, stärker als alles andere."[136] Filmfestivals sind an diesem imageprägenden Prozess maßgeblich beteiligt, da anwesende Gäste durch ihre Eindrücke über den Festivalbesuch das Bild der Bundesrepublik im Ausland mitprägen.

Über diesen generellen hinaus sind auch Imagetransfer einzelner Teilbereiche von Festivals von großer Bedeutung. Festivalteilnahmen geförderter Filme werden auch zur Belegung einer erfolgreichen Förderpraxis herangezogen. Denn gegenüber den finanzierenden staatlichen Stellen wird ein sinnvoller, mithin verantwortlicher Umgang mit Steuergeldern nachgewiesen, für Filmproduzenten werden Festivalteilnahmen als Beleg für die erfolgreiche Arbeit der Förderinstitution und ihrer -maßnahmen herangezogen.[137] Teilnahmen wie Preise sind wichtige Argumente für die Beibehaltung der kulturellen in Ergänzung zur wirtschaftlichen Filmförderung.[138]

Die Wirtschaft gehört in doppelter Hinsicht zu den Nutznießern eines positiven Festivalimages. Auf der einen Seite haben Wirtschaftsunternehmen die Möglichkeit, sich durch direkte Beteiligung, etwa durch Sponsoring an Filmfestivals zu beteiligen, um durch werblichen Auftritt oder Logopräsenz einen Imagetransfer zu erreichen, wie es weiter unten beschrieben wird. Darüber hinaus werden Filmfestivals genutzt, um Mitarbeiter durch den Besuch von Vorstellungen zu bilden oder deren allgemeine Motivation zu steigern.[139] Auf der anderen Seite profitiert die gesamte regionale Wirtschaft vom positiven Image eines Filmfestivals durch ein lokal, regional, national oder international verstärktes positives Bild der Region oder Stadt. Ein positives Standortimage erleichtert die Mitarbeiterakquise und -bindung sowie die auswärtige Kundenansprache. Insbesondere im Tourismussektor werden Filmfestivals eingesetzt, um ein positives Image zu erzeugen.

---

[136] Lahnstein, Manfred. Wie die Kultur der Wirtschaft hilft. In: Freund oder Fratze. Das Bild von Deutschland in der Welt und die Aufgaben der Kulturpolitik. Campus Verlag: Frankfurt/New York, 1991. S. 150

[137] An dieser Stelle kann nicht eingehender auf die Frage eingegangen werden, was in diesem Zusammenhang „erfolgreich" bedeutet. Ähnlich der folgenden Erarbeitung von Erfolgskriterien zur Bewertung von Filmfestivals scheint auch aber auch diese Untersuchung dieser Frage einmal nahe liegend, da die Problemstellungen zur Beurteilung der kultur- und wirtschaftspolitischen Arbeit von Filmfestivals und Filmförderungen ähnlich scheinen.

[138] Interview mit Eva Hubert, Geschäftsführerin Filmförderung Hamburg. Die Zahl der Festivalteilnahmen für geförderte Filme könnte größer sein, wenn die mit der Förderbewilligung eingegangene Pflicht zur Premiere im Hauptförderbundesland weniger rigide gehandhabt werden würde. So Albert Wiederspiel im Rahmen der Vorabpressekonferenz zum Filmfest Hamburg 2003, am 02.09.2003

[139] Ingrid Roosen, MontBlanc, Leitung Öffentlichkeitsarbeit. Zitiert nach den Aufzeichnungen eines Gespräch über Sponsoring der Tournee von Tim Fischer 2002 vom 16.01.2001

Ziel ist hierbei nicht in jedem Fall, durch das Festival selbst die Zahl der Touristen signifikant zu erhöhen. Es kann auch genügen, diese Veranstaltung in einen bereichsübergreifenden positiven Imagetransfer einzubeziehen, um eine Region als kulturell vielfältig aktiv und attraktiv dazustellen.[140]

Wie bereits aufgezeigt, verfolgen Sponsoren mit ihrem Engagement Marketing- und PR-Ziele. Sie wollen in erster Linie Zielgruppen in nichtkommerziellen Situationen ansprechen, die mit den Mitteln der klassischen Werbung wie Anzeigen, Werbespots oder Plakatierungen nur schwer erreichbar sind[141], sowie einen Imagetransfer von der Veranstaltung auf die eigene Marke oder das Produkt erreichen und Massenmedien wie Rundfunk, Fernsehen oder Presse als kostenlose Multiplikatoren zur Kommunikation des eigenen Engagements nutzen.[142] Neben dem direkten Imagetransfer geht es Sponsoren auch um das Bieten eines Mehrwertes für besondere Kunden oder Geschäftspartner. Durch die Teilnahme an begehrten Vorführungen oder Sonderveranstaltungen wie Eröffnungs- oder Abschlussvorführung soll die emotionale Bindung zwischen Sponsor und Kunde oder Geschäftspartner gesteigert werden. Hier dient das Image der Veranstaltung über die Schaffung von Begehrlichkeit der Wertsteigerung des Images.[143]

---

[140] Frauke Freiberg, Tourismuszentrale Hamburg, Gespräch über Kooperation mit dem Internationalen KurzFilmFestival Hamburg 2001

[141] Die Zigarettenmarke P&S Filter setzte in den Jahren 1996-1999 im Below The Line Marketing einen Großteil des Marketingetats in den Bereichen Kurzfilm/Kurzfilmfestivals ein. Das Markenimage war sehr spitz, intellektueller Humor gefragt, die Zielgruppe studentisch und trendbildend. Die eingesetzten Maßnahmen durften auch schon mal an die Grenzen des guten Geschmacks gehen. Mit Maßnahmen innerhalb von Filmfestivals, die eben diese Zielgruppen ansprachen, sollte die Marke gestützt und aufgebaut werden. Was mit einem Engagement als Sponsor des Internationalen KurzFilmFestivals Hamburg 1996 begann, wurde im Laufe der Jahre zu einem Engagement im Rahmen von bis zu sechs weiteren Kurzfilmfestivals und Sonderveranstaltungen im Bereich Kurzfilm ausgebaut. Das erstaunliche dabei ist, das bei der gestützten Besucherbefragung im Rahmen des Internationalen KurzFilmFestivals Hamburg noch 2002 21,8% aller Besucher P&S Filter als Sponsor wahrgenommen haben wollen.

[142] Herrmanns, Arnold. Charakterisierung und Arten des Sponsorings. Aus: Berndt, Ralph/ Arnold Hermanns, Hg. Handbuch Marketing-Kommunikation. Wiesbaden: Gabler, 1993. S. 630 ff.

[143] Neben dem Imagetransfer sollte auch die Absatzschaffung für Wirtschaftsunternehmen erwähnt werden. Exklusive Produktabgabe im Foodbereich stellt hier die offensichtlichste Engagementmotivation dar. Gerade im Bereich des Engagements von Getränkesponsoren werden verstärkt die anvisierten Absatzzahlen zum Maßstab für ein Eventengagement, wodurch dieser Engagement nicht mehr in den Bereich des Sponsoring gehört, da durch den Warenabsatz das eingesetzte Geld ganz oder teilweise wieder erwirtschaftet werden soll. Gerade kleinere, regionale Sponsoringmaßnahmen werden in solchen Fällen z. B. durch Vertriebsleiter betreut.

Für beide Seiten gilt es dabei zu beachten, dass der Imagetransfer stets in beide Richtungen erfolgt, d. h. vom Festival auf den Sponsor und umgekehrt. So kann ein Sponsor bei einem falsch ausgewählten Festival ebenso sein Image beschädigen, wie das Festival durch einen falschen, die Reputation beschädigenden Sponsor, einen Imageschaden erlangen kann. Dieses Missverhältnis im gegenseitigen Imagetransfer kann nicht gleichgesetzt werden mit einem generell positiven oder negativen Image seitens eines bestimmten Sponsors oder Filmfestivals. Es handelt sich hierbei nur um die Bewertung der Kompatibilität der beiden Images im Rahmen einer konkreten Kooperation.[144]

Die Besucherbefragung im Rahmen des 18. Internationalen KurzFilmFestival Hamburg 2002 hat ergeben, dass 23% der Befragten sonst nie in das Festivalkino gehen, in dem sie befragt wurden. Dies zeigt das Potential an neuen regelmäßigen Besuchern, welche Festivalkinos im Rahmen von Filmfestivals erreichen. Festivalteilnahmen dienen innerhalb örtlicher Konkurrenzfelder der Profilierung gegenüber Mitbewerbern, Spielstätten bietet sich auch die Möglichkeit, sich gegenüber Filmverleihern für Sonderveranstaltungen wie Premieren oder anderen Wirtschaftsunternehmen für Firmenveranstaltungen zu profilieren. Filmfestivals dienen Kinobetreibern auch zur Mitarbeitermotivation und -bindung, sie werden trotz der erhöhten Arbeitsbelastung für Kinomitarbeiter von diesen als positive Abwechslung im Kinoalltag erlebt. Mitarbeiter haben vom Einlasspersonal bis zu den Vorführern die Möglichkeit, jenseits der täglichen Routine ihre speziellen Qualifikationen im Umgang mit Besuchern und Technik unter Beweis zu stellen. Im technischen Bereich liegt der Reiz in der großen Herausforderung, etwa dem ständigen Wechsel zwischen unterschiedlichen Filmformaten, dem Umgang mit wertvollen Archivkopien oder manchmal der einzigen existierenden Filmkopie und dem internen Vergleich zwischen verschiedenen Spielstätten, wie das Festival wo technisch-organisatorisch abgelaufen ist.

Produzenten können über die Festivalteilnahme zwei Strategien verfolgen, der Wert des damit verbundenen Imagetransfers wird mittlerweile strategisch genutzt. Filmfestivals bieten Produzenten die Möglichkeit, für Filme unbekannter Regisseure, die ohne den Wettbewerbsvorteil „Star" gedreht wurden, eine Öffentlichkeit zu erreichen, die sie mit zur Verfügung stehenden Marketingetats und -maßnahmen nicht erreichen könnten. Vor allem die US-amerikanische Independentszene setzt seit den neunzehnhundertachtziger Jahren gezielt auf Film-

---

Stefan Lanwer, Vertriebsleitung/Marketing Brauerei BECK und Co. im Gespräch zu Sponsoring des Internationalen KurzFilmFestival Hamburg 1999

[144] So ist Mercedes Benz zweifellos jahrelang der ideale Partner für die Internationalen Filmfestspiele Berlin gewesen, während der gleiche Partner bei einem Engagement im Rahmen der Internationalen Filmtage der Menschenrechte, Nürnberg, weder sich noch dem Festival einen Gefallen täte, da die beiden Images nicht kompatibel sind.

festivals, um Aufmerksamkeit für die Werke noch unbekannter Regisseure zu erreichen.[145] Über das gezielte Platzieren eines Filmes auf einem dem angestrebten Filmimage entsprechenden Festival, eventuell sogar mit dort gewonnenen Preisen, kann die Aufmerksamkeit von Festivalbesuchern, Presse wie auch von Finanziers gewonnen werden. Bei dieser Strategie geht es nicht nur darum, den jeweiligen Film an einen Verleih zu verkaufen und mit aussichtsreichen kommerziellen Chancen regulär in Kinos zu starten. Diese Filme werden als eine Zukunftsinvestition in Folgeprojekte angesehen, da eine erfolgreiche Festivalteilnahme die Bankability des Produzenten für Folgeprojekte erhöht. Hat ein Independentfilm genug Aufmerksamkeit im Rahmen der Festivalauswertung gewonnen, steigert dies die Bereitschaft von Finanziers, in Folgeprojekte zu investieren, so können im besten Fall nach und nach kostenintensivere Folgeproduktionen angeschoben werden. Mitunter erhält ein von einem Festival eingeladener Film seitens der Rechteinhaber keine Freigabe. Dies kann an einem später terminierten Festival mit für diesen Film besseren Markt- oder Marketingchancen liegen oder daran, dass das Festivalimage nicht zu den Verwertungsstrategien der Lizenzträger passt. Preisgelder haben nur einen begrenzten Einfluss auf die Freigabeentscheidung. Wenn mehrere Filmfestivals mit einem gleichwertigen Imagepotential sich um einen Film bewerben, dann kann der in Aussicht stehende Preisgewinn Ausschlag gebend sein, dazu muss der ausgelobte Preis sich aber in einer relevanten Größenordnung bewegen.[146]

Das Verhältnis von Filmfestivals zu Filmverleihern ist gerade bei den größeren Filmfestivals ambivalent. Die unterschiedlichen Interessen von Filmverleihern und Filmfestivals sind nicht leicht in Einklang zu bringen. Festivalveranstalter versuchen Filme zu akquirieren, die (noch) nicht in den regulären Spielbetrieb gelangen. Filmverleiher sehen in renommierten Filmfestivals eine Werbeplattform für die noch folgende reguläre Auswertung ihrer Filme im Kinobetrieb. Die Entscheidung, ob ein Film für ein Festival freigegeben wird, hängt für Verleiher von den folgenden imagerelevanten Faktoren ab. Der Erfolg einer Filmpräsentation im Rahmen eines Filmfestivals definiert sich über den Gewinn eines Preises, getätigte oder in Aussicht gestellte Lizenzverkäufe oder große Medien- und Publikumsresonanz. Rückschlüsse auf späteren Erfolg oder Misserfolg im regulären Kinoabspiel sind daraus nicht möglich, da Festivalbesucher sich in Bezug auf das Interesse an Filmen stark von regulären Kinobesuchern unterscheiden, da Filmfestivals von im Vergleich zu regulären Kinobesuchern älteren und anspruchsvolleren Zuschauer besucht werden.[147] Auch die Anzahl der Filmpreise, die sich

---

[145] Gaitanides, Michael: Ökonomie des Spielfilms. München, R. Fischer, 2001

[146] Z.B. Filmfest München: Förderpreis Deutscher Film der HypoVereinsbank, der Bavaria Film und des Bayerischen Rundfunks, dotiert mit insgesamt EUR 50.000

[147] Gaitanides, Michael: Ökonomie des Spielfilms. A.a.O.

zur Imagesteigerung für Werbezwecke in Promotionkampagnen einsetzen lassen, ist begrenzt. Selbst Preise wie die „Palmen" in Cannes oder die „Bären" in Berlin sind innerhalb der Filmverleiher in Hinblick auf ihre Publikumsrelevanz umstritten.[148] Ein Risiko sehen Verleiher und Produzenten auch in den Strukturen der Medienarbeit. Da die Presse auf Grund ihrer Produktionsbedingungen sehr unmittelbar nach Filmende Urteile fällen und Kritiken verfassen muss, ist eine tiefer gehende, reflexive Auseinandersetzung mit dem Dargebotenen kaum möglich, was zu Fehlurteilen führen kann, die im Nachhinein kaum noch abzuändern sind.[149]

Stars brauchen Filmfestivals und Filmfestivals brauchen Stars. Stars sind Schauspieler, die im Laufe ihrer Karriere die Möglichkeit hatten, in wirtschaftlich erfolgreichen oder künstlerisch herausragenden Filmen mitzuspielen, und über diesen Erfolg hinaus ein Starimage zu kreieren. Sie unterscheiden sich von anderen Schauspielern durch den Faktor Prominenz[150], jedoch nicht unbedingt durch herausragende darstellerische Qualität. Da diese Prominenz im Bereich Film ein geldwertes Gut ist, dass von Seiten des jeweiligen Managements im Sinne eines möglichst erfolgreichen = teuren Stars gepflegt wird[151], ist die Auswahl des Managements, welche Filmfestivals besucht werden und welche nicht, geprägt vom ökonomischen Streben nach Werterhalt oder möglicherweise sogar -steigerung.

---

[148] Sh. Kapitel 2.10. Imageunabhängige Kriterien mit Einfluss auf eine Festivalteilnahme sind der Termin und die Einspielerwartungen im regulären Kinoeinsatz. Entscheidend für eine Festivalteilnahme ist auch, ob durch sie mittelfristige Preawareness oder ein kurzfristiger Medienhype direkt zum Kinostart erreicht werden soll. Bei Filmen, die mit den Mitteln der Werbung und des klassischen Marketings schwer zu vermitteln sind, wird im Vorfeld der Veröffentlichung auf Mundpropaganda gesetzt. Diese kann durch erfolgreiche Festivalteilnahmen erreicht werden. Auf der anderen Seite kann man bei Big-Budget-Produktionen auf den Starsog setzen und durch eine Festivalteilnahme kurz vor Filmstart die Medienpräsenz optimieren.

Je größer die Einspielerwartungen an einen Kinofilm sind, desto wichtiger ist für einen Verleih ein bundesweites Medienecho bei einer Festivalteilnahme. Arthousefilme hingegen werden auch auf regionalen Festivals mit lokaler Berichterstattung eingesetzt, um auf der einen Seite Preawareness zu erreichen, auf der anderen Seite das für den später erfolgenden Kinostart anvisierte überregionale Medieninteresse nicht zu früh zu erreichen.

[149] Prechtel, Adrian: „Sanfter Geruch von Sorge. ‚Das Parfum' sollte die Biennale in Venedig eröffnen". In: *Abendzeitung*, 26./27.08.2006

[150] Monaco, James. A.a.O.

[151] "Ein Star muss nicht notwendigerweise ein guter Schauspieler, eine gute Schauspielerin sein bzw. Fähigkeiten besitzen, verschiedene Charaktere zu verkörpern. Wichtiger für die Starqualität ist die Fähigkeit, in den Rollen Träume zu binden und zu befriedigen, nicht zuletzt erotischen Phantasien zu entsprechen. Folglich entsprechen Stars Stereotypen und variieren sie in Folge ihrer Filme." Rother, Rainer. Sachlexikon Film. 1997, S. 276. Zitiert nach Gaitanides, Michael: Ökonomie des Spielfilms. A.a.O.

So liegt es in der Logik des Starsystems, jenseits der Verhältnismäßigkeit einen hohen Forderungskatalog an Filmfestivals zu stellen (sei es vom Privatjet bis zur Luxussuite), publikumsnah oder unerreichbar aufzutreten, um das Image des Stars zu stützen. Über einen Auftritt bei einem imageträchtigen Festival kann wiederum die Position eines Stars innerhalb des „rat races"[152] gestärkt werden, Auftritte bei dem Starimage abträglichen Filmfestivals können diese Position verschlechtern.[153] Filmfestivals setzen ihrerseits immer häufiger Mainstreamfilme mit vor allem US-amerikanischen Stars vor oder hinter der Kamera ein, um die eigene Veranstaltung möglichst breit gestreut in der Presse zu platzieren.[154] Der Wunsch, Regisseure und Schauspieler live auf der Bühne zu sehen, verleiht für den Zuschauer diesen Vorstellungen eine Aura des Einmaligen. Es ist sehr unterschiedlich, inwieweit sich Stars und Prominente auf dieses für Festival wie Zuschauer wichtige Ritual einlassen. Das reicht vom einfachen Gang über den Roten Teppich über Interviews mit Pressevertretern bis hin zu ausgiebigen Autogrammen und Händeschütteln mit Fans, vom stummen Winken von der Bühne bis zu ausgedehnten Publikumsdiskussionen. Häufig kommt es vor, dass die Stars selbst zur Premierenfeier wenn überhaupt nur kurz erscheinen, sich erst in den abgeschirmten VIP-Bereich und bald darauf auch schon wieder ins Hotel zurückziehen. Wie nachhaltig negativ dieses Verhalten nicht nur für das Image des Stars sondern auch des Filmfestivals ist, hängt von der entsprechenden Medienresonanz auf den Auftritt ab.

## 2.11. Zur Problematik, den vielfältigen Erwartungshaltungen unterschiedlicher Nutzergruppen gerecht zu werden

Fällt im Rahmen einer öffentlichen oder internen Festivalnachbetrachtung die Frage nach Erfolg oder Misserfolg einer Veranstaltung, kreisen die Diskussionen schnell um die Höhe der Besucherzahlen und Umsätze, da diese vergleichbare Werte mit vorherigen oder anderen Veranstaltungen liefern und Steigerungen oder Absenkungen schnell als Erfolg oder Misserfolg interpretiert werden können. Zahlen gelten als objektiv und sind, wie von der Mehrzahl der Medien und auch immer häufiger auch Seitens der Förderer gewünscht, für die öffentliche Darstellung leicht allgemeinverständlich kommunizierbar. Jedoch greifen diese

---

[152] Gaitanides, Michael. Ökonomie des Spielfilms. A.a.O., S. 12

[153] Den Wert des Auftritts bestimmt lediglich der öffentlich wahrnehmbare Teil, wie sich die gleiche Person privat, jenseits der öffentlichen Wahrnehmung verhält, ist für den Wert des Stars unerheblich.

[154] Filmfestspiele Cannes 2003: ‚Matrix Reloaded'. Begleitende Stars: u.A. Kenau Reeves, Larry Fishburn. Internationale Filmfestspiele Berlin 2003: ‚Chicago'. Begleitende Stars: u.A. Richard Gere, Cathrine Zeta Jones, Rene Zellweger. Filmfestspiele Venedig 2003: ‚Shark Tales'. Begleitende Stars: u.A. Will Smith, Robert DeNiro.

Parameter als alleinige Erfolgsmaßstäbe zu kurz, da man hieran über jährliche Steigerungen, Stabilität oder Abnahme der Besucherzahlen und Umsätze im internen Vergleich und im Verhältnis zur Spartenkonkurrenz hinausgehende kulturpolitisch relevante Aussagen nicht treffen kann. Kulturelle Veranstaltungen können schon aus ihrem Anspruch heraus nicht alleine auf statistische Werte reduziert werden.[155] Zudem gilt es, unterschiedliche Zielvorstellungen verschiedener Nutzergruppen zu berücksichtigen und jeweils dafür adäquate Erfolgsparameter zu definieren. Die vier hierbei vorrangig zu berücksichtigenden Nutzergruppen sind Veranstalter, Förderer, Sponsoren und Medien. Der Wunsch oder auch die Pflicht zur Erfolgskontrolle liegt in den unterschiedlichen Zielsetzungen dieser vier Gruppen und muss für jede individuell beantwortet werden. Die Erfolgskontrolle aus Sicht der regulären Besucher schließt sich hieran an, ist auf Grund der rein persönlich motivierten Erwartungshaltungen mit den institutionellen nicht vergleichbar.

Gerade in Zeiten des stetig steigenden Kostendrucks – selbst eine Stagnation der Förderbeträge kommt angesichts von Inflations- und Preissteigerungsraten einer Etatkürzung gleich – besteht Seitens des Festivals bei der Erfolgsdefinition die Gefahr, sich von ursprünglichen, mit unter schwer kommunizierbaren kulturpolitisch motivierten Zielen zu Gunsten scheinbar klarer, einfach kommunizierbarer Erfolgsbilanzen zu entfernen. Je höher der Kostendruck auf eine geförderte oder gesponserte Veranstaltung wird, umso akzeptabler kann der Gedanke erscheinen, die ursprünglichen Ziele zugunsten einer größeren Breitenwirkung zu verändern, die Veranstaltung zu eventisieren.

> „Je mehr der Erlebnismarkt ausufert, je mehr Publikum zum knappen Gut wird, desto eher sind die Anbieter auch mit kulturpolitischem Handlungsfeld bereit, ihre offizielle Anspruchshaltung durch eine inoffizielle Bereitschaft zu unterlaufen, sich dem Geschmack des Publikums anzupassen. Es ergibt sich eine wachsende Diskrepanz zwischen manifester Ambitioniertheit der Kulturpolitik und latenter Bequemlichkeit der ästhetischen Praxis öffentlicher Kulturarbeit."[156]

Die Vielzahl der unterschiedlichen Zieldefinitionen und Erfolgsmessungen macht deutlich, wie wichtig eine festivalinterne Zielplanung ist, um nicht in der Vielfalt der unterschiedlichen Ziele die eigenen aus den Augen zu verlieren. Im Folgenden werden die vier Nutzergruppen und ihre jeweiligen Zielsetzungen dargelegt und angemessene Erfolgsmaßstäbe diskutiert. Es ist notwendig, auf allen Ziel-

---

[155] „Darüber hinaus wird die Zuverlässigkeit dieser Angaben nicht sonderlich hoch eingeschätzt, da eine Kontrolle kaum möglich ist." Aas, Nils Klevjer. Streiflichter: Quantifizierung des Phänomens „Europäische Filmfestivals". Vortrag des Autors auf der von der Europäischen Union veranstalteten Konferenz zum Thema „Angemessene Förderung europäischer Filme" während der Internationalen Filmwoche in Valladolid (Spanien) 1997 www.obs.coe.int/online_publication/expert/00001262.html (Letzter Zugriff: 29.01.2004)

[156] Klein, Armin: Kultur-Marketing. A.a.O.

ebenen kontinuierlich das Erreichte mit dem ursprünglich Angestrebten und konkret Erreichbaren abzugleichen.

Die deutliche Formulierung von Zielen, die mit der Durchführung von Filmfestivals erreicht werden sollten, ist bei Festivalveranstaltern sehr unterschiedlich ausgeprägt. Gerade im Bereich der kulturpolitischen Zielsetzungen gibt es Defizite, die es zu beheben gilt, um sich im Konkurrenzumfeld um verfügbare Förderungen argumentativ gestützt und für Dritte nachvollziehbar platzieren zu können. Als Diskussionsgrundlage zur Entwicklung von Zielformulierungen bietet sich der Operationalitätsansatz von Gallus[157] an, durch den ein Vergleich mit dem Sparten- ebenso wie mit Veranstaltungen aus dem Kulturkonkurrenzumfeld weitgehend durchführbar ist. Nach Gallus erfolgt die Zieldefinition in drei Bereichen:

Zielinhalt: Was soll erreicht werden?

Zielausmaß: Welcher Zielerreichungsgrad wird angestrebt?

Zielperiode: In welchen Zeiträumen sollen die Ziele erreicht werden?

Bei der Formulierung der Ziele gilt es gerade wegen möglicher finanzieller Abhängigkeiten von Zuwendungen durch Förderer und Sponsoren und deren Zielsetzungen, darauf zu achten, die festivaleigenen Ziele zu formulieren, die notwendig sind, um sich innerhalb der Spartenkonkurrenz eindeutig zu Positionieren und diese selbst gesteckten Ziele nicht aus den Augen zu verlieren. Dies gilt insbesondere für unabhängige Veranstalter, die in keinem rechtsverbindlichen Abhängigkeitsverhältnis von Bund, Ländern oder Gemeinden stehen.

Während staatlich initiierte Festivals zumeist mit eindeutigen kultur- und wirtschaftspolitischen Zielsetzungen gegründet werden, sind unabhängig gegründete Festivals häufig ohne klar definierte kulturpolitische Ziele entstanden, zumeist einfach aus dem persönlichen Wunsch der Initiatoren, ein Filmfestival durchzuführen. Zentrales Anliegen war oftmals schlicht der Wunsch, dem persönlichen Empfinden nach sehenswerte oder themenspezifisch relevante Filme einer breiten Öffentlichkeit zu präsentieren, die im regulären Kinoalltag kaum oder gar keine Abspielchancen haben. Bei verschiedenen Interviews zeigte sich, dass kultur- oder bildungspolitische Ziele unbewusst durchaus verfolgt werden, ihre ausdrückliche Artikulation bis dato jedoch nicht stattgefunden hat, da die Notwendigkeit dazu nicht gegeben war oder entsprechende Kenntnisse zum Stand der aktuellen kulturpolitischen Diskussion und deren Ziele fehlen.

Zur Ausformulierung der Zieldefinition ist es notwendig, dass ein Festival sich im ersten Schritt vergegenwärtigt, welche Ziele mit Filmfestivals generell erreichbar sind. Welche dieser Ziele im Einzelfall erreichbar sind richtet sich nach

---

[157] Gallus, Thomas. A.a.O. S. 39

der individuellen Festivalausrichtung. Es müssen die je nach Festivalprofil angestrebten und erreichbaren Ziele herausgearbeitet werden, ohne den Versuch zu
unternehmen, in zu viel verschiedenen Bereichen Relevanz zu erreichen, da dies
einem klaren Profil entgegenläuft. Im nächsten Schritt muss festgelegt werden,
welcher Zielerreichungsgrad angestrebt wird. Dies geschieht in Verbindung mit
der zeitlichen Zielvorgabe, da sich beide Punkte zumindest teilweise bedingen.
Es wird zwischen kurz-, mittel- und langfristigen Zielen unterschieden und eine
Gewichtung der Zielsetzungen vorgenommen. Das Erreichen der vorab festgelegten Auslastungsquoten zählt zu den kurzfristigen, vollständig anzustrebenden
Zielen, da hiervon über eingeplante Einnahmen zumeist auch die Einhaltung der
zugrunde gelegten Kalkulationen abhängig ist. Weitergehende Ziele wie die Einbindung von Schulen und die Durchführung von Workshops gehören in den Bereich der mittelfristigen Ziele, da es gilt, interessierte Lehrkräfte zu finden und
die Planungen zeitlich und organisatorisch mit den Schulklassen abzustimmen.
Weitere mittelfristige Ziele sind der Aufbau eines positiven Images innerhalb der
diversen Konkurrenzumfelder. Das Erreichen einer Imagesteigerung und optimalen Positionierung innerhalb der Konkurrenzumfelder gehört zu den langfristigen Zielen. Diese Imagesteigerungen sind in der Regel auch für Etatsteigerungen durch Anhebung der Förderbeträge oder verstärkte Sponsorengewinnung
notwendig, weswegen dieses Ziel ebenfalls zu den mittel- bis langfristigen Zielen
zählt. Zu Durchsetzung einer Etataufstockung muss in der Regel der Nachweis
einer gestiegenen Relevanz, einer verbesserten Stellung innerhalb der Konkurrenzumfelder oder ein gesteigertes öffentliches Interesse am weiteren Ausbau der
Veranstaltung nachgewiesen werden.

Da es nicht möglich ist, alle gesteckten Ziele gleichzeitig in vollem Umfang zu
erreichen, ist es notwendig, eine Gewichtung innerhalb der Zielvorgaben vorzunehmen: Welchen Stellenwert nehmen die eigenen kulturpolitischen Ziele ein? In
welchem Verhältnis stehen sie zu den kultur- und wirtschaftspolitischen Erwartungen, welche Förderer und Sponsoren mit einem Engagement verbinden? Im
letzten Schritt geht es daher darum festzulegen, welche dieser Ziele in kurz-,
mittel- und langfristigen Zeiträumen erreicht werden sollen. Diese temporale
Zielsetzung verdeutlicht, welche komplexen Ziele nicht mit einmaligen Veranstaltungen erreicht werden sollen und bei welchen Zielvorgaben es notwendig ist,
den Grad ihres Erreichens kontinuierlich zu überprüfen um bei Abweichungen
vom ursprünglichen Plan gezielt reagieren zu können. Ebenso ist es notwendig,
die mittel- und langfristigen Ziele immer wieder zu hinterfragen und gegebenenfalls zu aktualisieren, damit die langfristigen Ziele mit der realen Festivalentwicklung korrelieren und sich ändernden kulturpolitischen Schwerpunkten anzupassen. Dies darf jedoch nicht dazu führen, dass langfristige nachträglich den
kurz- und mittelfristig erreichten Zielen angepasst werden, um Abweichungen
nachträglich zu verschleiern. Dogmatisches Festhalten an einmal gesetzten Zie-

len ist hierbei ebenso sinnlos, wie das Ausrichten am bisher Erreichten und die unreflektierte Aufgabe der ursprünglichen Ziele.

Gerade Spartenkultur zeichnet sich durch eine geringe Zielgruppengröße aus. Während die kulturpolitischen Ziele eindeutig zu definieren sind, ist die Formulierung einer Erfolgsmessung dieser ungleich schwieriger. Quantitativ erfassbare Bereiche wie Einnahmen oder Auslastungsquoten lassen sich anhand eines Abgleichs von Vorgaben und realen Zahlen miteinander vergleichen, Abweichungen nach oben oder unten gilt es gezielt zu analysieren, um Rückschlüsse für zukünftige Programmplanungen, Etatpläne und kulturpolitischen Zielvorgaben zu bekommen. Ein Festival, das z.B. 50% Gesamtauslastung hat, kann durchaus genauso erfolgreich sein, wie ein Festival mit höherer Auslastung weniger erfolgreich gewesen sein kann, wenn diese Auslastungsquoten von den ursprünglichen Planungen nach oben oder unten abweichen. Um Besucherzahlen als aussagekräftiges Erfolgskriterium interpretieren zu können, ist es notwendig vorab festzulegen, welche Auslastungsquoten oder absoluten Besucherzahlen mit einzelnen Beiträgen erreicht werden sollen. Darüber hinaus gilt es im Nachhinein aber auch, unvorhersehbare externe Einflüsse auf den Besucherzuspruch zu berücksichtigen, wie extreme Wetterlagen wie im Sommer 2003 oder weltpolitisch relevante Ereignisse wie die Attentate auf das World Trade Center am 11. September 2001. Erst durch den Vergleich zwischen geplanten und erreichten Besucherzahlen unter Berücksichtigung der externen Einflüsse bekommen Auslastungszahlen und die Höhe der Einnahmen eine fundierte Aussagekraft über den Erfolg einer Veranstaltung. Bei der Beurteilung der Einnahmen ist auch eine detaillierte Betrachtung der Zusammensetzung der einzelnen Einnahmepositionen notwendig. Ein vermehrter Verkauf an vergünstigten Tickets kann bei gleich bleibenden oder sogar gestiegenen Besucherzahlen zu realen Einnahmerückgängen führen und die Bilanz scheinbar trüben. Erst durch solche ergänzenden Analysen können statistische Werte zur Erfolgsmessung herangezogen werden.

Schwieriger ist das Erreichen idealer, kulturpolitischer Zielsetzungen zu kontrollieren, die sich statistischen Messungen entziehen, wie die Förderung des rezipierenden oder produzierenden Nachwuchses oder von künstlerischen, ästhetischen oder politischen Grenzbereichen. Das Problem ist die Festlegung der Kriterien und Maßstäbe, mit denen die Erfolgsmessung stattfinden kann. Sie ist der Gegenwart verschlossen und wird erst aus der Distanz sichtbar, da Wirkungsforschung historische Forschung ist. In welchem Maße die Einbindung von Schulen zur Bildung individueller ästhetischer oder sozialer Werte beiträgt, ließe sich allenfalls in aufwendigen Langzeitstudien nachweisen, deren Durchführung Festivals logistisch und finanziell überfordern. Auch der Erfolg der Förderung des produzierenden Nachwuchses ist nur schwer zu beurteilen, da man zwar die weitere Laufbahn anhand der folgenden Produktionen nachvollziehen kann, eine Aussage über den künstlerischen Wert dieser Werke jedoch schwer zu formulieren ist. Noch am ehesten lassen sich Erfolge bei jenen Festivals nachverfolgen, die (Förder-)Preise ausloben und die Karrieren dieser Preisträger weiterverfolgt werden können. Inwieweit jedoch der einzelne Preis zur Karriereförderung beigetragen hat, ist nicht nachweisbar. Auch entziehen sich diesen Erfolgsmessungen jene Filmemacher und Produzenten, die sich mit aktuellen Werken aus eigener Entscheidung oder auf Druck Dritter nicht mehr an Festivals beteiligen.

Noch problematischer ist die Erfolgskontrolle in den Bereichen ästhetische Bildung und dem dauerhaften Gewinnen von an kulturell wertvollen Filmen interessierten Kinobesuchern. Es ist nicht möglich, Quoten für herausgebildeten ästhetischen oder künstlerischen Geschmack aufzustellen, geschweige denn zu kontrollieren, ob solche Quoten erreicht werden. Die langfristige Kontrolle der Entwicklung der Besucherzahlen in Vorstellungen künstlerisch wertvoller Kinofilme hat keine Aussagekraft über den Einfluss der Festivals darauf. Hierzu wäre eine Langzeitstudie zum Rezeptionsverhalten von Kinogängern notwendig mit der Unterteilung nach Zuschauern, die schon früh Filmfestivals besuchten und jenen, die nur Filme aus dem regulären Filmprogramm anschauen. Ebenso schwierig ist festzustellen, ob durch Filmfestivals bei Kindern und Jugendlichen weitergehendes Interesse an anspruchsvollen Kinofilmen geweckt werden kann. Die Besucherzahlen in regulären Kinder- und Jugendkinovorstellungen mit den Zahlen vor und nach Festivals zu vergleichen lässt keine verlässlichen Rückschlüsse auf die nachhaltige Wirkung des Festivalbesuchs zu, da es zu viele externe Faktoren gibt, die Kinder und Jugendliche vom weiteren Kinobesuch abhalten können. Dazu gehören unter anderem das Filmangebot, Preisentwicklung, Taschengeld oder Ausbildungseinkommen, die Frage, ob es überhaupt ein erreichbares Kino im Lebensumfeld gibt, zu diesen Faktoren.

Seitens der Veranstalter ist wiederum insbesondere das Medienecho ein wichtiges Mittel als Erfolgsbeleg, da ein umfangreicher Pressespiegel für Förderer und Sponsoren häufig mehr wiegt und auch haptisch greifbar ist, als weniger leicht sichtbare Resultate. Da vor allem Filmfestivals mit spitzer Zielgruppe jedoch Probleme haben, von Publikumstiteln wahrgenommen zu werden, zumal wenn sie sich in einem starken Konkurrenzumfeld bewegen, ist eine Erfolgsbeurteilung anhand des formalen Bestandes eines Pressespiegels wenig aussagekräftig. Auch sind Kritiken und Nachbesprechungen nur bedingt aussagekräftig, da diese breitenwirksame Filmtitel deutlich stärker thematisieren als kulturell anspruchsvolle Werke ohne prominente Besetzung.

Die Zielformulierung der Förderer ergibt sich aus den Interessen der Förderinstitutionen, die in der Regel den Förderrichtlinien zu entnehmen sind. Je nachdem, ob die Förderung aus kultur- oder wirtschaftspolitischen Gründen erfolgt, liegen auch die Förderziele in den Bereichen Kulturpolitik, Standort- oder Wirtschaftsförderung, deren Stärkung mit einer Förderung der Veranstaltung erwartet wird. Jedoch sind auch mit primär kultur- oder wirtschaftspolitisch ausgerichteten Förderungen mitunter gleichzeitig die jeweils anderen Ziele erreichbar. Gerade im kulturellen Bereich ist es unangemessen, von Förderempfängern den Einsatz haushalttechnischer Instrumente wie die Einführung von Kennzahlen einzufordern, da sich kulturelle Leistungen nur bedingt in wirtschaftliche Schemata einfügen lassen. Wirtschaftliche Kontrollinstrumente wie Rentabilitätsanalysen, erscheinen aus finanz-, arbeitsmarkt- und wirtschaftspolitischen Aspekten verlockend, da die Förderer den Wirkungsgrad ihrer Unterstützung so messen und den Mittelrückfluss über Steuereinnahmen und Belebungen des Arbeitsmarktes errechnen können. Jedoch ist dieses Instrument zur Erfolgskontrolle nur einem Teilbereich aller Filmfestivals angemessen, da eine die gesamte Spannbreite an Festivals gleichermaßen gerecht beurteilende Berechnung nicht möglich ist, da Umwegrentabilitätsanalysen erst ab einem gewissen Schwellenwert bei der Festivaletatgröße aussagekräftig sind, sowie bereits die inhaltliche Ausrichtung der Veranstaltung mit entscheidend über den möglichen Mittelrückfluss oder die direkte und indirekte Schaffung von Arbeitsplätzen ist.

Wesentlich wichtiger ist jedoch, dass es nicht Aufgabe staatlicher Kulturförderung sein kann, möglichst wirtschaftliche Kultur zu fördern.[158] Der für Veranstalter größerer Festivals in diesem Zusammenhang verlockende Ansatz, die öffentliche Förderung kultureller Veranstaltungen über ihre kulturökonomische Relevanz zu rechtfertigen und als Erfolgsindikator beispielsweise die reinen Auslastungszahlen oder tourismusrelevanten Effekte wie Hotelübernachtungen oder Konsumausgaben der auswärtigen Besucher der geförderten Veranstaltungen anzusetzen, widerspricht einer inhaltlich fundierten, aktiv an kulturellen Zielen ausgerichteten Kulturpolitik. Kreativität und der Grad kulturpolitischer Relevanz einer kulturellen Veranstaltung lassen sich nicht anhand von Besucherzahlen, Umsatz und Mittelrückfluss messen.

Die mit einer Förderung angestrebten Ziele seitens der Förderinstitutionen sind in der Regel in deren Antragsrichtlinien formuliert. Bei der Beurteilung der Förderanträge, in wie weit sie förderungsfähige Ziele verfolgen, ist zumeist ein Interpretationsspielraum gegeben, der ja nach Interessenlage der Förderer enger oder weiter ausgelegt wird. Neben den bei der Analyse der Veranstalterinteressen beschriebenen kulturpolitischen Ziele und den Problemen in der Nachweisbarkeit können Förderer weitere Ziele verfolgen. Je nach lokaler, regionaler, nationaler oder internationaler Ausrichtung der Veranstaltung können hierzu den Tourismus fördernden Aspekte ebenso zählen wie die Stärkung der örtlichen Wirtschaft oder sozialer wie wirtschaftlicher Randgebiete. Auch die Wahrung kultureller Vielfalt und die Stärkung von nicht-kommerzieller Filmkunst fallen ebenso hierunter wie die Imagestärkung von Regionen.

---

[158] Vergleiche auch Bendixen, Peter. A.a.O. S. 40

Die Messung der bei Antragsbewilligung beabsichtigen wirtschaftspolitischen und möglicherweise Tourismus fördernden Ziele ist, wie bereits erwähnt, in eingeschränktem Rahmen anhand von Umwegrentabilitätsanalysen durchführbar. Imagekontrollen lassen sich über Erhebungen bei Unternehmen, Anwohnern und Touristen durchführen. Neben den bei Zulieferern betroffenen Arbeitsplätzen sind weitere Belebungseffekte des ersten Arbeitsmarktes möglich. Aus den Erfahrungen und mit den erworbenen Qualifikationen können sich für Mitarbeiter der Filmfestivals Chancen zu einem beruflichen Neuanfang ergeben, indem das im Rahmen der Filmfestivals erworbene oder entwickelte Fachwissen zu einer allgemeinen Dienstleistung weiterentwickelt wird.[159] Dies lässt sich durch erfassen der aus Festivalmitarbeit heraus gegründeten Unternehmen oder angebotenen Dienstleistungen ermitteln. Darüber hinaus bestehen hier die gleichen Probleme in der Erfolgskontrolle, wie bei den Veranstaltern, da keine objektive Möglichkeit der Erfolgsmessung über das Erreichen kultureller Ziele existiert.

Um einen Sponsor langfristig zu binden ist es notwendig, dass im Vorfeld Erfolgskriterien für das Engagement festgelegt werden. Diese müssen dann durch verschiedene Erhebungsmaßnahmen abgefragt werden können. Ohne klare Zielvorstellungen ist eine abschließende Erfolgskontrolle des Sponsorenauftritts nicht möglich und damit die Wahrscheinlichkeit für ein dauerhaftes Engagement geringer als bei klar definierter Erwartungshaltung und deren nachweisbarer Erfüllung. Der Bereich Sponsoren muss unterschieden werden in die Gruppe der Großsponsoren, die mit ihrer finanziellen oder materiellen Unterstützung wirtschaftliche oder Marketingziele verfolgen. Die zweite Gruppe sind Kleinsponsoren, deren Engagement weniger durch Marketingziele als persönliche, subjektive Entscheidungen bestimmt wird.

Für eine tragfähige Kooperation muss beiderseits Klarheit über die jeweiligen Erwartungen bestehen, die des Sponsors an das Festival wie auch umgekehrt die des Festivals an den Sponsor. Dem Sponsor gegenüber müssen das externe Festivalimage, die Position innerhalb des Konkurrenzumfeldes sowie das Besucherprofil realistisch dargestellt werden, damit der Sponsor überprüfen kann, ob er mit einem Engagement seine Marketingziele erreichen kann. Anschließend müssen sich Sponsor und Veranstalter für die Einbindung in das Festival auf die Gegenleistungen verständigen, seien es nun finanzielle, materielle oder ideelle. Es folgt die Festlegung der Einbindungsmöglichkeiten des Sponsors im Vorfeld und im Rahmen des Filmfestivals, um ihm einen optimalen Auftritt zu ermöglichen, ohne das Festivalimage zu gefährden. Auch müssen die Bereiche, in denen der

---

[159] So entstanden etwa aus dem Internationalen KurzFilmFestival Hamburg die KurzFilm-Agentur Hamburg und subs, eine Agentur, die sich auf die Übersetzung von Filmdialogen und die unterschiedlichsten Formen der Untertitelung oder des Voice over spezialisiert hat. (Siehe auch Kapitel 3.2.)

Sponsor nicht auftreten kann, klar benannt werden. Ebenso muss das Festival darstellen, welche darüber hinaus gehenden Auftritte eventuell lang-, mittel- und kurzfristig möglich sind, um den Entwicklungsspielraum eines Sponsorenengagements aufzuzeigen.

Wie bereits vorher dargelegt ist es für Sponsoren primär bedeutungslos, ob sie eine kulturelle Veranstaltung oder ein Event unterstützen, entscheidend ist allein die Frage, ob die vom Sponsor mit einem Festivalsponsoring anvisierten Ziele erreicht werden können. Diese liegen beim Sponsoring weniger im Bereich der direkten Absatzförderung, als vielmehr in den Bereichen der positiven Imagebeeinflussung, der Stärkung der Kundenbeziehung im Bereich der Metakommunikation und dem Erreichen von Kunden, die mit traditionellen Werbemaßnahmen nicht erreicht werden können. Die gesponserten Veranstaltungen müssen in die bestehende Markenwelt passen, sollen zu ihrer Verstärkung dienen. Die Werbeaktivitäten im Rahmen der Veranstaltung müssen sich in den übrigen Werbeauftritt integrieren lassen. Neben der allgemeinen Kundenansprache dienen Festivals auch der Bindung von Key Account oder wichtigen Privatkunden, deren Wertschätzung für den Sponsor mit Einladungen zu Veranstaltungen, mit gesonderten VIP-Bereichen und evtl. Meet-and-Greet-Gelegenheiten mit Festivalgästen betont werden sollen. Bei Kleinsponsoren liegt das Interesse häufig jenseits von Marketingstrategien auf einer persönlichen Ebene, die fast schon in den Bereich des Mäzenatentums zugerechnet werden kann. Die Unterstützung der Veranstaltung beruht auf einer engen persönlichen Bindung, zur Vermeidung weiterer Förderanfragen durch Dritte wird eine werbliche Einbindung mitunter ausdrücklich nicht gewünscht.

Die Erfolgsmessung kann hier auf zwei Ebenen erfolgen. Durch Befragung der regulären Besucher während und nach der Veranstaltung ebenso wie das persönliche Gespräch mit den VIP-Kunden können die Sponsorenauftritte und ihre Wirkung ermittelt werden.[160] Anhand dieser Erkenntnisse kann der Erfolgsgrad gemessen und über eine Fortführung des Sponsorenengagements und dessen Optimierung oder Ausweitung entschieden werden. Kleinsponsoren aus dem Mittelstand bedienen sich aus Kostengründen selten dieser Mechanismen und handeln und bewerten die Erfolge eher aus einem „Bauchgefühl" heraus.

Das Interesse der Medien an Filmfestivals richtet sich nach der anvisierten Zielgruppe. Eine Festivalberichterstattung dient der Information der Mediennutzer über die sie ansprechenden Festivalteilaspekte, im Bereich Pay-TV ggf. der Abonnentenbindung oder im Falle der öffentlich-rechtlichen Rundfunk- und TV-

---

[160] In wieweit stichhaltige Aussagen zur Wirkung der Stärkung der Markenwelt und der individuellen Kundenbindung getroffen werden können, ist innerhalb der Wirkungstheorie von Sponsoring umstritten.

Sender der Erfüllung des Kulturauftrages. Das allgemeine Medieninteresse richtet sich wegen des höheren Bekanntheitsgrades und der entsprechenden Breitenwirkung des Langfilms im Vergleich zum Kurzfilm weitgehend auf Langfilmfestivals. Das Staraufkommen und die Anzahl internationaler oder nationaler Erstaufführungen konzentrieren das Medieninteresse hier wiederum auf wenige Festivals. Dazu gehören an erster Stelle die Berlinale, das Filmfest München und auf Grund ihrer historisch begründeten exponierten Stellung innerhalb des Kernkonkurrenzumfeldes als ältestes deutsches Kurzfilmfestival die Internationalen Kurzfilmtage Oberhausen. Durch eine intensive Berichterstattung über diese drei Festivals ist der überregionale Informationsbedarf der breiten Bevölkerung über Filmfestivals nach Ansicht von Journalisten oder Redakteuren abgedeckt. An der Berichterstattung über Filmfestivals lässt sich jedoch auch die Diskrepanz zwischen dem Interesse der Filmkritiker und der Redaktion belegen. Filmfestivals waren für Kritiker lange Zeit eine Möglichkeit, sich eingehender mit Filmen jenseits kommerzieller Filmstarts zu befassen und jenseits des Servicecharakters der heute üblich gewordenen Nutzungskritiken mit Empfehlungscharakter „lohnt" / „lohnt nicht" zu schreiben, so werden in Publikumstiteln selbst diese Möglichkeiten mehr und mehr eingeschränkt und es muss hierzu auf Nischenpublikationen oder das Internet ausgewichen werden.[161] Für weitergehende Berichterstattung besteht laut Aussage von Kulturredaktionen entweder kein Bedarf bei den Mediennutzern oder es ist innerhalb des redaktionellen Umfeldes nicht genug Platz angesichts relevanterer oder breitenwirksamerer Themen. Bei der Frage nach dem Umfang der Berichterstattung konkurrieren Filmfestivals nicht nur mit anderen Meldungen aus dem kulturellen Bereich, sondern auch mit aktuellen Berichten zu breitenwirksameren Meldungen aus Bereichen wie Sport oder Boulevard.

Die Zieldefinition der Medien richtet sich nach ihrer Relevanz für die jeweiligen Zielgruppen. Fachzeitschriften wie epd film, screen international oder Filmecho/Filmwoche interessieren sich für inhaltliche, künstlerische Tendenzen des Filmprogramms, für Fachveranstaltungen, anwesende Branchenvertreter, wirtschaftliche Tendenzen und das Staraufkommen, kurz branchenrelevante Informationen. Publikumstitel sind in erster Linie an Filmen mit bereits bekannten Darstellern oder von bekannten Regisseuren interessiert sowie in begrenztem Maße an Neuentdeckungen, so sich diese breitenwirksam kommunizieren lassen. Medientauglich sind ebenfalls Informationen rund um das Filmfestival aus dem Bereich Boulevard. Detaillierte Brancheninformationen sind für Publikumstitel ohne Belang, da dem Leser kein Interesse daran oder mangelndes Verständnis dafür unterstellt wird. Insbesondere die Boulevardpresse interessiert sich zumeist

---

[161] Nicodemus, Katja. Auf der anderen Seite. / Nord, Cristina. Der Tiger im Baum. In: Revolver, Heft 14. Verlag der Autoren, Frankfurt 2006

gar nicht für das Kulturgut Film, das gesellschaftliche Geschehen auf dem roten Teppich ist wichtiger als das kulturelle auf der Kinoleinwand.

Im Gegensatz zur von Pressevertretern immer wieder betonten Forderung an Filmfestivals nach Beiträgen jenseits des Bekannten, nach ästhetisch anspruchsvollen Filmen für kleinere Zielgruppen, findet in den meisten Medien die Berichterstattung in erster Linie über Hollywood-Produktionen und bereits bekannte Personen Platz. Das Beispiel Berlinale zeigt alljährlich, dass ein noch so gut besetztes Filmprogramm weniger wichtiger für den Erfolg in der Breitendiskussion ist, als das Staraufkommen aus Hollywood, wie sich in der in Kapitel 3 nachfolgenden Einzelfallanalyse zeigen wird.

Dementsprechenden ist die Erfolgsmessung der Medien, insbesondere seitens der das breite Publikum ansprechenden, einfach gehalten: Sind die angekündigten Stars gekommen? Wie viele Premieren haben stattgefunden, wie hoch waren Besucherzahlen und Einnahmen? Detaillierte Erfolgsinformationen sind nur für Fachmedien interessant, da diese für die Zielgruppen der Publikumsmedien nicht knapp genug zu kommunizieren sind.[162]

Eine Erfolgsmessung auf Besucherseite ist im Kino an den spontanen Reaktionen auf die vorgeführten Filme möglich, Applaus ebenso wie Ergriffenheit oder konstruktive Überforderung. Auch sind Stammbesucher ein Zeichen für eine gelungene Programmierung oder erfolgreiche Zielgruppenansprache. Darüber hinaus kann an der perspektivischen Entwicklung der Besucherauslastung abgelesen werden, ob es gelingt, Besucher an bestimmte Programmsparten, Filme oder Präsentationsformen (z.B. Originalfassungen oder untertitelte Originalfassungen) heranzuführen.

## 2.12. Möglichkeiten und Grenzen der Anwendung von Umwegrentabilitätsanalysen zur Filmfestivalbewertung

Anhand von Umwegrentabilitätsanalysen lässt sich ermitteln, wie groß das Wirtschafts- und Steueraufkommen je Euro auch bei der Förderung von kulturellen Veranstaltungen ist. Dabei wird berücksichtigt, wie viele Arbeitsplätze direkt und indirekt entstehen, wie groß die Wirtschafsförderung bei Zulieferbetrieben und im zuarbeitenden Dienstleistungssektor ist und welche Auswirkungen die Veranstaltungen im Bereich Tourismus durch Reisekosten, Übernachtungen, Verzehr und weiteren Konsum haben und wo diese Effekte lokal und regional anfallen.[163] Eine Umwegrentabilitätsanalyse erhält jedoch erst dann eine relevante Aussage-

---

[162] Die daraus resultierenden Unzulänglichkeiten der Nachberichterstattung durch unzulängliche Erfolgskriterien wurden bereits im Vorfeld erläutert.

[163] Heinrichs, Werner; Armin Klein: Kulturmanagement von A-Z. München: Deutscher Taschenbuch Verlag, 2001

kraft, wenn die bei der Auswertung erzielten Effekte im Vergleich mit den Werten anderer Investitionsmöglichkeiten der gleichen Fördersummen betrachtet werden.[164] Matthias Munkwitz verweißt auf die Notwendigkeit des Vergleichs unterschiedlicher Einsätze der Fördermittel zur aussagekräftigen Bewertung der Ergebnisse solcher Analysen hin.

> „Erst wenn man den Multiplikator im Vergleich zu Umwegrentabilitätsanalysen aus vergleichbaren kulturellen Veranstaltungen betrachtet, ergeben sich aussagekräftige Daten. Nimmt man als Bezugsgröße der Berechnung nur die Höhe der Investitionen, dann könnte der daraus folgende Multiplikator möglicherweise einen höheren Wert erreichen, wenn die Ausgaben in einen anderen Bereich fließen würden."[165]

Ein grundlegendes Problem beim Einsatz von Umwegrentabilitätsanalysen zur Bewertung der Förderwürdigkeit von Filmfestivals liegt in der rein wirtschaftlichen Ausrichtung der Analyseansätze. Bewertungen nichtwirtschaftlicher Effekte können und sollen hiermit nicht vorgenommen werden. Zudem sind diese Analysen nur für Veranstaltungen aussagekräftig, die über eine kritische Grenze hinaus über finanzielle Mittel verfügen und finanziell gut gestellte Nutzergruppen ansprechen, da erst dann spürbare Effekte in den Bereichen Arbeitsplatzschaffung, Konsum und darüber generiertes zusätzliches Steueraufkommen durch die Ausgaben der Besucher zu erwarten sind.[166] Auf Grund der unterschiedlichen finanziellen Ausstattungen, der Organisations- und Programmstrukturen von Filmfestivals ist es nicht möglich, die Ergebnisse einzelner Umwegrentabilitätsanalysen zu generalisieren. Filmfestivals wie die Berlinale, Filmfest München oder Filmfest Hamburg mit Starbesuch und Renommeeveranstaltungen (wie hochkarätig besetzte Symposien und große Filmpremieren mit anschließenden Feiern) erreichen auch einkommensstarke Besucherschichten, welche sich von alternativ anmutenden Studenten- oder Kurzfilmfestivals weniger angesprochen fühlen. Festivals mit lokaler Zielgruppenausrichtung sind wiederum im Bereich Tourismusförderung nicht zu vergleichen mit überregional oder national ausgerichteten Festivals. Veranstaltungen, die aus finanziellen oder ideologischen Gründen in

---

[164] Über den Einzelfall hinaus kann man anhand von Umwegrentabilitätsanalysen errechnen, ob es sich bei der staatlichen oder kommunalen Förderung kultureller Veranstaltungen um Subventionen oder Investitionen handelt. Dies kann im Bereich Film/Filmfestival im Rahmen der laufenden GATS-Verhandlungen eine entscheidende Rolle spielen, da Subventionen im Konsumgüterbereich abgeschafft werden sollen und Film in seiner Doppelfunktion als Kultur- und Wirtschaftsgut hierunter fallen könnte.

[165] Munkwitz, Matthias. Zum Verhältnis von Kultur und Ökonomie. www.kultur.org/texte/ verhaeltnis.htm (Letzter Zugriff: 22.08.2003)

[166] Selbst Veranstaltungen innerhalb einer kulturellen Teildisziplin, wie dem Bereich Filmfestival, sind zu unterschiedlich strukturiert und finanziert, um nach einer einheitlichen Formel bewertet zu werden.

hohem Maße auf ehrenamtliche Mitarbeit setzen haben geringere positive Auswirkungen auf den Arbeitsmarkt, als Festivals mit regulär dotierten festen Voll-
oder Teilzeitstellen. Ebenso sind die ökonomischen Effekte kleinerer Festivals
auf Grund der geringen Investitionsmöglichkeiten eingeschränkt. Anhand der Ergebnisse einer Umwegrentabilitätsanalyse lassen sich lediglich ökonomische Einflüsse auf die Wirtschaft und das Steuereinkommen bemessen, Rückschlüsse
über den kulturpolitischen Wert eines Filmfestivals sind dadurch nicht möglich.
Damit greifen Kulturpolitiker bei der Einbeziehung von Umwegrentabilitätsanalysen zur Entscheidung über Förderbewilligung und Erfolgsbilanzen von Filmfestivals auf marktwirtschaftliche Erkenntnisse zurückgreifen. Wenn Umweg-
rentabilitätsanalyseergebnisse bei Förderentscheidungen für kulturelle Veranstaltungen Ausschlag gebende Entscheidungsinstrumente sein sollen, stellt sich
die Frage, wie weit Kulturpolitiker ihre Zielsetzungen gegenüber Wirtschaftspo-
litikern und Tourismuszentralen zurückstecken und „ob die Künste künftig aus
dem Etat für Wirtschaftförderung zu alimentieren"[167] wären.

Wenn zum Beispiel seitens der Niedersächsischen Regierung im Internet auf der
Landeshomepage unter dem Stichwort „Filmfestivals in Niedersachen" mit nahezu einem Drittel des gesamten Textes explizit auf die Bedeutung von Filmfestivals für die regionale Wirtschaft verwiesen wird, stimmt dies bedenklich.

> „Auch der Wirtschaftsfaktor Filmfestival ist nicht unerheblich: Filmfestivals
> schaffen und erhalten eine große Anzahl an Arbeitsplätzen. Nach einer Studie der
> Europäischen Kommission der Filmfestivals fließen ihre Ausgaben bis zu 65% -
> 80% direkt in die lokale Wirtschaft, zum Beispiel in Form von Gehältern, Steuern,
> Hotelbuchungen, Catering, Anzeigen, Druckkosten, Werbung, Technik, Raum-
> und Kinomieten. Filmfestivals sind unter wirtschaftlichen und kulturellen
> Aspekten wichtige Faktoren der Medienentwicklung und der kulturellen Vielfalt in
> einer Region."[168]

Es ist zu befürchten, dass die bei diesen Analysen erworbenen Rentabilitätsfakto-
ren einen Konkurrenzdruck innerhalb der auf Förderung angewiesenen Kultur-
szene auslösen. Dies könnte dazu führen, möglichst ökonomisch ausgerichtete
Projektkonzeptionen zu entwickeln, was zu Lasten der Verfolgung kultureller
Ziele und der Auseinandersetzung mit kulturellen Inhalten ginge.

---

[167] Schmidt, Christopher: Bretter, die das Geld bedeuten. Schließt die Subventionsfresser –
oder: Wie die allgegenwärtige Sparpolitik auch zur Zähmung der Kultur benutzt wird. In:
*Süddeutsche Zeitung*, 25.06.2003

[168] „Filmfestivals in Niedersachsen" www.niedersachsen.de/master/0,,C863746_N15376_ L20
_D0_I1198,00.html (Letzter Zugriff: 02.02.2004)

Es geht uns dabei unter anderem auch um ein klares Bekenntnis zur öffentlichen Verantwortung für Kultur als Teil der Daseinsvorsorge. Denn nur dies wird uns davor schützen, dass ausschließlich privatwirtschaftlich arbeitende internationale oder auch nationale Unterhaltungskonzerne nunmehr die städtische Kulturpolitik übernehmen.[169]

## 3. Drei exemplarische Einzelanalysen und Möglichkeiten der Erkenntnissübertragung auf andere Festivals

### 3.1. Internationale Filmfestspiele Berlin

Aber es stimmt, es gibt im Kino mehrere Parallelwelten, und die Aufgabe eines Festivals wie der Berlinale ist es, Brücken zwischen diesen Welten zu bauen und einen Standpunkt einnehmen. Wir jedenfalls stellen uns auf die Seite der starken Filme, die sich auf die Seite der Schwachen dieser Welt stellen.[170]

Die Internationalen Filmfestspiele Berlin (Berlinale) werden einer näheren Betrachtung unterzogen, da es sich nach den Statuten der FIAPF um das einzige bundesdeutsche, „competetive, non-specialised festival" handelt, ein so genanntes „A-Festival". Die Berlinale ist nicht nur das größte Filmfestival Deutschlands, es beheimatet zugleich auch den wichtigsten deutschen Filmmarkt „European Film Market" (EFM), der neben dem „American Film Market" (AFM) in Los Angeles und dem „International Film And Programme Market For Television, Video, Cable And Satellite" (MIPCOM) in Cannes einer der wichtigsten Filmmärkte weltweit ist. Grundlage der Analyse bilden Interviews mit Margaret von Schiller, Wilhelm Faber, Gespräche mit Besuchern und Fachbesuchern, die Auswertung von Katalogen und weiteren Festivaldrucksachen sowie eigene Teilnahmen als Besucher und Fachbesucher in den Jahren 1990-2004.

---

[169] Prof. Dr. Max Fuchs, Präsident des Deutschen Kulturrates, auf der außerordentlichen Hauptversammlung des Deutschen Städtetages am 24. September 2003 in Berlin. www. staedtetag.de/10/schwerpunkte/artikel/29/zusatzfenster64.html (Letzter Zugriff: 10.03.2004)

[170] Beier, Lars-Olaf; Martin Wolf. „Es geht auch ohne Hollywood – Berlinale-Chef Kosslick im Interview". Spiegel Online, 31.01.2005 http://www. spiegel.de/kultur/kino/0,1518,3394 79,00.html (Letzter Zugriff: 03.02.2005)

Die Doppelfunktion als kulturelle Veranstaltung und Wirtschaftsplattform ist als Grundziel in den Berlinale-Regularien und dem Gesellschaftervertrag der „Kulturveranstaltungen des Bundes in Berlin" (KBB) festgelegt, es wird im Folgenden daher auch auf den Spagat bei der Repräsentation eines Kultur- wie auch eines Wirtschaftsgutes eingegangen um die Unterschiede zu jenen Filmfestivals herauszuarbeiten, die Film als reines Kulturgut präsentieren.

Berlinale-Regularien:

§ 1 – Ziele

Im Zentrum der Hauptstadt Berlin, einer Stadt der kulturellen Begegnungen, bilden die Internationalen Filmfestspiele – auch bekannt als die „Berlinale" – eine Plattform im Dienst der Filmkunst und der Filmindustrie. Ihr Ziel ist es, eine bessere Zusammenarbeit und Verständigung zwischen den Kulturen zu fördern, indem sie innovative und wertvolle Filme präsentieren. [171]

Gesellschaftervertrag KKB:

§ 2 (b)

Der Geschäftsbereich Internationale Filmfestspiele Berlin führt die jährlichen internationalen Filmfestspiele in Berlin durch, u. a. mit den Sektionen Wettbewerb, Panorama, Forum, Retrospektive, Deutsches Kino, Filmmarkt und Kinderfilm. [172]

In ihrer steten inhaltlichen Fortentwicklung ist die Berlinale zugleich ein Beispiel für ein Filmfestival, dass sich in den vergangenen Jahren immer wieder neu aufgestellt hat, um innerhalb seines Konkurrenzumfeldes die Position zu halten oder gar zu verbessern. Als Beispiele für diese Fortentwicklung werden sowohl das Panorama als Programmsektion sowie der Berlin Talent Campus als assoziierte Sonderveranstaltung an gegebener Stelle eingehender betrachtet.

### 3.1.1. Die kulturelle und politische Entwicklungsgeschichte der Berlinale

Die Berlinale ist ein Beispiel für ein von staatlicher Seite initiiertes Festival, das über die kulturellen Aufgaben hinaus einen gesamtpolitischen Stellenwert hat und kulturelle wie politische Ziele verfolgt. [173] Die Planung der ersten Internationalen Filmfestspiele Berlin wurde 1950 mit der Absicht begonnen, Berlin innerhalb seines politisch bedingten Inselstatuses wieder seine Vorkriegsrolle als kulturelle Hochburg zurückzugeben, aber auch, um es als „Schaufenster

---

[171] Internationale Filmfestspiele Berlin, Reglement Wettbewerb, § 1 – Ziele

[172] §2 des Gesellschaftsvertrags der Kulturveranstaltungen des Bundes in Berlin GmbH www.kbberlin.de (Letzter Zugriff: 20.3.2001)

[173] Die gesamte Geschichte der Berlinale lässt sich detailliert nachlesen in Wolfgang Jacobsen: 50 Jahre Internationale Filmfestspiele Berlin.

der freien Welt" international zu etablieren. Darüber hinaus diente die Berlinale ab 1951 als kulturelles Bindeglied zwischen den Bewohnern der verschiedenen Sektoren der Stadt. Vor dem Bau der Berliner Mauer im Jahr 1961 und dem Beginn des Kalten Krieges war sie Teil eines kulturellen Gegenmodels des Westens zum Berlin umgebenden kulturellen und sozialen Modell des Sozialismus und fand sektorenübergreifend in Ost- und West-Berliner Kinos statt.

Im Jahr 1956 wurde eine „Weltmesse des Filmhandels" angegliedert, um verstärkt auch Fachbesucher an die Berlinale zu binden und die kommerziellen Effekte des nationalen und internationalen Filmhandels nutzen zu können. In Ergänzung zum offiziellen Wettbewerb führte der damalige Festivalleiter Dr. Alfred Bauer 1966 die „Woche des jungen Films" ein, um dem wachsenden Filmangebot gerecht werden zu können. Um die politische Unabhängigkeit der Berlinale zu unterstreichen wurde sie 1967 in eine GmbH umgewandelt. Dies war ein Schritt zu weiterer künstlerischer Autonomie, da zukünftig Filme aus sozialistischen und kommunistischen Ländern ohne den Umweg über das Bundesaußenministerium direkt eingeladen werden konnten. Gleichzeitig sollte durch die Entpolitisierung der Organisationsform eine größere Bereitschaft der sozialistischen und kommunistischen Länder erreicht werden, den Einladungen der Berlinale auch Folge zu leisten und Filme wie auch Filmemachern die Teilnahme an der Berlinale künftig zu genehmigen. Erst mit der Brandtschen Ostpolitik zu Beginn der 70er Jahre wurden auch Filme aus kommunistischen Ländern, etwa der Sowjetunion, offiziell direkt eingereicht und durften sowjetische Filmemacher die Einladungen der Festivalleitung annehmen. 1974 war der erste Film aus der UDSSR im Rahmen des Wettbewerbs zu sehen, ab 1975 war auch die DDR mit Filmen vertreten. Die Vorverlegung des Berlinaletermins von Juni auf Februar ab dem Jahr 1978 durch Wolf Donner, Leiter der Berlinale von 1977 bis 1979, brachte einen zeitlichen Vorteil bei der Filmakquise gegenüber dem Filmfestival in Cannes, das Anfang Mai stattfindet. Darüber hinaus wurde die internationale Bedeutung des Filmmarktes durch diese Vorverlegung in die damals noch festival- und filmmarktarme Winterzeit gestärkt. Auch hierin zeigt sich deutlich die bereits früh erreichte große Doppelbedeutung der Berlinale sowohl als Kulturforum wie auch als Wirtschaftsplattform.[174] Eine weitere wesentliche Veränderung in der Bedeutung und Struktur der Berlinale brachte die Öffnung der Berliner Mauer im November 1989. Die Berlinale nutzte die neue politische Situation bereits 1990, um auch Ost-Berliner Kinos mitzubespielen und die Bewohner Ost-Berlins und der DDR wieder aktiv einbeziehen zu können. Mit der Öffnung der DDR-Filmarchive wurden zeitgleich erstmals die dorthin verbann-

---

[174] Der American Film Market AFM, gegründet 1981 und schnell der wichtigste Filmmarkt der Welt, wurde durch seine Januar-Terminierung zur größten Konkurrenz für den EFM und machte den Terminvorteil wieder zunichte.

ten so genannten „Regalfilme" öffentlich zugänglich gemacht und im Rahmen
der Berlinale der Öffentlichkeit vorgestellt. Das immense öffentliche und medi-
ale Interesse an diesen Filmen verhalf einigen im Anschluss an die Berlinale zu
einer späten, aber erfolgreichen Auswertung im regulären Kinoabspiel.

Seit 2002 ist die Berlinale Teil der „Kulturveranstaltungen des Bundes in Berlin"
und ein wichtiger Bestandteil des kulturpolitischen Konzeptes der Beauftragten
des Bundes für Angelegenheiten der Kultur, werden doch mit der Berlinale mehrere Förderansätze zugleich erfüllt:

> „Die Schwerpunkte der Kulturpolitik des Bundes liegen in der Schaffung des
> rechtlichen Rahmens für Kunst und Kultur, in der Förderung kultureller Einrich-
> tungen von nationaler Bedeutung, in der Hauptstadtkultur, in der kulturellen Infra-
> struktur der neuen Länder und in der Auswärtigen Kulturpolitik."[175]

Neben der Entwicklung der kultur- und außenpolitischen Beziehungen zwischen
BRD und DDR sowie zwischen den ideologischen Lagern West und Ost lässt
sich die Entwicklung der Filmrezeption und die Veränderung der Filmproduktion
insbesondere in Deutschland aber auch international an der inhaltlichen und formalen Entwicklung der Berlinale nachverfolgen. Die zunehmende Politisierung
des Kinofilms Ende der neunzehnhundertfünfziger bis Anfang der neunzehnhundertsechziger Jahre fand in Deutschland ihren Ausdruck durch die Umwälzungen
im Zuge des Oberhausener Manifestes 1962, in den USA durch die Filme das
New Hollywood ab 1967. Im Rahmen der Berlinale zeigte sich dies sowohl im
Festivalprogramm wie auch an den Reaktionen der Journalisten und der Öffentlichkeit auf die auch tagespolitische Themen aufgreifenden Filme. 1970 kam es
zum Eklat, als auf Grund des Wettbewerbsbeitrages „o.k." von Michael Verhoe-
ven die Festivaljury wegen anti-amerikanischer Tendenzen zurücktrat und der
Wettbewerb abgebrochen werden musste. Die im selben Jahr erfolgte Gründung
des „Internationalen Forum des Jungen Films" war eine Reaktion der Berlinale-
leitung auf die Unzufriedenheit der deutschen Filmschaffenden mit dem in deren
Augen zu sehr auf Starkult und kommerzielles Kino ausgerichteten offiziellen
Wettbewerbsprogramm. Da die Befürchtung bestand, dass von Seiten der
Freunde der Deutschen Kinemathek ein Gegenfestival gegründet werden könnte,
wurden sie schließlich mit der Durchführung des Forums betraut, um die künstlerische und kulturpolitische Integration in die Berlinale zu gewährleisten. Einen
zusätzlichen Fortschritt in der Erweiterung des künstlerischen Spektrums innerhalb der Berlinale bedeutete die Umwandlung der unter Wolf Donner lose stattfindenden Informationsschau. 1978 wurde diese Info-Schau fester Bestandteil der
Berlinale, seit 1986 trägt sie den Namen Panorama. Weitere Neuerungen erlebte
die Berlinale 2002 unter dem neuen Festivaldirektor Dieter Kosslick, der unter

---

[175] www.bundesregierung.de/servlet/init.cms.layout.LayoutServlet?global.naviknoten=9331&li
nk=bpa_notiz_druck&global.printview=2&link.docs=439898. (Letzter Zugriff: 20.01.2003)

anderem die Präsenz des deutschen Films innerhalb des Wettbewerbs stärkt, darüber hinaus mit der Sektion 14plus im Rahmen des Kinderfilmfestes 2004 die
Zuschauerlücke zwischen Kinder- und regulärem Programm schließt und mit
dem Co-Production Market den Versuch unternimmt, ähnlich wie im Folgenden
beschrieben mit dem Talent Campus, frühzeitig Filmschaffende an die Berlinale
zu binden.

2004 ist die Berlinale weit mehr als ein Filmfestival, sie ist ein riesiges Medienunternehmen von immenser kultureller, kulturpolitischer und wirtschaftlicher
Bedeutung. Die Berlinale ist ein schlüssiges Mischkonstrukt zu allen Aspekten
des Mediums Film, es geht es um mehr als die bloße Präsentation einer Auswahl
der aktuell weltweit besten Filme, sie handelt „mit ihnen, wir fühlen eine intel-
lektuelle Debatte über Filme und fördern den Nachwuchs."[176]

### 3.1.2. Die kultur-, wirtschafts- und außenpolitischen Ziel-
setzungen der Berlinale

Die Ziele, die mit der Ausrichtung und Förderung der Berlinale verbunden sind,
umfassen die Bereiche Kultur- und Wirtschafts- sowie Außenpolitik. Es geht
gleichermaßen um die Verfolgung kulturpolitischer Ziele wie der Schaffung
wirtschaftlicher Vorteile für die deutsche Filmindustrie und die Tourismuswer-
bung für Deutschland, speziell Berlin. „Die Berlinale gilt doch inzwischen als
internationaler Ritterschlag für alle Filme, die hier gezeigt werden, gerade für die
Debüts. Sie ist Marktplatz und ein Fest für den Film zugleich."[177] In ihrer Eröffnungsrede zur 54. Berlinale 2004 betonte die Kulturstaatsministerin damit noch
einmal ausdrücklich die gleichzeitige Bedeutung der Veranstaltung in kultureller
wie wirtschaftlicher Hinsicht. Zu den vorrangigen Zielen zählt neben der Präsentation der aktuellen nationalen und internationalen Filmkunst der interessierten Öffentlichkeit auch die Funktion als Marketingmaschine für Film, speziell
den deutschen, und das Kino als Kulturstätte. Dabei wird die gegenseitige Abhängigkeit von Filmfestivals und Prominenz oder Stars deutlich. „Festivals wie
die Berlinale sind Medienunternehmen und als solche auf spektakuläre Filme angewiesen."[178] Denn ohne solch spektakuläre Film und die Anwesenheit von Stars
wäre es nicht möglich, das gesamte Spektrum der Presselandschaft von Boulevard bis Fachpresse anzusprechen und ein entsprechend breit angelegtes Medienecho zu generieren.

[176] „Das modernste Filmfestival der Welt." Dieter Kosslick im Interview mit Anke Westphal,
Frank Junghänel. In: *Berliner Zeitung*, 31.01.2004

[177] Eröffnungsrede der Kulturstaatsministerin Dr. Christina Weiss. www.film20.de/news/?c=
News&ID=3723 (Letzter Zugriff: 06.03.2004)

[178] „Das modernste Filmfestival der Welt." A.a.O. Der Gewinn des Goldenen Bären für „Gegen die Wand" bestätigt Kosslick in seiner Einschätzung.

Für nationale Produktionen ist die Berlinale das Tor zur Welt, da nicht nur in den öffentlich zugänglichen Sektionen deutsche Filme gezeigt werden, sondern sich darüber hinaus zwei Sektionen, „German Cinema" und „Perspektive deutsches Kino", gezielt an Fachbesucher wenden um das wirtschaftliche Potential zu optimieren. Die Stärkung des deutschen Films ist eines der primären Ziele, die sich Kosslick vorgenommen hat. Den Befürchtungen, nach dem „Wunder von Bern" und „Good Bye Lenin", die 2003 im Programm der Berlinale liefen, könnte sich das kreativkünstlerische Potential des deutschen Films schon wieder erschöpft haben, begegnet er mit zwei deutschen Wettbewerbsbeiträgen 2004. „Es gibt wieder gute deutsche Filme, keine Sorge. Wir haben ja Romuald Karmakars ‚Die Nacht singt ihre Lieder' und Fatih Akins ‚Gegen die Wand' im Programm."[179] Der Erfolg von „Sophie Scholl" und die positiven Reaktionen auf die anderen deutschen Wettbewerbsbeiträge im Jahr 2005 bestätigt die geglückte dauerhafte Reintegration des deutschen Films in den Wettbewerb.

Eine Besonderheit der Berlinale im Vergleich zu den Festivals in Cannes und Venedig liegt in der explizit gewünschten, starken Publikumseinbindung. „Es gibt kein anderes A-Festival, bei dem das Publikum so große Möglichkeiten hat, sich Karten zu kaufen, ins Kino zu gehen und dann praktisch neben dem Star zu stehen."[180] „Das ist unsere stärkste Kraft", betont Kosslick,[181] da die hohe Präsenz an regulärem Publikum verantwortlich ist für die Atmosphäre des Festivals und starke Eingebundenheit in die Stadt. Die Berlinale bietet darüber hinaus die Chance, das externe Image Deutschlands und ins besondere Berlins positiv zu prägen. Die im Jahr 2004 über 20.000 anwesenden ausländischen Gäste und Journalisten[182] nehmen neben den filmischen Eindrücken auch das kulturelle und politische Umfeld der Berlinale wahr und transportieren es in ihre Heimatländer. Somit ist die Berlinale auch ein Marketinginstrument zur Außendarstellung der Bundesrepublik ebenso wie der Stadt Berlin. Die in den letzten Jahren wieder gewachsene politische Bedeutung der Berlinale wird unterstrichen durch die Eröffnung durch hochrangige Vertreter der Bundesregierung, etwa durch Bundeskanzler Gerhard Schröder im Jahr 2003 oder Kulturstaatministerin Christina Weiss in den Jahren 2004 und 2005, und die Anwesenheit von Politikern in regulären Vorstellungen und bei Sonderveranstaltungen.

---

[179] Hochreither, Irmgard, Karin Rocholl. Dieter Kosslick: Das Global Playerle. www.stern.de/ unterhaltung/film/index.html?id=519772&eid=519579 (Letzter Zugriff: 03.02.2004)

[180] „Meister der fröhlichen Gelassenheit". www.heute.t-online.de/ZDFde/druckansicht/0,1986 ,2101220,00.html (Letzter Zugriff: 05.02.2004)

[181] „Der Glamour ist da" www.zdf.de/ZDFde/inhalt/30/0,1872,2099038,00.html (Letzter Zugriff: 14.02.2004)

[182] Hochreither, Irmgard. A.a.O.

Die Nachwuchsförderung erfolgt im Rahmen der Berlinale in verschiedenen Bereichen. Auf der Rezipientenseite durch das Kinderfilmfest, das seine Spannbreite 2004 mit der Programmreihe „14plus" auf jugendliche Kinogänger ausrichtet, die dem traditionellen Kinderfilm entwachsen sind, aber noch nicht durch die Filme der anderen Sektionen angesprochen werden. Die spezielle Förderung des produzierenden Nachwuchses hat seit 2002 einen deutlichen Schub bekommen. Neben der Präsentation von Werken von Nachwuchsfilmern innerhalb der entsprechenden Sektionen wurde der Talent Campus ins Leben gerufen, um nachkommenden Filmschaffenden aus den unterschiedlichsten Berufssparten die Möglichkeit zu geben, sich mit professionellen Fachvertretern auseinander zu setzen, untereinander Informationen auszutauschen und Netzwerke zu gründen, um sich bei der Umsetzung von Filmprojekten gegenseitig zu unterstützen. Der immense Zuspruch, den das Talent Campus durch Bewerbungen erfährt, ist hier ebenso Erfolgsmesser wie die erfolgreiche Einwerbung der erforderlichen finanziellen Mittel über Sponsoren und Förderer zur Durchführung des Campus, da er nicht aus den Mitteln der Berlinale mitfinanziert wird.

### 3.1.3. Bestimmung von Erfolgskriterien zur Bewertung der kultur- und wirtschaftspolitischen Bedeutung der Berlinale

Neben dem Zuschauerzuspruch, der bei einem Publikumsfestival mit rund 400.000 Zuschauern auch einen wesentlichen Posten auf der Einnahmeseite im Festivaletat darstellt, ist das wichtigste externe Erfolgskriterium die Medienresonanz. Mit rund 3.500 akkreditierten Journalisten hat die Berlinale mehr Pressevertreter registriert als viele lokal oder regional ausgerichtete Filmfestivals insgesamt an Besuchern haben. Um die unterschiedlichen Erwartungen der Pressevertreter zu befriedigen, ist es notwendig, den Medien die jeweils ihren Zielgruppen entsprechenden relevanten Inhalte zu liefern. Dies sind neben den Filmen der jeweils zielgruppenrelevanten Sektionen oder Themen in erster Linie die anwesenden Prominenten aus Kultur, Wirtschaft und Politik sowie die Stars aus Hollywood. Die US-amerikanischen Groß- ebenso wie prominent besetzten Independentproduktionen sorgen „durch die Präsenz ihrer Stars und Regisseure dafür, dass das Festival überhaupt im verdienten Umfang in den Medien wahrgenommen wird. Blieben Richard Gere, Catherine Zeta-Jones, George Clooney, Kevin Spacey und Steven Soderbergh infolge eines eventuellen Kriegsausbruches am Persischen Golf zu Hause, wäre das für die Berlinale ein schwerer Schlag"[183], bringt Andreas Kilb die Abhängigkeit der Berlinale vom Starbesuch aus Hollywood auf den Punkt. Die Frage nach der Anwesenheit von in erster Linie US-

---

[183] Kilb, Andreas. Schrift der Augen und Gedächtnis der Welt. In: *Frankfurter Allgemeine Zeitung*, 06.02.2003

amerikanischen, darüber hinaus europäischen oder anderen Filmstars gehört zu den zentralen Bewertungskriterien, denen sich die Berlinale in bei der Bewertung durch die Medien und Öffentlichkeit stellen muss:

> **Spiegel Online:** Schon im vergangenen Jahr mussten Sie zum Berlinale-Auftakt fast allein über den roten Teppich laufen – ohne die Stars des Eröffnungsfilms, Nicole Kidman und Jude Law. Wird das diesmal anders sein?
>
> **Kosslick:** Das kann ich Ihnen garantieren. Manche Leute glauben ja tatsächlich, Nicole Kidman käme zur Berlinale, weil ich sie angerufen habe. Das ist natürlich sehr schmeichelhaft für mich, und meine Mutter liest solche Geschichten auch sehr gern. Aber so ist das Leben nur selten. Letztlich geht es darum was der Vermarktung eines Films am meisten nützt.[184]

Neben der zunehmenden Bedeutung von internationalen Vermarktungsstrategien auf kulturelle Veranstaltungen wie die Berlinale haben auch weltpolitische Ereignisse immer größeren Einfluss auf die Reisebereitschaft internationaler Stars. Auch an der zunehmend kurzfristigen Zu- oder Absage von Stars bei Festivals wie der Berlinale sind die Auswirkungen des 11. Septembers 2001 und die seitdem um sich greifende Furcht vor weiteren terroristischen Anschlägen abzulesen. Neben solchen politischen sind auch spezielle Filmbusinessaspekte von großem Einfluss. Als großes Problem hat sich etwa die 2004 erfolgte Vorverlegung der Oscar-Verleihungen auf Mitte Februar erwiesen.

> „Die Oscar-Verleihung wurde um fast einen Monat nach vorn verlegt, von Mitte März auf Ende Februar. Sie findet jetzt leider kurz nach unserem Finale statt. Die Stars aus Hollywood müssen nach der Berlinale also schnell wieder zu Hause sein."[185]

Die Stars aus Hollywood müssen nicht nur kurz nach der Berlinale wieder zurück, sondern insbesondere in der Anfangsphase kamen sie erst gar nicht oder erst um einige Tage verspätet, da das traditionelle Oscar-Dinner der nominierten Preisträger in diese Anfangsphase fiel. Eine Lösung dieses Terminproblems dürfte entscheidend sein für das zukünftige Staraufkommen aus Hollywood und das damit verbundene breit angelegte Medieninteresse an der Berlinale. Neben dem Staraufkommen ist die Berlinale für Filmkritiker auch ein Gradmesser, welche Bedeutung dem Kinofilm innerhalb der Redaktionen beigemessen wird. Am eingeräumten redaktionellen Platz auch für cineastische Themen und film- und kulturpolitische Diskussionen jenseits des Mainstreams kann abgelesen werden, welchen Stellenwert man derartigen Artikeln seitens der Lesergunst zutraut oder welche Chance zur bundesweiten Profilierung innerhalb der Presselandschaft beigemessen wird.

---

[184]  Beier, Lars-Olaf; Martin Wolf. A.a.O.

[185]  „Das modernste Filmfestival der Welt." A.a.O.

Für den Fachbesucherkreis ist die Möglichkeit der Kontaktpflege untereinander wichtig sowie die Möglichkeit, im Rahmen des EFM Produktionen vorzustellen oder Lizenzrechte zu erwerben. Hierbei lässt sich die Erfolgskontrolle lediglich im Bereich der Marktauslastung durch anwesende Filmproduktions- und -handelsfirmen sowie Marktbesucher ablesen. Die Menge der getätigten Abschlüsse und ihr finanzieller Umfang sind nur ein unzulänglicher Maßstab, da hier eingefädelte Geschäfte unter Umständen erst nach Ende der EFM abgeschlossen werden.[186] Aussagekräftiger ist hingegen die Menge der anwesenden Lizenzhändler und die Auslastung der Marktscreenings, da hier wachsende Teilnehmerzahlen und Marktprogramme auf ein aus kommerzieller Sicht Erfolg versprechendes Umfeld rückschließen lassen.

Die ständige Ausweitung des Programmspektrums zur Abdeckung möglichst vieler Aspekte des nationalen und internationalen Filmschaffens kann als Beleg für den Anspruch der Berlinale interpretiert werden, keine programmatischen Lücken entstehen zu lassen, keinen Trend zu verpassen und ein möglichst umfassendes kulturpolitisches Themenspektrum abzudecken. In dieser Ausweitung kann aber auch die Gefahr liegen, durch die sich damit für Fach- wie normale Besucher ergebende Unübersichtlichkeit von einem Festivalbesuch abzuschrecken, aus der subjektiven Frucht heraus, sich im übergroßen Programmangebot nicht mehr zu recht zu finden. Um solchen Effekten vorzubeugen, sind deutliche Profilierungen der einzelnen Programme notwendig.

Der kurzfristige Erfolg des Talent Campus lässt sich an den weltweiten Anmeldungen dazu ablesen sowie an der kontinuierlichen Unterstützung durch die Sponsoren. Der mittel- und langfristige Erfolg wird am sich im Laufe der Jahre ergebenden oder ausbleibenden künstlerischen und kommerziellen Output der Campus-Teilnehmer gemessen werden. Ebenfalls mittel- bis langfristig wird sich zeigen, ob es der Berlinale damit gelungen sein wird, die Campus-Teilnehmer als nächste Generation an Filmemachern und Produzenten frühzeitig an das Festival zu binden.

### 3.1.4. Gezielte Analyse des Programmprofils der Sektion Panorama

Die Berlinale besteht aus einer Vielzahl von Programmreihen und Sonderveranstaltungen, welche sich an unterschiedliche Zuschauergruppen und Fachbesucher wenden. Die Hauptsektionen bestehen aus Wettbewerb, Panorama, Kurzfilm und Internationales Forum des Neuen Films, zur Präsentation des deutschen Films wurden die Sektionen German Cinema und Perspektiven Deutsches Kino gegründet. Die Präsentation filmhistorischer Reihen findet in der Retrospektive

---

[186] Jetschin, Bernd. Berliner Filmmarkt will wachsen. In: *Filmecho/Filmwoche*, 6/2004

statt, das Kinderfilmfestival spricht den rezipierenden Nachwuchs an. Die einzelnen Sektionen sind organisatorisch unabhängig, gehören haushaltstechnisch jedoch in den Verantwortungsbereich der Berlinale. Die Programmhoheit der einzelnen Sektionen wird dadurch nicht angetastet, im Zweifelsfall entscheidet der Festivaldirektor, in welcher Sektion ein Film gezeigt wird. Alle Sektionen sind soweit in das Gesamtkonstrukt eingebunden, dass die Besucher und Akkreditierten durch zentrales Kartenmanagement und gemeinsame Publikationen und Programmübersichten einen optimalen Informations- und auch möglichst einfachen Eintrittskartenzugang haben. Einzelne Sonderkataloge liefern Detailinformationen und verdeutlichen die Eigenständigkeiten der Sektionen.

Das Panorama-Profil wird im Folgenden eingehender untersucht, da es sich bei diesem Programm um eine Sektion handelt, die für sich genommen schon das gesamte Spektrum anderer Filmfestivals umfasst, durch programmliche Änderungen permanent versucht, sich vom Konkurrenzumfeldes abzuheben und mit der Entwicklung und Durchführung eines der größten lesbisch schwulen Filmfestivals richtungweisend ist für die gelungene Integration von spitzen Sonderthemen in breitenkompatible Festivalprogramme. Die Präsentation von Lang- und Kurzfilmen, die Art der Einbindung der Öffentlichkeit und Möglichkeiten der Reflexion über die Filme sowie die Medieneinbindung werden näher betrachtet. Das Panorama ist aber auch ein Beispiel dafür, wie die Berlinale mit wachsendem Programmangebot droht, an Profilschärfe zu verlieren. Wie schwierig die Unterscheidung zwischen den Sektionen Panorama und Forum geworden ist, zeigt sich bei der Überschneidung im Bereich Programmplanung, wo Panorama und Forum sich durchaus um die gleichen Filme bemühen. Die Frage, in welcher der beiden Sektionen ein Film untergebracht wird, zeigt die gegenwärtige Schwäche in der Trennschärfe, was Festivaldirektor Kosslick bemerkenswert positiv darzustellen vermag: „Und da es so viele gute Filme gibt, musste ich entscheiden, in welcher Sektion man sie zeigen soll. Ist das was für den Wettbewerb, fürs Panorama oder Forum?"[187]

Das Panorama entstand aus der noch unter Festivalleiter Dr. Brauer unregelmäßig stattfindenden Informationsschau mit Beiträgen, die nicht im offiziellen Wettbewerb liefen, jedoch für so gut befunden wurden, dass sie der Öffentlichkeit vorgestellt werden sollten. Ab 1978 wurde die Informationsschau in Ergänzung zum offiziellen Wettbewerb fester Bestandteil der Berlinale, und erhielt ab 1980 unter ihrem Leiter Manfred Salzgeber ihr heutiges Profil. Inhaltlich orientiert sich die Programmauswahl des Panoramas in etwa am Bereich Arthouse und kommerzielles, aber inhaltlich oder formal anspruchsvolles Kino. Newcomer und renommierte Regisseure aus dem Independent-Bereich werden gleichermaßen präsentiert, jedoch muss es sich um Welt- oder europäische Premieren außerhalb

---

[187] „Das modernste Filmfestival der Welt." A.a.O.

der jeweiligen Produktionsländer handeln. Als besonderen Schwerpunkt führte Salzgeber Filme mit homosexueller Thematik ein. Die thematische Spannbreite des Panoramas wurde seit ihrer Einführung immer wieder erweitert. Seit 2004 gibt es die Untersektionen „Panorama Dokumente" mit aktuellen Dokumentarfilmen und „Panorama Special", welche die Einbindung der großen Independent Filme ebenso wie der Arthouseproduktionen der Major Studios ermöglichte. Die Sektion „Panorama Kurzfilm" ist zweigeteilt, es laufen die Kurzfilme zum einen in Blockvorstellungen im Rahmen der Kurzfilmprogramme, zum anderen einzeln in ihrer Funktion als Vorfilme vor ausgewählten Panorama-Langfilmen, zu denen es einen inhaltlichen oder formalen Bezug gibt. Damit wird der Kurzfilm hier in seiner Funktion als Vorfilm auch jenen Besuchern vorgeführt, die sich sonst keine Kurzfilme anschauen und denen so die Möglichkeit gegeben wird, die Faszination eines Kurzfilms kennen zu lernen.[188]

Im Rahmen des Panoramas entstand im Laufe der Jahre eines der größten Filmprogramme mit lesbischen oder schwulen Themen und damit indirekt eines der bedeutendsten Filmfeste dieser Art weltweit. Durch die Integration dieses Themenschwerpunktes in das Panoramaprogramm ohne Ausgliederung in ein Sonderprogramm und mit der Einführung des Teddy Awards im Jahr 1987 und dessen Anerkennung als offizieller Festivalpreis im Jahr 1992 wird eine über die unmittelbaren lesbischen und schwulen Besucher hinausgehende Öffentlichkeit und eine umfassendere Medienresonanz erreicht, als dies bei einem separaten Spartenfestival der Fall sein würde. Der „Teddy" wird durch eine Fachjury vergeben, der nicht offizielle Preis „Special Teddy" durch den Teddy e.V., Veranstalter des Teddy Awards. Die Filme, die um den Teddy Award in den Sektionen „Bester Spielfilm", „Bester Dokumentarfilm", „Bester Kurzfilm" konkurrieren, werden im offiziellen Programmkatalog nicht gesondert hervorgehoben, sondern im Programm des Teddy Award-Medienpartners „Siegessäule". Durch diese Nichthervorhebung erfahren die Filme mit homosexueller Thematik bewusst keinen Sonderstatus innerhalb des Panorama-Programms, was dem Gedanken der Integration und der Gleichstellung mit den anderen Programmbeiträgen auch widersprechen würde. Von einer unabhängigen Jury wird auch der „LVT – Manfred Salzgeber-Preis" verliehen. Der Preis, gestiftet von Laser Vidéo Titrages, dient der Verbreitung europäischer Filme außerhalb ihrer Produktionsländer, indem das Unternehmen fremdsprachige Untertitelungen anfertigt. Er ist ein gelungenes Beispiel für eine sinnvolle Sponsoreneinbindung durch eine Preisstiftung, die ei-

---

[188] Anders als im Panorama wurde die Kurzfilme des Wettbewerbs im Jahr 2003 von den Langfilmvorführungen komplett abgekoppelt, nur noch in separaten Vorstellungen gezeigt und von einer eigenen Jury bewertet. Das große Interesse von Akkreditierten wie Besuchern an den Wettbewerbskurzfilmen zeigen die sehr gut besuchten bis überbuchten Vorführungen im Jahr 2004.

nen inhaltlichen Bezug zum Firmenprodukt mit hohem Nutzwert für die Gewinner verbindet.

Das Panorama übernimmt für bei Langfilmen für Gäste die Reise- und Unterbringungskosten. Es wird versucht, dass zu möglichst jedem Beitrag Regisseure, Produzenten oder andere Produktionsbeteiligte zur Berlinale kommen und auch bei allen Vorstellungen ihrer Filme anwesend sind. In der Regel übernimmt das Panorama für Kurzfilmregisseure lediglich die Kosten für maximal drei Übernachtungen oder bemüht sich um Vermittlung günstiger Unterbringungsmöglichkeiten, die Reisekosten müssen selbst getragen werden. Jedoch kann es im Einzelfall sein, wenn das Panorama bei einem „wichtigen"[189] Film besonderen Wert auf die Anwesenheit der Gäste legt, dass man sich auch um finanzielle Zuschüsse für die gesamten Reise- und Aufenthaltskosten durch Sponsoren oder Förderer wie Konsulate oder Botschaften bemüht, wenn die Festivalteilnahme sonst nicht möglich wäre. In diesem Fall kooperiert das Panorama eng mit dem Talent Campus. Da deren Organisatoren über weltweite Kontakte zu potentiellen Förderern verfügen, werden bei Bedarf Kontaktadressen und Ansprechpartner an das Panorama weitergeleitet oder Kontakte direkt vermittelt.

Zum Selbstverständnis dieser Sektion gehört die Möglichkeit des direkten Kontaktes zwischen Filmschaffenden und Rezipienten. Fester Bestandteil einer Panoramavorstellung sind die im Anschluss an die Filmvorführung stattfindenden Publikumsgespräche und die im Gegensatz zum Wettbewerb öffentlich zugänglichen Pressekonferenzen. Während beim Wettbewerb die Gäste in der Regel vor oder nach der Vorstellung lediglich kurz für Photocall, Begrüßungs- oder Dankesformeln auf die Bühne kommen, ist das durch Panorama-Mitarbeiter intensiv vorbereitete und geführte Publikumsgespräch fest in das Panoramakonzept integriert und entsprechend wird im Programmablauf nach jeder Vorstellung Zeit dafür eingeplant.

Seit 2004 werden neben 16mm- und 35mm- auch digitale Filmvorführungen angeboten. Damit werden digital produzierende Filmemacher nicht mehr dazu gezwungen, analoge Filmkopien anfertigen zu lassen, um eine Festivalteilnahme zu ermöglichen. Dies bedeutet nicht nur eine Kostenersparnis im Bereich Kopienproduktion sondern ermöglicht es auch, diese Filme in ihrer ursprünglichen optischen Qualität vorzuführen und ästhetische Veränderungen durch das Übertragen auf analoges Trägermaterial zu vermeiden.

---

[189] „Wichtig" ist natürlich ein schwammiger Begriff, wie Margret Schiller selbst einräumt, da unwichtige Kurzfilme ja sowieso nicht gezeigt werden.

## 3.1.5. Konkurrenzanaylse der Berlinale zur Beurteilung des perspektivischen Standings innerhalb des Konkurrenzumfeldes

Das Konkurrenzumfeld der Berlinale ist nicht ohne weiteres auf andere deutsche Festivals übertragbar, da es kein anderes Langfilmfestival mit vergleichbarem nationalen und internationalen Stellenwert und ähnlichem Umfang in Deutschland gibt. Während sich die anderen deutschen Langfilmfestivals in erster Linie gegen nationale Konkurrenz durchsetzen müssen, hat die Berlinale ein international geprägtes Konkurrenzumfeld, zusammengesetzt aus Filmfestivals und Filmmärkten. Jedoch sind die Konkurrenzumfelder einzelner Sektionen durchaus mit denen anderer, inhaltlich ähnlich ausgerichteter Festivals vergleichbar.

Das entscheidende Kriterium für den Stand innerhalb der **Kernkonkurrenz** sind die Qualität des Programms und die Bewerbung sowohl der Berlinale als Ganzes, als auch der einzelnen Sektionen. Der Konkurrenzdruck durch die regulären Filmprogramme nicht mitspielender Kinos ist gering, da die im Rahmen des Festivals gezeigten Filme und der Aufbau der Vorstellungen einen ausreichend hohen Reiz auf potentielle Besucher ausüben, um sich für einen Berlinalebesuch zu entscheiden. Zu einem Großteil kommen die gezeigten Filme jenseits des Festivals nicht oder nur in sehr eingeschränktem Maße ins reguläre Kinoprogramm, einen zusätzlichen Besuchsanreiz bilden die zu den Filmvorführungen anwesenden Gäste, die Möglichkeit zur Diskussion mit ihnen und das generelle Partizipieren an der Festivalatmosphäre.

Zur breit angelegten Wahrnehmung durch potentielle Kinobesucher innerhalb der Kernkonkurrenz wird mit einer Vielzahl von Medien- und Werbepartnern kooperiert. Die Zusammenstellung soll sowohl möglichst alle Kommunikationswege von Print über Rundfunk bis TV abdecken, sowie auch unterschiedliche kulturell und politisch ausgerichtete Zielgruppen ansprechen. Die Werbung ist in erster Linie regional ausgerichtet, da die nationale Bewerbung über die Medienberichterstattung erfolgt, die durch eine kontinuierliche Pflege der Pressekontakte unterstützt wird.

Will man über das Stammpublikum hinaus weitere Kinobesucher erreichen, ist ein entsprechender Werbedruck notwendig, um innerhalb der kaum überschaubaren Presse- und Werbelandschaft wahrgenommen zu werden. Mit vielfältigen kostenlosen und -pflichtigen Informationsmaterialien, z. B. Programmhefte, das Berlinale Journal oder verschiedenen Kataloge, mit nationalen und regionalen Medienpartnern aus den TV-, Rundfunk- und Printsektoren wie SAT1, Deutsche Welle TV, radio eins, rbb, Tagesspiegel und mit Sponsoren aus dem Bereich Werbemittler wie BerlinPlakat, megabizz und WALL ist es möglich, flächendeckend in Berlin zu werben. Insbesondere das Zentrum der Berlinale, der Potsdamer Platz wird auf vielfältige Weise dank der Werbemittelpartner im Corporate

Design dekoriert. Wie bereits vorher ausgeführt bilden die international abgestimmten Vermarktungsstrategien der Majorverleiher derzeit eines der Hauptprobleme der Berlinale, da mit vorgezogenen Starts von Berlinale-tauglichen Filmen attraktive Filme nicht in die Berlinale-Öffentlichkeitsarbeit einbezogen werden können und somit Medienaufmerksamkeit abgezogen wird.

Die **Spartenkonkurrenz** der Berlinale betrifft die Bereiche Filmprogramm und Filmmarkt. Auf Grund seiner Klassifizierung als A-Festival und seiner herausragenden internationalen Stellung ist das Konkurrenzumfeld im Bereich Filmprogramm klein. Innerhalb der nationalen Spartenkonkurrenz steht die Berlinale gesichert da. Kein anderes deutsches Filmfest konnte bisher auch nur eine annähernde Brachenrelevanz und ähnlich großen Zuschauerzuspruch erreichen. Bedingt durch die der enormen Etatunterschiede zu anderen deutschen Filmfestivals ist hier auch in Zukunft keine Veränderung der Situation zu erwarten.

Die direkte Konkurrenz bilden jene internationalen Filmfestivals, die wegen einer ähnlichen inhaltlichen Ausrichtung an den gleichen internationalen Erstaufführungen interessiert sind. Dies sind die Filmfestivals „Festival des Cannes", „La Biennale di Venezia" und das „Sundance Film Festival". Selbst weitere A-Festivals, die kurz vor oder nach der Berlinale stattfinden wie in Kairo (Ende November) oder Mar Del Plata (Anfang März), stellen angesichts des herausragenden internationalen Standings der Berlinale für diese keine Konkurrenz dar.

Die Zulassungskriterien im offiziellen Wettbewerb und dem Panorama sind sehr eng gefasst, um eine möglichst hohe Programmexklusivität zu erreichen Die Filme dürfen für eine Teilnahme am Wettbewerb maximal zwölf Monate vor Festivalbeginn fertig gestellt und noch nicht außerhalb ihrer Ursprungsländer vorgeführt worden sein, im Panorama noch auf keinem anderen deutschen oder europäischen Festival aufgeführt und die Kurzfilme für beide Sektionen in Deutschland weder im Kino oder im Fernsehen gezeigt worden sein oder an einem Wettbewerb eines internationalen Festival teilgenommen haben, das vor dem 1. Oktober des Vorjahres stattgefunden hat.[190] Da jedes Jahr nur eine begrenzte Zahl an Filmen produziert wird, die den Kriterien der Statuten und Qualitätsansprüchen der Auswahlkommissionen entsprechen, hat das Spartenkonkurrenzumfeld entscheidenden Einfluss auf die Programmgestaltung. Daher steht die Berlinale, terminlich gelegen zwischen den Filmfestivals in Sundance, Ende Januar, und Cannes, Anfang Mai, unter starkem Druck, gegenüber Produzenten das notwendig hohe internationale Standing zu halten, um einen Zuschlag für die Festivalerstaufführungsrechte zu bekommen. Ein zunehmend wichtiger Aspekt sind auch für die Berlinale Außer-Konkurrenz-Premieren, vornehmlich von Hollywood-Filmen. Produktion und Verleih dieser zumeist am Mainstream ausgerichteten Filme

---

[190] Die detaillierten Berlinalestatuten sind einsehbar unter www.berlinale.de

scheuen den Konkurrenzdruck des Wettbewerbes und die damit verbundene Gefahr negativer Publicity, können durch eine Teilnahme außer Konkurrenz aber die PR-Möglichkeiten der Berlinale nutzen.

Vom Berlinale Talent Campus verspricht Kosslick sich im Rennen mit anderen Festivals um Premierenrechte einen zukünftigen Vorteil:

> „‚So eine Nachwuchsförderung wie den Berlinale-Campus hat auch niemand sonst!' Dennoch: ‚Cannes ist Nummer Eins, und wir fühlen uns sehr wohl auf Platz Zwei.'"[191]

Diese Beurteilung des Berlinalestandings ist ebenso von einer realistischen Einschätzung der aktuellen Situation innerhalb der internationalen Festivalkonkurrenz bestimmt wie sicherlich auch von dem mittel- bis langfristigen Gedanken, durch diese massive Nachwuchsförderung das derzeitige internationale Ranking zukünftig doch zu Gunsten der Berlinale verändern zu können

Um das Festivalstanding innerhalb der Spartenkonkurrenzgruppe behaupten zu können, ist es notwendig, sich auch zukünftig immer wieder neu aufzustellen. Die Berlinale hat im Jahr 2004 die Preisverleihungen auf den letzten Samstag vorgezogen und durch diese Anpassung an die Produktionsrhythmen insbesondere der Printpresse eine Steigerung der Medienpräsenz erreicht.[192] Nun wird auch in Cannes die Preisverleihung ab 2004 von Sonntag auf Samstag vorverlegt und eventisiert, um ähnliche Erfolge zu verzeichnen.

> „Die Preisverleihung soll zudem durch die Vorab-Weltpremiere eines Films, ein Feuerwerk und eine Riesenparty mit Live-Musik abgerundet werden. In der anschließenden Festivalnacht sollen Kinosüchtige noch einmal alle ausgezeichneten Wettbewerbsfilme anschauen können. Im vergangenen Jahr hatte es in Cannes teilweise heftige Kritik an der Zusammenstellung des Programms und dem als steif empfundenen Ablauf gegeben."[193]

Im zweiten Spartenkonkurrenzsektor, dem Filmmarkt, ist der AFM als der wichtigste internationale Filmmarkt durch seine zeitliche Nähe zur Berlinale jahrelang der größte Konkurrent gewesen. Die Ankündigung, den AFM von Ende Februar in den November zu verlegen, wird diese Konkurrenzsituation entscheidend ver-

---

[191] „Der Glamour ist da". A.a.O.

Im Jahr 2005 eröffnet das Internationale Forum des Jungen Film sein Programm mit einer Kompilation aus Kurzfilmen von ehemaligen Talent Campus Teilnehmern. Dies ist ein Zeichen für die nachhaltige Förderung des Filmnachwuchses und für erste konkrete mittelfristige Ergebnisse des Campuses.

[192] Dass die Medienresonanz im Jahr 2004 so außergewöhnlich groß war, lag auch am Goldenen Bären für den deutschen Beitrag „Gegen die Wand" und der anschließend in der Boulevardpresse losgetretenen Sensationsberichterstattung, die sich, jenseits von kulturell oder kulturpolitisch motivierten Diskursen, ausschließlich auf boulevardeske Themen stützte.

[193] n.n.: „Neue Formel für Filmfestival in Cannes". In: *Baseler Zeitung*, 23.02.2004

ändern und stellt eine „historische Gelegenheit"[194] dar, die Position des EFM gegenüber anderen Filmmärkten zu stärken.

Die **Kulturkonkurrenz** innerhalb einer Großstadt wie Berlin ist sehr groß, täglich findet eine Vielzahl an kulturellen Veranstaltungen parallel statt und es sind unterschiedlichste Kultureinrichtungen vorhanden wie Konzerthäuser, Opern und Theater, Galerien oder Museen. Innerhalb eines so vielfältigen Kulturkonkurrenzumfeldes ist es notwendig, auf unterschiedlichen Ebenen aktiv zu werden um die öffentliche Aufmerksamkeit über den Kreis der Stammbesucher hinaus zu wecken. Vergleichbar mit den Aktivitäten innerhalb der Kernkonkurrenz versucht die Berlinale sowohl im Bereich der Außenwerbung wie auch in der Medienberichterstattung massiv vertreten zu sein, da die Berlinale, im Gegensatz zu ihren Konkurrenten in Cannes und Venedig, als Publikumsfestival nicht zuletzt auch aus Etatgründen auf einen hohen Besucherzuspruch angewiesen ist.

Je größer die Stadt ist, in der eine Veranstaltung stattfindet, desto größer ist auch das konkurrierende Freizeitangebot, und je größer der Einzugsbereich auch auf nationaler Ebene ist, desto weitläufiger wird das **Freizeitkonkurrenzangebot**.

> „But the people who often take a week or so off work to come to the festival are not 'normal cinemagoers', they want to see something different, unusual, something that they wouldn't normally be able to see in the cinema."[195]

Diese Cinemaniacs bilden den Grundstock an Publikum, die trotz Kultur- und Freizeitkonkurrenzangebot verlässliche Besucher sind. Jedoch wollen auch diese Besucherbeziehungen gepflegt werden durch funktionierende Serviceleistungen, wie reibungsloser Kartenkauf und eine umfassende Versorgung mit Informationen. Der Kartenvorverkauf, insbesondere in den Arkaden des Potsdamer Platzes, ist trotz der Verbesserungen in den vergangenen Jahren immer noch ein Schwachpunkt in der Kundenpflege. Lange Warteschlangen und -zeiten wirken sich für normale Kinogänger hemmend auf einen spontanen Festivalbesuch aus, wie man den vielfachen Klagen rund um die Warteschlangen entnehmen kann. Da die Cinemaniacs nicht ausreichen, um die zur Etatdeckung notwendige Masse an zahlenden Besuchern zu erreichen, und andere reguläre Besucher einen noch höheren Servicestandard erwarten, bildet der Kartenvorverkauf einen der neuralgischen Punkte in der Festivalaußendarstellung.

Dass selbst sportliche Großereignisse, die regelmäßig parallel zur Berlinale stattfinden, wie die Olympischen Winterspiele oder die Skieuropameisterschaften, keine Konkurrenz darstellen, liegt am immensen Sensationsfaktor und Live-Cha-

---

[194] Dieter Kosslick in „Re-Positioning Berlin European Film Market", Claus Mueller. In: Newsletter Nr. 181, 26.2.-4.3.2004. www.filmfestivals.com

[195] „Accept Diversity". Dieter Kosslick, Interview von Martin Blaney. www.german-cinema. de/magazine/2002/01/focus/kosslick.html (Letzter Zugriff: 23.02.2004)

rakter der Veranstaltung. Da im Februar kaum Freizeitaktivitäten im Freien möglich sind, insbesondere in den Abendstunden, hat die Berlinale hier ein wesentlich geringeres Konkurrenzumfeld als Festivals, die in den warmen Monaten
stattfinden.

### 3.1.6. Formen der Nachwuchsförderung im Rahmen der Berlinale

Die Nachwuchsförderung findet im Rahmen der Berlinale auf unterschiedlichen
Ebenen statt. Das Kinderfilmfestival widmet sich dem rezipierenden Nachwuchs,
dem produzierenden Nachwuchs wird in den unterschiedlichen Programmsektio-
nen Platz eingeräumt. Wie bereits erwähnt soll durch die Erweiterung des Kinderfilmfestes um die Sektion „14plus" die Lücke zwischen dem klassischen Kinderprogramm und den Berlinalebeiträgen für Erwachsene geschlossen werden.
Noch zielgerichteter als Panorama, Wettbewerb oder deutsche Sektionen widmet
sich das Forum der Entdeckung und Förderung neuer Talente. Ästhetisch wie
narrativ ausgefallene Filme, ein wichtiges Kriterium bei der Filmauswahl des Forums, entstehen häufig zu Beginn der Karrieren, da Erstlingswerke in der Regel
mit geringen Etats und daher ohne den Druck zur Rekapitalisierung produziert
werden.

Auch die Präsentation von Kurzfilmen im Wettbewerb wie im Panorama erfolgt
im Sinne der Nachwuchsförderung.[196] Neben dem Abspiel dient die Verleihung
mehrerer Kurzfilm-Bären der Steigerung der Präsenz in den Medien und soll das
Interesse von Lizenzhändlern und Produzenten wecken. Im Jahr 2003 wurden die
Kurzfilme des Wettbewerbs von den Langfilmen gekoppelt und werden nun in
eigenen Kurzfilmprogrammen vorgeführt. Ebenso wurde eine gesonderte Kurz-
filmjury gegründet, deren Mitglieder spezielle Kenntnisse des aktuellen künstlerischen internationalen Kurzfilmschaffens mitbringen müssen. Diese Trennung
mit dem Versuch einer weiteren Aufmerksamkeitssteigerung ist zwiespältig zu
bewerten. Zwar ist das Publikums- und Akkreditierteninteresse an diesen Pro-

---

[196] Bemerkenswert in diesem Zusammenhang ist jedoch auch die darüber hinausgehende Anerkennung des Kurzfilms nicht nur als Medium für Nachwuchsfilmemacher, sondern der Hinweis, dass durchaus aus etablierte Langfilmregisseure hin und wieder Kurzfilme drehen.

„Der Kurzfilm zeichnet sich gerade durch seine Form als ideales Experimentierfeld, als
Talentschmiede und Innovationswerkstatt aus. Neben jungen Filmmachern, die mit dem
Kurzfilm ihre Handschrift entwickeln, greifen auch etablierte Spielfilmregisseure gerne
immer wieder auf dieses Genre zurück."

Dieser für ein Langfilmfestival ungewöhnliche Hinweis ist dem Umstand zu verdanken,
dass mit Tom Tykwer einer der bekanntesten deutschen Regisseure mit einem Kurzfilm im
Wettbewerb vertreten war. „Herzblut für die Kurze Form: Der Kurzfilm-Wettbewerb ist
komplett". Pressemitteilung der Berlinale vom 22.01.2004

grammen immens, wie die überaus gut besuchten Programme 2004 zeigten. Als Manko sieht Astrid Kühl, Geschäftsführerin der KurzFilmAgentur Hamburg e.v., es an, dass eine wichtige Teilöffentlichkeit im Bereich der filmwirtschaftlichen Entscheider durch die entfallende Kurzfilmpräsenz vor den Wettbewerbsfilmen nicht mehr erreicht wird. Noch problematischer wird ihrerseits insbesondere die 2004 vollzogene Abkoppelung der Kurzfilm- von der offiziellen Preisverleihung bewertet, wodurch der Kurzfilm womöglich an Wertigkeit und Medienpräsenz verlieren kann. Ob mit dieser Abkoppelung dem Kurzfilm tatsächlich der Schritt „raus aus der Nische" gelingt, den man sich davon erhofft, wird sich mittel- bis langfristig zeigen.[197]

Eine Besonderheit der Berlinale ist der Talent Campus. Mit rund 500 Teilnehmern ist es die größte Veranstaltung dieser Art weltweit. Eingangsvoraussetzungen sind erste praktische Erfahrungen aus einem filmtechnischen oder -künstlerischen Bereich, etwa Darsteller, Autor, Sounddesign. Die Aufgaben des Campus fasst die Leiterin Christine Dorn wie folgt zusammen:

> „Was ein Talent hier erleben kann, ist jeden Tag eine Auswahl zwischen acht und zehn Workshops, Filmscreenings mit anschließenden Diskussionen mit renommierten Experten. Sie können ihre und die Bewerbungsfilme anderer hier in der Datenbank anschauen, können sich gegenseitig kleine Messages zuschicken – „Hey, ich mochte deinen Film, lass uns doch mal treffen hinten am Espressostand." Sie können in den so genannten Working-Campus-Projekten richtig was tun, zum Beispiel konnten sie den „Talent Movie of the Week" drehen; sie konnten in der Script-Klinik ihr Drehbuch lesen lassen von einem renommierten Drehbuch-Consultant; sie konnten im „Project Market" vor Produzenten ihr Projekt darstellen und nach einer Finanzierung suchen. Und natürlich konnten sie am „*Making of Talent Campus*"" mitmachen."[198]

Primäre wird über die Teilnahme am Talent Campus versucht, die Kontakte junger Filmemacher untereinander zu stärken. Neben der Schaffung dieser Netzwerke werden sie mit professionellen Vertretern der Filmbranche zusammengebracht, um aus der direkten Zusammenarbeit oder Diskussion Nutzen für die eigene berufliche oder künstlerische Entwicklung zu ziehen. In den vergangenen Jahren waren dies u. A. Anthony Minghella, Frances McDormand oder Wim Wenders. Durch die Kooperation mit dem EFM haben Campus-Teilnehmer die

---

[197] Strunz, Dieter. Raus aus der Nische. In: *Berliner Morgenpost*, 11.02.2003

Es wäre interessant zu untersuchen, wie weit die Berichterstattung in den Medien über den Kurzfilmwettbewerb und die Preisträger sich in den kommenden Jahren im Vergleich zu den Vorjahren bis 2002 positiv oder negativ entwickeln wird und wie die Verkäufe der ausgezeichneten Kurzfilme und Karrieren der Filmemacher im Vergleich zu vorher verlaufen.

[198] Christine Dorn, Leiterin des Talent Campus, in: Hier entsteht ein riesiger Talent-Markt. www.heute.t-online.de/ZDFde/druckansicht/0,1986,2104233,00.html

(Letzter Zugriff: 22.02.2004)

Gelegenheit, Einsicht in die Abläufe eines regulären Filmmarktes zu erhalten und auch hier Informationen und Praxistricks und -tipps direkt von professionellen Marktteilnehmern zu bekommen.

Kosslick sieht die Berlinale auch in der Funktion, national bekannten Nachwuchsdarstellern als Sprungbrett für eine internationale Karriere zu dienen:

> „Das wirkliche Problem ist: Kennen Sie Linda Lubowitz? Das ist ein Superstar aus Dubrovnik. Wenn Sie die Oscar-Verleihung anschauen, kennt jeder die Stars und die Filme. Europa ist sehr heterogen. Da ist es schwierig, die Filme der vielen Länder und ihre Stars zu kennen."[199]

Das gleiche Ziel verfolgt auch die European Film Promotion (EFP) mit dem Projekt „Shooting Stars". Aus diesem Grund werden Kooperationen mit der Berlinale und weiteren internationalen, auch außereuropäischen Filmfestivals (u. A. in Buenos Aires, Cannes, Karlovy Vary oder Toronto) eingegangen.

> „In some ways, EFP's own initiative, Shooting Stars, can be seen as a precursor to our Talent Campus. Over a period of seven years, many of Europe's most promising young actors have stood before the press, industry and public on the main stage of the Berlinale Palast. Commitment, skill and poise are just some of the words that come to mind when I think of these young actors who are at the heart of the Europe's cinematic renaissance. By welcoming them, and all of the young talents who are selected each year for the Talent Campus, the Berlinale has found a new role for itself in nurturing our next generation of filmmakers."[200]

Die Verleihung der „Shooting Stars" und der Auftritt der ausgezeichneten Darsteller dienen sowohl der individuellen Karriereförderung wie auch der europa- und weltweiten Promotion ihrer Filme sowie der des europäischen Films im außereuropäischen Ausland im Allgemeinen. Damit setzt die Berlinale ihre Reputation und Medienpräsenz zur Nachwuchsförderung ebenso ein, wie sie sich als imageträchtige Plattform für zukünftige Festivalbesuche dieser upcoming stars empfiehlt und damit wiederum einen Wettbewerbsvorteil innerhalb der Kernkonkurrenz verspricht.

> „Wer auf ihm steht und fotografiert wird, hat es in die Welt der Stars geschafft: Der rote Teppich ist der Inbegriff des Glamours."[201]

Diese Aussage ist über den Moment hinaus zu euphorisch, denn neben dem Auftritt auf dem Roten Teppich muss auch ein Mindestmaß an Bekanntheit aufgebaut werden, um es vom lediglich, möglicherweise nur kurzfristig „bekannten" Darsteller oder Filmemacher über den Prominenten bis zum Star zu schaffen. Je-

---

[199] Weiss, Christina und Dieter Kosslick. A.a.O.

[200] Commentary by Dieter Kosslick. www.efp-online.com (Letzter Zugriff: 12.03.2004)

[201] „Jute und Polyethylen als Sinnbild des Glamours" www.heute.t-online.de/ZDFde/druckansicht/0,1986,2101223,00.html (Letzter Zugriff: 05.02.2004)

doch ist die Schaffung von Stars nicht das prioritäre Ziel der Nachwuchsförderung und kann alleine durch Festivalpräsenz auf Dauer auch nicht erreicht werden.

### 3.1.7. Die Medienrelevanz der Berlinale zur öffentlichen Diskussion von film- und kulturpolitischer Themen

Durch Betrachten des Medieninteresses an der Berlinale lassen sich unterschiedliche Funktionen der Veranstaltung für die diversen Medien aufzeigen. Sie erfüllt in vielerlei Hinsicht die Ansprüche der nach Inhalten und Zielgruppen unterschiedlich ausgerichteten Medien. Mit rund 3.500 akkreditierten Pressevertretern im Jahr 2002[202], davon ca. 50% Auslandpresse aus 70 verschiedenen Ländern, gehört die Berlinale zu den medial am meisten beachteten Filmfestivals weltweit.[203] Die unterschiedlichen Medieninteresse und Anlässe für die Berichterstattung werden im Folgenden näher betrachtet.

**Publikumspresse**, also jene Medien, die Filmfestivalberichterstattung die cineastische Themen nicht zu ihren inhaltlichen Schwerpunkten zählen jedoch Kinofilme zu ihrem weiteren Themenspektrum dazu zählen, nehmen den international herausragenden Stellenwert der Berlinale zum Anlass, aus über die Veranstaltung selbst und aus dem Festivalumkreis zu berichten. Als Aufhänger dienen je nach inhaltlicher Ausrichtung anwesende Stars, neue Trends im Filmsektor oder Filmbeiträge und Sonderprogramme zu zielgruppenrelevanten Themen. Film und die Vielfalt der Filmkultur ist hier ebenso wichtig wie der Starrummel und das Geschehen rund um das Festival.

Berichterstattungen im Bereich **Boulevard** unterscheiden die Berlinale von anderen nationalen Filmfestivals. Hier lässt sich die Wechselwirkung zwischen Presseinteresse und Staraufkommen deutlich ablesen. Da fast täglich Weltstars zur Berlinale kommen, wird dies von Magazinen als Aufhänger genommen, die sich sonst nicht um den Bereich Film geschweige denn Filmfestival kümmern, und so zumindest indirekt über die Berlinale berichten. Das gleiche gilt für den TV-Boulevard-Bereich. Selbst Magazine wie Blitz (sat1), welche die Berichterstattung zum Thema Film wegen mangelndem Zuschauerinteresses seit 2003 deut-

---

[202] Anzahl der ausgestellten Presseakkreditierungen 2002 laut Berlinalebüro.

[203] Cannes hat rund 3.000 Presseakkreditierte, davon 70% Auslandspresse, Venedig 1800, davon 50% Auslandspresse. Angaben laut FIAPF-Präsidentin Phyllis Mollet. Auch wenn die Zahlen nur annähernde Größenordnungen darstellen, so dürften sie in ihren Dimensionen durchaus richtig sein. Yifan, Wu. „The FIAPF, International Federation of Film Producers Associations Answering Questions From Journalists" www.6th.siff.com/eng/news3_31.htm (Letzter Zugriff:27.02.2004)

lich reduziert haben, berichten von der Berlinale, da diese per se ein Ereignis darstellt, um das man im Bereich Boulevard nicht herumkommt. Wichtig ist für die
Redaktionen, dass die Berichterstattung aber nicht über Film und Kultur sondern
zielgruppengerecht boulevardesk an Stars und gesellschaftlichen Hintergrundin-
formationen wie Premierenfeiern und Galaveranstaltungen ausgerichtet ist.[204]

Die **Fachpresse** im Printbereich mit ihren Schwerpunkten auf den Bereichen Ki-
nowirtschaft (z.B. Filmecho/Filmwoche, Blickpunkt: Film), und Filmkultur (z.B.
epd film, Der Schnitt) und internationaler Markt (u.a. screen international, Variety) erhält aus jedem Themenbereich aktuelle Informationen und trifft vor Ort
auf Fachvertreter. Die Beiträge der offiziellen Programme, Berichterstattung über
Seminare, Tagungen und Panels, technische Entwicklungen ebenso wie Ge-
schäftsabschlüsse im Produktions- und Vertriebsbereich als auch Portraits und
Berichte über offizielle Berlinalegäste und relevante Fachbesucher sind die hier
aufgegriffenen Themen. Hier sind technische Entwicklungen wie im Jahr 2004
das Digital Cinema im praktischen Einsatz zu beobachten wie auch Vertreter aller von dieser Entwicklung betroffenen Interessengruppen zum direkten Austausch darüber anwesend sind. Auch haben Kulturmagazine im TV- und Rund-
funk-Bereich die Möglichkeit, umfassend über den aktuellen Stand im kulturellen und kommerziellen Filmbereich zu informieren. Auch wenn insbesondere im
Fachpressebereich gerne auf die Selbstverpflichtung zur umfassenden Berichterstattung verwiesen wird, ist auch hier die Bedeutung der Stars in der Berichterstattung unübersehbar.

Der große Medienzuspruch im Rahmen der Berlinale beruht auf der Mischung
aus anspruchsvollem Filmprogramm mit Exklusivanspruch, einer hohen Vielfalt
an kulturell herausragenden, im kommerziellen Kinoalltag nicht vorkommenden
Filmen und der Bedienung der Forderung der Medien nach Sensationen, im
Filmprogramm durch außergewöhnliche Premieren von Filmen mit hoher Preawareness, im Gästebereich in erster Linie durch Anwesenheit von Stars. Ernsthafte Filmkritiker nutzen die Berlinale als Chance, innerhalb der Redaktionen
breiteren Raum für eingehende produktions- und rezeptionskritische Berichterstattung eingeräumt zu bekommen als im redaktionellen Alltag über die einfache
Filmstartkritik hinaus.

Die große Publikumsnähe der Berlinale jenseits des Roten Teppichs wird auch
bewusst bei der medialen Vermarktung eingesetzt: „Und übrigens das Publikum
auch, denn für sie ist es eine große Chance, hautnah am Roten Teppich oder im
Restaurant oder in Berlin irgendwo in der Bar diese Leute zu treffen."[205]

---

[204]  Charlotte Pollex im Gespräch am 09.03.2004

[205]  „Herr der Filme". Dieter Kosslick im Interview mit Rainer Traube, Deutschen Welle.
       04.02.2004

### 3.1.8. Die Berlinale als Wirtschaftsfaktor mit lokalem und bundesweitem Effekt

Ein Filmfestival mit einem Etat von knapp über 10 Mio. EUR stellt eine beträchtliche Wirtschaftskraft dar. Neben der staatlichen Förderung sind „3,5 Millionen […] über eigene Einnahmen und Sponsoren wie Volkswagen und L'Oreal finanziert."[206] Im Jahr 2002 erstellte die Unternehmensberatung McKinsey für die Berlinale eine Umwegrentabilitätsanalyse, um die steuerlichen, wirtschaftlichen und arbeitsmarktrelevanten Auswirkungen der Berlinale aufzuzeigen.[207] Daraus ergibt sich, dass die staatliche Förderung angesichts der hohen Steuerrückflüsse und positiven Effekte für den Arbeitsmarkt als eine Art Anschubfinanzierung angesehen werden können. Dies beruht auf der Annahme, dass durch einen geschätzten Gesamtcashflow von ca. 30 Mio. EUR ein Mehrfaches der eingebrachten Fördergelder an den Staat direkt zurückfließt oder in Form von Einsparungen bei weiteren staatlichen Ausgaben etwa im Sozial- und Arbeitsmarktbereich erbracht wird.[208] Neben den direkten Ausgaben der Berlinale zur Stärkung der lokalen Wirtschaft und der Schaffung von Arbeitsplätzen kommen noch die externen Effekte durch die von Fachbesuchern und auswärtigen Besuchern in Berlin ausgegebenen Gelder. Insbesondere der Anteil an ausländischen Gästen, Fachbesuchern und Besuchern stellt nicht nur eine Umverteilung der Ausgaben innerhalb der Bundesrepublik dar, sondern bedeutet zusätzlich generierte Ausgaben. Die Untersuchung stellt den Cashflow jedoch nicht in einen Vergleich mit alternativen Einsatzmöglichkeiten der staatlichen Zuschüsse, wodurch die Aussagekraft der erreichten fiskalischen und Arbeitsplatzeffekte an dieser Stelle nicht beurteilt werden kann. Wie hoch der Konsolidierungsdruck der Stadt Berlin ist, zeigt die Tatsache, dass trotz positiver wirtschaftlicher Effekte für die Stadt die städtische Förderung der Berlinale nicht gesichert war und nur durch die Übertragung in die Verantwortung der KBB in ihrem Bestand gesichert werden konnte.

Die McKinsey-Studie verdeutlicht aber auch noch einmal, dass Filmfestivals mit wesentlich niedrigeren Etats und entsprechend weniger regulär bezahlten Mitarbeitern nur geringere positive Effekte auf den Arbeitsmarkt haben können. Festivals mit finanziell schwächeren Zielgruppen und demzufolge niedrigeren Ausgaben der Besucher für Unterkunft, Verpflegung und Konsum sowie ohne aufwändige Filmpremieren sind nicht in der Lage, einen vergleichbaren Cashflow wie

---

[206] Hochreither, Irmgard und Karin Rocholl. A. a. O.

[207] „Abschätzungen der wirtschaftlichen Folgen der Internationalen Filmfestspiele Berlin – Abschlussbericht. Berlin, 2. Dezember 2002" © McKinsey. Die Studie ist vertraulich und darf nicht ohne Genehmigung durch McKinsey weitergegeben werden.

[208] Schulte, Gerlinde: „Wirtschaftsfaktor Berlinale". In: *Die Welt*, 17.02.2003

die Berlinale auszulösen. Dies zeigt, dass Umwegrentabilitätsanalysen ungeeignet sind, als vergleichende Erfolgsmesser für Veranstaltungen mit derart unterschiedlichen finanziellen Ausstattungen herangezogen zu werden.

### 3.1.9. Erfolgsanalyse der in die Berlinale gesetzten kultur- und wirtschaftspolitischen Erwartungen

Die Erfolgskriterien der Berlinale sind auf Grund ihrer enormen inhaltlichen Spannweite und der kultur- und wirtschaftspolitischen Effekte derart vielfältig, dass im Folgenden lediglich auf eine Auswahl eingegangen werden kann. Ein wesentliches Erfolgskriterium, an dem die Gesamtleistung der Berlinale und insbesondere die Arbeit von Festivalleiter Kosslick innerhalb der Branche und bei Vertretern der Kulturpolitik gemessen wird, ist der Anteil deutscher Filme am Wettbewerb. Deren geringe Präsenz war einer der Hauptkritikpunkte an Kosslicks Vorgänger de Hadeln. Wurde im Jahr 2004 vor Beginn der Berlinale noch kritisiert, dass nach vier bzw. drei in diesem Jahr lediglich noch zwei deutsche Produktionen am Wettbewerb teilnehmen, ging diese Kritik später in der Überraschung und dem Aufsehen über die Verleihung des Goldenen Bären an Fatih Akins „Gegen die Wand" unter. Ob diese Auszeichnung künstlerisch und inhaltlich nun gerechtfertigt war oder nicht, führt zur Diskussion über die Qualität des gesamten Berlinale-Filmprogramms und die Zusammensetzung und Qualifikation der Jurys. Dies führte gleichzeitig zu einer medienübergreifenden Diskussion zum Stand und zur Zukunft des deutschen Films gerade auch im internationalen Vergleich.

Im Rahmen der Resümees wird in der Regel der Wettbewerb im Detail analysiert, während aus den anderen Sektionen lediglich Einzelbeiträge in die Beurteilungen mit einfließen. Dabei wird die Qualität der Wettbewerbsbeiträge in den einzelnen Resümees anhand der individuellen Qualitätsmaßstäbe der einzelnen Journalisten bewertet, die sich auf keinen gemeinsamen Nenner bringen lassen.[209] Es ist aber auch bereits als Erfolg anzusehen, wenn grundsätzlich, auf breiter Basis jenseits von Feuilletons und Kinofilmkritiken und über die Fachpresse hinaus eine breiter angelegte Diskussion über die Qualität von Filmen stattfindet. Dass im Jahr 2004 ein deutscher Beitrag den Wettbewerb gewann war die optimale Voraussetzung zur Erfüllung eines der Hauptziele der Berlinale, die über die nationale Berichterstattung hinausgehende generelle internationale Promotion des deutschen Films und der deutschen Filmwirtschaft.

---

[209] Die Urteile reichten im Jahr 2004 von „insgesamt lauer Wettbewerb" (Schulz-Ojala, Jan: „Der heilige Ernst der Liebe". In: *Der Tagesspiegel*, 14.02.2004) bis „ Die 54. Berlinale hat das Zeug zum Blockbuster. Der Film, der in den vergangenen Tagen und Nächten ablief, war ganz großes Kino." (Popovic, Anja: „Flirts und Tränen der Rührung". In: *Berliner Morgenpost*, 16.02.2004)

Die ungünstigen klimatischen Bedingungen des Wintertermins erschweren es der Berlinale mit den großen Frühjahrs- und Sommerfestivals in Cannes, Venedig und Locarno zu konkurrieren, da Freiluftveranstaltungen im Februar nicht möglich und auch die Bedingungen für Presse und Fans am Roten Teppich ungleich ungünstiger sind. Da aber in der Berichterstattung der Massenmedien das Fanaufkommen am Roten Teppich ein wichtiger Erfolgsfaktor zur Messung der Breitenwirkung ist, müssen möglichste optimale Bedingungen geschaffen werden. Durch die Verlegung des Berlinale Palastes vom Zoo Palast, wo es nur ca. 25 Meter ebenerdigen Fußweg vom Aussteigen aus den Limousinen bis zum Betreten des Kinos waren, an denen die Fans auf „ihre" Stars warten konnten, in das Musical-Theater am Potsdamer Platz und das Aufstellen der Videowand im Eingangsbereich konnte zum einen der Rote Teppich wesentlich verlängert werden, zum anderen sind die ankommenden Gäste durch das Gefälle zum Eingang hin und den dann folgenden leichten Anstieg für Fans besser sichtbar. Diese bessere Sichtbarkeit wird durch eine Übertragung auf eine Videowand im Eingangsaußenbereich unterstützt.

Wie wichtig Stars für die Erfolgsbeurteilung sind, lässt sich anhand des Stellenwertes erkennen, den das Thema in der Kommunikation mit den Medien einnimmt. Zur optimalen Wahrnehmung seitens der Journalisten wurde das Schlüsselwort „Star" im Jahr 2004 mehrfach in den Pressemitteilungen der Berlinale thematisch und bereits in den Überschriften eingesetzt:

23.01.2004: „Von Testud bis Brühl: Panorama erwartet rekordverdächtiges Staraufgebot"

26.01.2004: „Wenn Stars in die Politik gehen: Das Programm des ‚Berlinale Film Talk' steht"

29.01.2004: „Mittendrin statt nur dabei: Stars und Sternchen erstmals live im Netz"

05.02.2004: „Das Warten hat ein Ende: Berlinale-Eröffnung mit Staraufgebot"

„Easy Riders, Raging Bulls: Stars des ‚New Hollywood' kommen nach Berlin"

14.02.2004: „Stars, Stars, Stars"

Bemerkenswert ist, dass das Thema Stars nicht nur im Zusammenhang mit den Filmen des Wettbewerbs und Panoramas eingesetzt wird, sondern auch zur Steigerung der Aufmerksamkeit bei der Bewerbung der Retrospektive und des „Berlinale Film Talks" zum Tragen kommt.

Die Auslastungszahlen sprechen für eine erfolgreiche Verankerung der Berlinale als Publikumsfestival. Dabei gelingt es jedes Jahr wieder, neben den Filmen bekannter Regisseure oder mit namhaften Darstellern auch Publikum für Filme ohne namhaften Besonderungseffekt zu erreichen. Dies spricht für ein wachsendes Interesse einer breiteren Publikumsschicht an Filmen jenseits des Mainstreams und der Wahrnehmung der Chance, diese im Kino sehen zu können. Zugleich wird auch der Arbeit der Programmkommissionen Vertrauen in die Qualität der ausgewählten Festivalbeiträge entgegengebracht. Wenn es der Berlinale zukünftig verstärkt gelingen würde, noch mehr reguläre Besucher für die Vorstellungen ohne großen Starappeal zu gewinnen, dann könnte der mögliche Mangel an Stars sich weniger gravierend auf die Einnahmen auswirken. Eventuell könnte damit sogar eine Einnahmesteigerung erreicht werden, wenn die durchschnittliche Gesamtauslastung dadurch angehoben werden könnte.

Neben der Integration von Filmen mit schwuler und lesbischer Thematik innerhalb regulärer Filmprogramme zum Erreichen szeneübergreifender Zielgruppen liegt ein weiteres Ziel darin, kommerzielles Interesse an jenen Filmen zu wecken. Speck sieht das Panorama als Brückenschlag zwischen Filmproduktion und -auswertung, um „der Wirtschaft gegenüber auch mit dem Publikum argumentieren zu können. Im Sinne von: Dieser Film könnte es schaffen, zumindest im Arthouse."[210] Durch die Einschränkung auf Arthouse verweist Speck trotz der positiven Grundeinstellung von vorn herein auf die Besonderheiten eines Festivalerfolgs hin, der nicht 1:1 auf eine reguläre Auswertung übertragen werden kann.

Inwieweit Talent Campus und Co-Production Market nachhaltig erfolgreich arbeiten, wird sich erst in Zukunft herausstellen. Dies ließe sich ablesen an Karrieren der geladenen Campusteilnehmer, wie viele der im Co-Production Market vorgestellten Filmprojekte bis zur Umsetzung reiften und ob die teilnehmenden Filmemacher und Produzenten sich der Berlinale so weit verbunden fühlen, dass sie die Erstaufführungen zukünftiger Filme im Rahmen der Berlinale vornehmen werden.[211] Der hohe Zuspruch von weltweit 3.600 Bewerbungen im Jahr 2004[212] beim Talent Campus spricht zumindest dafür, dass der Campus innerhalb kürzester Zeit beim Nachwuchs ein sehr positives Renommee entwickelt hat. Von dieser positiven Bewertung erwarten sich auch die Sponsoren des Talent Campus einen positiven Imagetransfer. Im Falle einer Negativbewertung hätten diese ihre weitere Unterstützung sicher zurückgefahren oder ganz eingestellt.

Der Erfolg des EFM ist mit dem Umzug der Berlinale an den Potsdamer Platz und der damit verbundenen Ausweitung und technischen Verbesserungen ge-

---

[210] Herms, Manfred:„Die Wirtschaft verführen". Interview mit Wieland Speck. In: *Die Tageszeitung*, 06.02.2004

[211] Dazu gehört auch eine Präsenz der Campusteilnehmer und ihrer Werke außerhalb der Berlinale, ohne den Einsatz der Filmkompilation als Eröffnungsfilm des Internationalen Forums des Jungen Films 2005 schmälern zu wollen.

[212] www.berlinale-talentcampus.de/chl/2.php (Letzter Zugriff: 20.06.2004)

wachsen. Eine weitere Steigerung im Bereich Marktteilnehmer und damit auch des finanziellen Volumens des Lizenzhandels ist derzeit aus räumlichen Gründen nicht möglich. Um auf den durch die Umverlegung des AFM erwarteten weiter wachsenden Ansturm seitens der Lizenzhändler vorbereitet zu sein, ist der EFM auf der Suche nach neuen Räumlichkeiten.[213]

### 3.1.10. Resümee zum Standing der Berlinale und ihre Zukunftsperspektive

Das positive Image und das Standing der Berlinale innerhalb der Kern- und Spartenkonkurrenzfelder sind derart gefestigt, dass negative Veränderungen im internationalen Festivalranking nicht zu erwarten sind. Schon alleine durch den bestehenden Vorsprung im Etatbereich ist innerhalb des nationalen Spartenkonkurrenzumfeldes keine Bedrohung des Standings abzusehen. Auch wurden seit dem Leitungswechsel die meisten der in die Berlinale gesteckten Erwartungen in Bezug auf weltweite Promotion des deutschen Films erfüllt. Dessen stärkere Berücksichtigung im Wettbewerb und die Erweiterung der Programmangebote um eine deutsche Sektion wurden sowohl bei der öffentlichen Wahrnehmung als auch durch Fachbesucher angenommen. Auch trug die Verleihung des Goldenen Bären an „Gegen die Wand" (2004) und des Silbernen Bären an „Sophie Scholl" (2005) dazu bei, ein weltweites Medienecho auszulösen, das über ausgezeichneten Filme hinaus wirkt.

Ein Problem der Berlinale könnte die für eine breit angelegte positive Medienresonanz große Abhängigkeit vom Staraufkommen werden. Die Lösung der durch die Vorverlegung der Oscar-Nominierungen entstehenden Koordinationsschwierigkeiten mit dem Berlinale-Besuch der Stars aus Hollywood bilden eine der großen Herausforderungen, um zukünftig Schlagzeilen á la „Good bye, Berlinale! Stars bleiben weg"[214] zu vermeiden und innerhalb des nationalen Konkurrenzumfeldes einen wesentlichen Alleinstellungsfaktor zu behalten und im internationalen Wettbewerb konkurrenzfähig zu bleiben.

Der kulturelle Wert der Berlinale ist durch die Programmvielfalt innerhalb der einzelnen Sektionen gewahrt, Ergänzungen im Bereich des deutschen und des Jugendfilms haben dazu beigetragen, bestehende Lücken in der Zielgruppenansprache zu schließen. In Ergänzung mit dem Talent Campus hat sich die Berlinale zur weltweit größten Förderveranstaltung für den produzierenden nationalen und internationalen Nachwuchs entwickelt. Die Verfolgung der Karrieren der Campus-Teilnehmer wird in den kommenden Jahren Rückschlüsse zulassen, in

---

[213] Durch den Umzug des EFM in den Gropiusbau ist diese Erweiterung 2006 gelungen und die gebotene Chance erfolgreich genutzt worden.

[214] Bax, Daniel: „Good bye, Berlinale! Stars bleiben weg". In: *Die Tageszeitung*, 30.01.2004

wie weit das Campus langfristige positive Effekte für die einzelnen Karrieren und auch die Berlinale selbst haben wird.

Durch die terminlichen Veränderungen im internationalen Filmmarktkalender ist die Ausgangslage für eine weitere Stärkung des EFM sehr günstig. Durch den Umzug in den Gropiusbau scheint die Stärkung des EFM gelungen zu sein, wie die weitere Zunahme an Marktteilnehmern im Jahr 2006 zeigt. Wenn sich die Termine der anderen Filmmärkte nicht ändern und das Filmbusiness in den Bereichen Kino, TV, DVD und digitale Auswertung nicht weltweit an Gewicht verliert, ist kein Ende der erfolgreichen Marktentwicklung zu erwarten.

So lange die finanzielle Ausstattung der Berlinale nicht signifikant verringert wird und seitens der Filmproduktionen und Verleiher auch weiterhin genügend „Berlinale-taugliche" Mainstream- und Arthousefilme in Erstaufführung zur Verfügung gestellt werden, steht einer positiven Weiterentwicklung im Hinblick auf Vielfalt und Qualität der Programme sowie der Bedeutung des Filmmarktes nichts entgegen. Dies bedeutet vor allem, die terminlichen Probleme in der Abstimmung mit der Oscarverleihung zu lösen sowie angesichts der zunehmenden weltweiten Day and Date Releases die Bedeutung der Berlinale für die Vermarktung der Verleiher herauszustellen.

Die Berlinale wird zweifellos auch zukünftig auf absehbare Zeit der wichtigste deutsche Branchentreffpunkt und das größte Publikumsfestival der Welt bleiben und wird den in sie gesteckten kultur- und wirtschaftspolitischen Erwartungen und Hoffungen weiterhin gerecht werden.

## 3.2. Filmfest Emden – Aurich – Norderney

> „Bei uns gibt es die Filmemacher und auch die Stars ‚zum Anfassen', man kann sie einfach was fragen. Wir konstruieren keinen Starrummel, sondern halten an unserem Grundsatz fest, die Gäste nicht vom Publikum zu entfernen. Diese Mischung aus Stars, Fachpublikum und normalen Zuschauern macht eine sehr interessante Atmosphäre aus."[215]

Das Filmfest Emden ist ein Beispiel für Festivals, die aus einer öffentlich geförderten Institution heraus organisiert werden. Seine Besonderheit liegt in dem seit seiner Gründung schnellen nationalen wie internationalen Renommeezugewinn sowie in seiner Verteilung auf drei Orte. Grundlagen bilden Gespräche mit Rolf Eckard und Silke Santjer (Leitung Filmfest Emden), Jochen Coldeway (nordme-

---

[215] Feldkamp, Heinz-Dieter, Michael Scheunemann, Stephan Schulz im Gespräch mit Festivalleitern Rolf Eckard, Thorsten Hecht: Wir fühlen uns in erster Linie dem Publikum vor Ort verpflichtet. www.nibis.ni.schule.de/~rs-leer/zisch/zisch78.htm (Letzter Zugriff: 20.03.2004)

136

dia), Gespräche mit Besuchern und Fachbesuchern sowie Festivalbesuche in den Jahren 2000 – 2003.

## 3.2.1. Die Entwicklungsgeschichte von der einmaligen Veranstaltung zum Filmfest

Das Filmfest Emden fand erstmals 1990 anlässlich des 15ten Geburtstags des Emder Filmclubs statt und war eine Dankesveranstaltung an die finanziellen und ideellen Unterstützer, die es ermöglicht hatten, dass die Volkshochschule (VHS) mit dem Neuen Theater, einem in Konkurs gegangenen Kino, einen eigenen festen Spielort sowie die finanziellen Mittel zum technischen Ausbau bekam. Ursprünglich war das Filmfest als einmalige Veranstaltung geplant gewesen. Wegen des mit rund 5.000 Besuchern überraschend großen Zuschauerzuspruchs und der sehr guten Presseresonanz wurde an den Filmclub seitens der VHS und der Öffentlichkeit der Wunsch herangetragen, das Filmfest zu einer regelmäßigen Veranstaltung auszubauen. Durch zusätzliche Mittel konnte die VHS die Planung aufnehmen. Nach anfänglicher Skepsis gegenüber der Notwendigkeit des Vorhabens auf Seiten der Stadt gelang es, diese vom Konzept zu überzeugen. „Ich gestehe: Als Thorsten und Rolf vor 15 Jahren in mein Büro kamen, und sagten, sie wollten ein Filmfest in Emden organisieren, dachte ich: Die sind bekloppt," so der Emder Oberbürgermeisters in seiner Eröffnungsrede anlässlich des 15. Filmfestes 2004.[216] Zusätzlich unterstützten regionale Sponsoren das Festival von Anfang an, durch die Fokussierung auf britisches und irisches Kino seit dem Jahr 1992 gelang es, den British Council als festen internationalen Partner zu gewinnen. Bereits im ersten Jahr wurde mit den örtlichen Flebbe Filmtheaterbetrieben kooperiert, wodurch es möglich war, neben dem Neuen Theater einen zweiten Saal mit einzubeziehen. Das Festival wurde als Publikumsveranstaltung konzipiert, das Programm setzt sich zusammen aus einem Querschnitt der nach Ansicht der Auswahlkommission besten Filme der vergangenen Monate, ob Ur-, Erstaufführung oder Nachspiel spielt bei der Programmauswahl keine primäre Rolle, entscheidend ist die Qualität der einzelnen Beiträge. Im Zuge der erfolgreichen Besuchersteigerung werden mittlerweile fünf Kinosäle in Emden sowie jeweils ein Saal in Aurich und auf Norderney mit bespielt. Mit der Ausweitung auf umliegende Orte ab dem Jahr 1998 wurde aus dem Filmfest Emden ein ostfriesisches Festival, was für die wirtschaftsschwache, stark vom Tourismus abhängige Region eine wichtige Imageaufwertung bedeutete. Innerhalb weniger Jahre hat das Filmfest Emden sich zum bedeutendsten Festival in Niedersachsen entwickelt. „Es gibt wohl größere Städte in Niedersachsen, aber kein größeres

---

[216] „Verwelkte Blumen zum Abschied" von sg, Profil, 14.06.2004

Filmfest" resümierte 1999 der Niedersächsische Minister für Wissenschaft und Kultur, Thomas Oppermann.[217]

2003 kamen fast 20.000 Besucher zum Festival, was angesichts einer Einwohnerzahl von insgesamt 97.000 Einwohnern in allen drei Städten sehr hoch ist.[218] Der große Besucherzuspruch ebenso wie die hohe Anzahl und Prominenz der geladenen Gäste ist auf das von Anfang an konsequent verfolgte Konzept des engen Kontaktes zwischen Festivalbesuchern und Filmfestgästen zurückzuführen. Dies nahm seinen Ausgang mit der persönlichen Begegnung Rolf Eckards mit Bernhard Wicki im Rahmen der Berlinale. „Die Chemie stimmte sofort",[219] Bernhard Wicki kam zum ersten Filmfest nach Emden, im Zuge der Vorführung von „Musicbox" auch Armin Müller-Stahl, womit die ersten beiden internationalen Stars einen langen Reigen von weiteren namhaften Gästen eröffneten.

> „Bei uns gibt es die Filmemacher und auch die Stars ‚zum Anfassen', man kann
> sie einfach was fragen. Wir konstruieren keinen Starrummel, sondern halten an
> unserem Grundsatz fest, die Gäste nicht vom Publikum zu entfernen. Diese
> Mischung aus Stars, Fachpublikum und normalen Zuschauern macht eine sehr
> interessante Atmosphäre aus."[220]

Die Festivalentwicklung ist umso bemerkenswerter, als die Region Ostfriesland kein relevanter Medienstandort ist, weder Rundfunk- noch TV-Sender sind vor Ort, auch die Printpresse ist rein lokal oder bestenfalls regional ausgerichtet. Honoriert wird der langjährige und kontinuierliche Erfolg durch die im Jahr 2004 erhöhte Förderung durch nordmedia auf Grund der für das Filmfest Emden positiv ausgegangenen niedersächsischen Festivalevaluation. „Dieses Filmfest ist eines der ganz besonderen in Niedersachsen, weil es internationales Profil hat. Eine weitere Stärke liegt darin, dass es in der Region verankert ist."[221] Als Fazit der Festivalevaluation gehört das Filmfest Emden zu jenen Festivals, die in Zukunft verstärkt gefördert werden, da sie eine Bedeutung über die Grenzen Niedersachsen hinaus haben.

---

[217] Deeken, Insa: Schaufenster des britischen Films. In: *Frankfurter Rundschau*, 14.07.1999

[218] Vergleichswerte 2004: Internationales KurzFilmFestival Hamburg: 16.000 Besucher bei 1,7 Mio Einwohnern / Filmfest Mannheim-Heidelberg: 60.000 Besucher bei zusammen 480.000 Einwohnern / Internationale Filmfestspiele Berlin: 400.000 Besucher bei 3,7 Mio Einwohnern. Grundsätzlich zeigt sich, dass die Besucherzahlen prozentual zur Gesamtbevölkerung gesehen in mittelgroßen und Kleinstädten höher sind als in Großstädten. Dies kann vermutlich zurückgeführt werden auf das dortige geringere Konkurrenzumfeld und den sich daraus dort ergebenden höheren Sensationsfaktor von Filmfestivals.

[219] Rolf Eckard im Gespräch

[220] Feldkamp, Heinz-Dieter, Michael Scheunemann, Stephan Schulz. A.a.O.

[221] Thomas Schäffer, Geschäftsführer nordmedia GmbH, in „Etwas Besonderes, weil es in der Region verankert ist" von Axel Milkert. In: *Emder Zeitung*, 12.06.2003

### 3.2.2.  Die Organisationsstrukturen des Filmfestes

Träger des Filmfestes ist die Emder Volkshochschule, welche auch den örtlichen Filmclub betreibt. Den Kern bilden die beiden fest angestellten Festivalleiter, die von Februar bis Juli ausschließlich das Festival vorbereiten, wobei sie von ein bis zwei Praktikanten unterstützt werden. Das restliche Jahr werden neben der weiteren Arbeit, Vorbereitung eines Open Air Kinos, Jazzfestes, der Betreuung des Filmclubs, der Kinderfilmreihe und der Rosa-Lila Filmnächte, andere Festivals besucht und die lang- und mittelfristige Festivalarbeit erledigt. Zur Veranstaltung hin wird das Team durch freie und ehrenamtliche Mitarbeiter aufgestockt, die aus Emden, aber auch dem Rest der Bundesrepublik kommen. Die Kontinuität innerhalb des Teams, worunter Mitarbeiter sind, die seit Jahren und zum Teil ohne vollständige Kostenerstattung aus Süddeutschland, Mexiko oder Los Angeles anreisen, sind Indizien für ein positives Betriebsklima und eine enge Teambindung. Die Programmhoheit liegt bei den beiden Festivalleitern, sie sind als einzige für die Filmmauswahl verantwortlich. „Wenn man jemanden verantwortlich machen möchte, dann Silke und mich,"[222] fasst Eckard die Entscheidungswege zusammen. Meinungsbildungen zu einzelnen Filmen mit externen Festivalberatern und dem Team sind üblich, endgültige Programmentscheidungen treffen einzig die beiden Leiter.

Von Emden aus wird das Festival zentral für alle drei Städte organisiert und ist auch Hauptspielort. In Aurich und auf Norderney läuft in jeweils einem Saal eine Auswahl des Gesamtprogramms, die örtlichen Veranstaltungspartner kümmern sich um die technischen und organisatorischen Rahmenbedingungen. Die Anforderungen an die Spielorte in Aurich und auf Norderney sind genauso hoch wie in Emden, damit Gäste bei der persönlichen Präsentation ihrer Filme in allen Kinos den gleichen technischen Standard in Bezug auf Vorführ- (Tonformate und richtige Projektionslinsen) sowie die Begleittechnik (Mikrofon, Licht, Dekoration) vorfinden. Zur Zuschauerbindung berechtigen die Mitgliedsausweise der Filmclubs in Emden und Aurich überall zu einem ermäßigten Eintritt in alle Festivalkinos. Das Festival versteht sich nach der Aufwertung durch die nordmedia-Festivalevaluation nicht länger als ostfriesisches Filmfestival, sondern als Aushängeschild des gesamten Medienstandorts Niedersachsen.

### 3.2.3.  Aufbau des Film- und Rahmenprogramms, Wege zur Einbindung der Festivalbesucher sowie Chancen und Risiken einer verstärkten Fachbesuchereinbindung

Das Filmprogramm setzt sich zusammen aus Lang- und Kurzfilmen in den Formaten 16mm und 35mm, wobei einige der Kurzfilme als Vorfilme, andere in ge-

---

[222]  Rolf Eckard im Gespräch

sonderten Programmblöcken laufen. Ab dem Jahr 2004 wird das Formatspektrum um BetaSP ergänzt, um TV-Produktionen aufnehmen zu können. Der Programmschwerpunkt liegt seit 1993 unter dem Titel „The British Are Coming" auf dem aktuellen britischen und irischen Kino sowie Filmen aus dem nordosteuropäischen Raum. Persönlichkeiten aus der britischen Filmindustrie zählen seit Jahren zu den Gästen des Filmfestes, etwa Ben Kingsley, Peter Greenaway oder Michael Winterbottom. Die frühe Schwerpunktausrichtung sorgte für eine eindeutige Profilbildung innerhalb der Spartenkonkurrenz, wobei es mit der thematischen Festlegung gelang, sowohl eine bisher unbesetzte Programmnische innerhalb der deutschen Festivallandschaft zu belegen, als auch einen dem örtlichen Besucherinteresse entgegenkommenden Themenschwerpunkt zu finden. Das Filmprogramm zeichnet sich aus durch die Balance zwischen sehr anspruchsvollen Filmen und einem Entgegenkommen gegenüber dem regionalen Besucherinteresse um nicht als elitäre Veranstaltung am potentiellen Publikum vorbei zu agieren. Die positive Resonanz auch auf anspruchsvolle Filme ist ein Beleg dafür, dass man sich durch kontinuierliche Arbeit auch jenseits von Großstädten ein „hoch motiviertes [...] Publikum das auch schwierige Filme stützt"[223], erschließen kann. Zur weiteren Besuchersteigerung ist eines der mittelfristigen Festivalziele, die Besucher vermehrt für Filme und Programmreihen zu interessieren, die abseits vertrauter Inhalte und Sehgewohnheiten liegen und so die Auslastung innerhalb des gesamten Programms gleichmäßiger zu verteilen.

Durch die Fokussierung auf britische, irische und nordeuropäische Filme gelang es innerhalb weniger Jahre, einen Stamm an Fachbesuchern aufzubauen, die sich konzentriert über diese Filmangebote informieren wollen. Diese Fachbesucher kommen derzeit vorrangig aus den Bereichen Kino, Verleih und Presse. Eine Erweiterung des Spektrums ist in Planung, hängt jedoch von der weiteren finanziellen Entwicklung des Festivals ab, da zur Relevanzsteigerung weiterer Fachbesuchergruppen gegenüber geänderte Rahmenbedingungen und größere Angebote mit wirklichem Mehrwert geschaffen werden müssen. Geeignete Maßnahmen wie Fachseminare oder tagsüber stattfindende Vorstellungen sind mit Mehrkosten verbunden, die durch zusätzliche Einnahmen aus vermehrten Akkreditierungsgebühren allein nicht aufgefangen werden können. Insbesondere durch die zeitliche Nähe zum Filmfest München bedarf dieser Schritt fundierter Anreize für die anvisierten Fachbesucher, um auf entsprechende Resonanz zu treffen, ohne ein finanzielles Risiko einzugehen oder im Falle des Scheiterns einen Imageschaden und damit eine Schwäche innerhalb der Sparten- und Kulturkonkurrenz davonzutragen.

Einen weiteren Schwerpunkt bilden deutsche Produktionen in der Reihe „Neue deutsche Filme", wobei die Programmauswahl ebenfalls durch die Konkurrenz

---

[223] „Die Wirtschaft verführen". A.a.O.

zum Filmfest München eingeschränkt wird. Da das Filmfest München durch sein größeres Medien- und Fachbesucheraufkommen eine breitere Aufmerksamkeit bei Fachbesuchern wie auch in der Öffentlichkeit erreicht, werden aktuelle deutsche Produktionen vorrangig dorthin gegeben. Um hier eine mittelfristige Positionsverbesserung zu erreichen, ist eine stetige Intensivierung der Pressearbeit und Generierung breiter, vor allem bundesweiter Presseresonanz notwendig oder die dauerhafte Bindung von relevanten Fachbesuchergruppen.

Kurzfilme runden die regulären Filmprogramme ab. Die Kurzfilmprogramme und die Kurzfilme als Vorfilme werden aus dem international verfügbaren Angebot ausgewählt und ermöglichen es den Besuchern, sich zum einen in den speziellen Programmen konzentriert nur mit Kurzfilmen auseinander zu setzen, zum anderen sehen mit den Vorfilmen aber auch jene Kinobesucher Kurzfilme, die diese nicht zu ihren präferierten Filmen zählen und damit einen zusätzlichen Einblick in diese Gattung bekommen. Darüber hinaus gibt es den Kurzfilmwettbewerb um den „Ostfriesischen Kurzfilmpreis", der von einem der bekanntesten Emder, Otto Waalkes, entworfen wurde, was zur beabsichtigten Steigerung der Breitenwahrnehmung beitrug. Die Internationale Reihe sowie Retrospektiven zu einzelnen Schauspielern oder Regisseuren sowie thematisch wechselnde Sonderreihen runden das Programmspektrum ab, wobei angestrebt wird, dass die gewürdigten Persönlichkeit auch den Vorführungen ihrer Werke beiwohnen. Das Kinderprogramm ist ausdrücklich als „Familien- und Kinderfilmprogramm" konzipiert und auch so betitelt. Damit wird verdeutlicht, dass Kinderfilme auch für Erwachsene interessant sein können und der Besuch der Filmprogramme auch für Erwachsene „mehr als nur eine pädagogische Pflichterfüllung"[224] ist.

Die Preisverleihung findet im Rahmen der allgemeinen Preisverleihungsgala statt, was der gesamten gleichwertigen Behandlung von Lang- und Kurzfilm im Rahmen des Filmfestes entspricht. Es werden folgende Publikumspreise verliehen[225]: Ostfriesische Kurzfilmpreis, mit dem Preispaten Thomas Heinze. Preisübergabe durch Sponsorenvertreterin Signe Foetzki (Ostfriesische Landschaftliche Brandkasse). DGB – Filmpreis „Die Sinne", mit dem Preispaten Hans-Erich Viet. Die Preisübergabe erfolgt durch Dr. Ursula Engelen-Kefer (Stellv. Vorsitzende des DGB) und Hartmut Tölle (DGB-Bezirksvorsitzender Niedersachsen-Bremen-Sachsen Anhalt). Der Bernhard-Wicki-Preis wird durch die Preispatin Elisabeth Wicki-Endriss begleitet, die Preisübergabe erfolgt durch die Sponsorenvertreter Harald Lesch (Ostfriesische Volksbank), Remmer Edzards (Stadtwerke Emden) und Herbert Visser (Staatsbad Norderney GmbH). Der Promotion Filmförderpreis wird durch die Preispatin Hannelore Elsner begleitet und die

---

[224] Rolf Eckard im Gespräch
[225] Stand der Preise: 2004

Preisübergabe durch den Stiftervertreter Dr. Reinhard Penzek (Personalleiter Volkswagenwerk Emden) vorgenommen.

Durch die Einführung der Publikumspreise konnten die Zuschauerzahlen innerhalb eines Jahres um 30% gesteigert werden. Ungewöhnlich ist, dass die in diesen Kategorien nominierten Filme nicht in gesonderten Wettbewerbsreihen laufen, sondern in die regulären Programme integriert sind. Die Beiträge werden je nach inhaltlicher Ausrichtung oder formaler Zulässigkeit den Wettbewerben zugeordnet. Im Laufe der Jahre war es immer wieder notwendig, die Einreichbedingungen für die Teilnahme an den Wettbewerben zu modifizieren, um der Flut an Einreichungen habhaft zu werden und anhand formaler Kriterien die Einreichzahlen reduzieren zu können. Durch diese Modifizierungen soll vermieden werden, in der Wettbewerbsauswahl willkürlich zu erscheinen und angreifbar zu werden. Es wird darüber hinaus darauf geachtet, dass nicht zu viel Preise vergeben werden, was für Besucher zu Lasten der Übersichtlichkeit ginge, den Wert einzelner Preise und damit auch den positiven Imagetransfer für die Sponsoren schmälern würde. Weitere potentielle Preissponsoren sollen daher für andere Formen des Engagements interessiert werden.

Für den Emder Hauptpreis, den „Bernhard-Wicki-Preis", können nur Filme nominiert werden, die aus dem deutschsprachigen Raum oder Nordwesteuropa kommen, sie dürfen ihre deutsche Erstaufführung maximal vor dem 1. Oktober des Vorjahres gehabt und noch keinen Verleih haben, das Preisgeld in Höhe von 10.000 EUR geht an den Regisseur. Der „DGB-Filmpreis", dotiert mit 5.000 EUR, geht an einen „in besonderer Weise gesellschaftlich engagierten Kinofilm".[226] Er soll „ein Zeichen setzen und die künstlerische Auseinandersetzung mit gesellschaftlichen Fragen und Prozessen fördern."[227] In 2003 wurde erstmals der mit 5.000 EUR dotierte „Promotion Weser-Ems"-Preis ausgelobt, der an einen deutschen Erst- oder Zweitlingsfilm geht. Alle Preise werden durch Publikumsabstimmung ermittelt und im Rahmen der Preisverleihung am Sonntagabend öffentlich übergeben. Prominente Preispaten unterstreichen sowohl das Renommee der Preise als auch das Ansehen des Filmfestes, die Übergabe dient neben der Steigerung der Pressepräsenz der persönlichen Einbindung der Sponsoren in das Festival.[228] Neben den prominenten Preispaten werden daher auch die stiftenden Sponsoren in die Übergabe eingebunden.

Die Abstimmung durch das Publikum ist ein weiterer wichtiger Bestandteil zur Integration der Besucher, da ihnen damit das Gefühl vermittelt wird, dass ihrem Kritik- und Urteilsvermögen vertraut wird. Dieses Kritik- und Urteilsvermögen

---

[226] Regularien Filmfest Emden – Aurich – Norderney 2003

[227] Festivalkatalog Filmfest Emden – Aurich – Norderney 2002

[228] Pressemitteilung Filmfest Emden – Aurich – Norderney, 15.06.2003

wird durch moderierte Einführungen bei den Sonderprogrammen sowie durch Mitternachtstalks geschult. Die Leidenschaft für das Medium Film im Allgemeinen und für die vorgestellten Filme im Besonderen, mit der die Filmemacherin, Autorin und Mitglied im Auswahlgremium des Internationalen Forum des Neuen Films, Dorothee Wenner, mit Gästen und Publikum spricht, springt über, die Diskussionen sind vorbildlich in ihrer inhaltlichen Fundiertheit und der Art, wie auf den filmtheoretischen Kenntnisstand der Teilnehmer eingegangen wird. Um die Attraktivität der Filmtalks auch in Zukunft zu gewährleisten wurden sie im Jahr 2003 leicht modifiziert, die Gesprächsleitungen teilt sich Wenner seitdem mit Musiker und Kulturmanager Edzard Wagenaar, zur besseren Verdeutlichung der Gesprächsthemen werden Filmausschnitte vorgeführt. Der im gleichen Jahr erneut angestiegene Publikumszuspruch bei den Filmgesprächen gibt dem modifizierten Konzept Recht.

2004 wurde die lange angepeilte Zuschauerschwelle von 20.000 erstmals übersprungen. Dies wurde durch eine verstärkte, dezidierte Zielgruppenansprache bei den Sonderprogrammen erreicht, da in den Haupt- und Spätvorstellungen der regulären Programmreihen die maximalen Auslastungen bereits erreicht wurden. Zudem wird bei der zukünftigen Programmierung verstärkt die im Laufe der Jahre zutage gekommene regional unterschiedliche Publikumspräferenz berücksichtig. Es stellte sich heraus, dass insbesondere trotz der bisherigen Bemühungen untertitelte Filmfassungen in Aurich kein Publikum finden. Dies erklärt sich Eckard damit, dass die „wahren Cineasten unter den Aurichern lieber direkt nach Emden zum Filmfest kommen" und das normale Auricher Publikum stärker den Konsumgewohnheiten regulärer Kinobesucher folgt, welches so gut wie keine untertitelten Originalfassungen anschaut. Ob diese aus Mangel an Interesse im regulären Kinoprogramm nicht gezeigt werden oder das Publikum kein Interesse entwickelt, weil es gar nicht erst die Chance hat, sich damit vertraut zu machen, ähnelt der Frage nach dem Huhn und dem Ei.

### 3.2.4. Konkurrenzumfeldanalyse innerhalb der drei Festivalspielorte

Das Konkurrenzumfeld für Filmfestivals in Mittel- und Kleinstädten unterscheidet sich deutlich von großstädtischem. Durch seine exponierte Stellung als erfolgreichstes Niedersächsisches Filmfest entsteht darüber hinaus speziell für dieses Festival eine deutliche Konkurrenzsituation zum zeitnah stattfinden Filmfest München, wobei der Konkurrenzdruck auf das Filmfest Emden – Aurich – Norderney derzeit auf Grund der schwächeren Positionierung größer ist, als auf das Filmfest München.

Die geografische Lage und lokale Kinostruktur bestimmt die **Kernkonkurrenzumfelder** des Filmfest Emden – Aurich – Norderney. Emden liegt nahe der niederländischen Grenze im westlichen Ostfriesland, rund 90 bis 130 km von den nächst größeren Städten Oldenburg, Wilhelmshaven oder Bremen entfernt. Die lokale Kinolandschaft ist mit zwei Kinocentern für eine Stadt mit rund 50.000 Einwohnern gut ausgebildet. Der örtliche Filmclub der Volkshochschule ergänzt mit seinem Programm das mainstreamorientierte Programm der Kinocenter. Er begreift sich als Ersatz für ein fehlendes Programmkino und zeigt einmal wöchentlich im Hauptprogramm des CineStar Filme aus dem Arthousesektor. Das Kinderkino wendet sich an Kinder und Familien und zeigt jeden Sonntag einen Film im VHS-Veranstaltungszentrum Forum, in Kooperation mit der örtlichen Lesben- und Schwulengruppe wird eine entsprechend thematisch ausgerichtete Filmreihe angeboten. Durch diese Programme wird in Emden ein anspruchsvolles und abwechslungsreiches Filmspektrum angeboten und die örtliche Filmszene gepflegt, wodurch Emden sehr umfangreich cineastisch grundversorgt ist. Durch die kontinuierliche Arbeit des Filmclubs besteht in Emden auch ohne eigenes vollzeitig betriebenes Programmkino die Möglichkeit, anspruchsvolle Kinofilme über den Festivalzeitraum hinaus ganzjährig zu sehen. Das Programmangebot ist jedoch nicht so umfangreich, dass der Bedarf der Emder an solchen Filmen damit zur Genüge gedeckt wäre. Das Filmfest profitiert davon, da es damit auf eine den Konsum von anspruchsvollen Filmen gewohnte Basis an Zuschauern bauen kann. Insofern ist die lokale Kinolandschaft keine Konkurrenz, sondern der Nährboden für die Bereitschaft der Bevölkerung, dem Festivalprogramm aufgeschlossen gegenüber zu treten. Im Auricher Kinocenter Carolinenhof laufen neben dem gängigen Mainstreamangebot auch die Filme des Filmclubs Aurich, der für seine Programme bereits mehrfach mit dem Niedersächsischen Filmprogrammpreis ausgezeichnet wurde. Damit gibt es in Aurich ebenfalls eine cineastisch anspruchsvolle Grundversorgung der Bevölkerung. Eine Konkurrenz zum Filmfest ergibt sich hieraus nicht, da das Kinocenter Spielort des Filmfestes ist. Statt in Konkurrenz zu treten, kooperieren die Filmclubs aus Emden und Aurich bei der Abwicklung des Filmfestes. Im Kurhaus auf Norderney finden regelmäßig Filmvorführungen statt, das Angebot entspricht anspruchsvollen Mainstream (z.B. „Good Bye Lenin", „Der Herr der Ringe"). Diese Kinoversorgung kann nicht als Konkurrenz zum Filmfest angesehen werden, da weder ein regulärer Kinobetrieb noch ein anderes Filmfest stattfinden.

Durch einen Verzicht auf generelle Erstaufführungsansprüche, die ausgewählten Beiträge können schon vorab auf anderen Filmfestivals gelaufen sein, lediglich die kommerzielle Auswertung ist ausschließend geregelt, ist der **Spartenkonkurrenzdruck** geringer als bei reinen Erstaufführungsfestivals. Mit 5.000 € bis 10.000 € sind die Filmpreise hoch genug dotiert, um für Filmemacher und Produzenten ein Anreiz zu sein, in Emden aktiv zu den Wettbewerben einzureichen oder seitens des Festivals ausgesprochene Teilnahmeeinladungen anzunehmen. Die große Anzahl an nationalen und beachtliche Anzahl an internationalen Gästen spricht ebenfalls für den hohen Stellenwert innerhalb dieser Nutzergruppe. Im Kurzfilmsektor werden die Programme teilweise mit dem hin und wieder zeitgleich stattfindenden Internationalen KurzFilmFestival Hamburg abgesprochen, um Kopien gegebenenfalls zwischen beiden Festivals austauschen zu können und somit eine Konkurrenzsituation zu vermeiden und gleichzeitig die Kopienbeschaffungskosten zu reduzieren.

Der einzige ernsthafte Spartenkonkurrent besteht im Filmfest München, das ca. zwei bis drei Wochen nach Emden stattfindet. Da München vorrangig ein Erstaufführungsfestival ist, ist es für die dortige Leitung inakzeptabel, dass Filme vorab in Emden vorgeführt werden. Durch das wesentlich größere Presse- und Fachbesucheraufkommen ist das Filmfest München für viele Produzenten die interessantere Plattform, insbesondere bei deutschen Filmen hat es damit das bessere Standing. Bei den Filmen aus Großbritannien sieht die Situation mitunter anders aus, da die Produzenten auf Grund der deutlichen Profilierung Emdens wissen, dass ihre Filme dort sowohl auf ein interessiertes Publikum treffen als auch die für sie relevanten Fachbesucher anwesend sind.

Emden bietet ein vielfältiges kulturelles Angebot, aus dem sich das **Kulturkonkurrenzumfeld** ergibt. Neben der von Henri Nannen gegründeten Kunsthalle Emden findet im Neuen Theater Tourneetheater aus den Sparten Schauspiel, Oper und Operette statt, Kabarett und Kleinkunst, in der Nordseehalle Pop-, Rock- und Volksmusikkonzerte. Das Landesmuseum, das bundesweit einzigartige Bunkermuseum und das Angebot der VHS im Kultur-Forum, von Konzerten über Filmvorführungen bis hin zu Sonderveranstaltungen, runden das kulturelle Angebot Emdens ab. Das Filmfest Emden zählt innerhalb der vielfältigen Angebotspalette zu den kulturellen Highlights der Stadt, wozu die große Anzahl an prominenten Gästen aus Filmbusiness und lokaler wie überregionaler Politik einen wesentlichen Beitrag leisten. Das Auricher Kulturangebot ist ebenfalls umfangreich, es umfasst feste und wechselnde Ausstellungen des Kunstvereins Aurich und des historischen Museums, der Kulturvermittlung widmen sich die Kunstschule und das MachMitMuseum. Damit ist das Konkurrenzumfeld dem Emdens vergleichbar. Auf Grund des Tourismusaufkommens zählt das Filmfest auch hier zu den wirtschaftlich relevanten und wegen des Starbesuchs und der Programmvielfalt zu den kulturell und gesellschaftlich bedeutendsten Veranstaltungen der Stadt. Das Kulturangebot auf Norderney ist hingegen sehr eingeschränkt, im Kurhaus finden neben Tourneetheater- und Sologastspielen auch Filmvorführungen statt. Auf Norderney zählt das Filmfest zu den kulturellen Höhepunkten, auf Grund der eingeschränkten zeitlichen Überschneidungen und überschaubaren Werbemöglichkeiten ist es im Inselumfeld leicht, die Veranstaltung Einheimischen wie Touristen gegenüber bekannt zu machen.

Die **Freizeitkonkurrenz** in Emden und Aurich ist mittelstädtisch geprägt, neben gastronomischen Einrichtungen zählen zu den nicht-kulturellen Konkurrenzveranstaltungen alle zwei Jahre im Wechsel die Fußballeuropameisterschaft und die Fußballweltmeisterschaft. Als Küstenstadt gibt es tagsüber bei gutem Wetter eine große Konkurrenz durch die Meeresnähe.[229] Weitere Besonderheiten gibt es darüber hinaus nicht. Die Freizeitkonkurrenz auf Norderney ist rein touristisch geprägt, große Alternativen zur abendlichen Freizeitgestaltung gibt es im Festivalzeitraum nicht. Lediglich das Wetter dürfte hier einen entscheidenden Einfluss ausüben, da die das Festival besuchenden Touristen in der Regel nicht primär deswegen nach Norderney kommen dürften, sondern bei sommerlichem Wetter urlaubstypischen Aktivitäten den Vorrang einräumen dürften.

### 3.2.5. Die Bedeutung der Presse- und Öffentlichkeitsarbeit zur Relevanzsteigerung innerhalb der Spartenkonkurrenz

Die Presse- und Öffentlichkeitsarbeit wird von einer externen Agentur durchgeführt, die sich auf Filmpresse spezialisiert hat. Somit kann das Festival auf den stets aktuellen bundesweiten Verteiler und die weit reichenden Kontakte dieser Agentur zurückgreifen und sich selbst auf die regionale Pressearbeit konzentrieren. Die dazu notwendigen Kontakte werden ganzjährig gepflegt, neben der Festivalarbeit stehen die Festivalleiter durch die Arbeit für die VHS und den Filmclub mit der regionalen Presse in regelmäßigem Kontakt. Der Kontakt zwischen Presse und Festival wird beiderseitig gepflegt. Die Berichterstattung im Festivalvorfeld, währenddessen und danach ist in der regionalen Presse vielfältig und differenziert, aktuelle Festivalentwicklungen werden ganzjährig aufgegriffen. Das Festival gibt immer wieder Anlass zu Vorberichten, sei es, dass neue Erfolge bei der Finanzierung vermeldet, Filmfestgäste benannt oder Einzelheiten zum Programm veröffentlicht werden können. Während des Festivals wird täglich ausführlich über Filme und Gäste berichtet. Bei der Nachberichterstattung des Jahres 2003 fällt das Problem der Festivalbewerbung mit numerischen Superlativen und der statistischen Erfolgsbeurteilung auf. Die zu Beginn des Festivals in den Raum gestellte Schallgrenze von 20.000 Besuchern wurde im Jahr 2003 erneut verfehlt. Die erreichten Zuschauerzahlen sind angesichts des außergewöhnlich heißen Wetters zum Festivalzeitpunkt und allgemein rückläufiger Besucherzahlen im regulären Kino durchaus ein Erfolg. Jedoch wurden die erreichten Besucherzahlen in vielen Nachberichterstattungen nur in Relation mit den vorab anvisierten Größenordnungen aufgegriffen und dadurch der Eindruck erweckt, dass

---

[229] Bei der Diskussion mit dem Leitungsteam des Internationalen KurzFilmFest Hamburg reichte die Argumentation von gutes Wetter sei gut fürs Kino, schlechtes Wetter dementsprechend schlecht bis zur gegenteiligen Ansicht. Anhand der Besucherzahlen lassen sich keine Rückschlüsse auf einen entscheidenden Einfluss ziehen, selbst die Rekordhitze im Sommer 2003 hatte nur geringen Einfluss auf die Besucherzahlen in Emden und Hamburg.

das Festival ein wichtiges Ziel verfehlt habe und damit doch kein so großer Erfolg gewesen sei, wie vermittelt werden soll.

Die überregionale und bundesweite Print- und TV-Presse berichtet im Vorfeld und zu Beginn, Tageszeitungen und insbesondere Fachpresse greifen das Festival und seine aktuelle Entwicklung auf, berichten detailliert über Programme und Gäste. Auch hier ist wiederum die Bedeutung prominenter Gäste für eine überregionale Berichterstattung erkennbar, die Kontinuität, mit der Emden jedes Jahr wieder Prominente und Stars der deutschen und internationalen Filmszene zum Festival gewinnt, ist ein Garant für breit angelegte Presseresonanz. Die für gewöhnlich hohe Anzahl an Gästen wird in dem Moment problematisch, wo diese, aus welchem Grund auch immer, einmal ausbleiben. Dies sorgt, ähnlich wie oben ausgeführt bei den Besucherzahlen, für negative Momente in der Berichterstattung. „Eröffnung im Carolinenhof-Kino mit viel Publikum, aber wenig Gästen" wird das fehlen prominenter Gäste sogleich als Negativmoment herausgestellt. Dies zeigt, dass durchaus auch eine hohe Erwartungshaltung seitens der Presse an ein Mindestmaß an Gästeaufkommen besteht. Insgesamt ist die Berichterstattung jedoch fast ausschließlich positiv, was für die kontinuierlich hohe Programmqualität, das angenehme Festivalambiente und den respektvollen Umgang zwischen Presse und Festival spricht.

### 3.2.6. Möglichkeiten der Erfolgsbestimmung beim Erreichen interner und externer Ziele

Die Leitung des Filmfest Emden betrachtet Erfolg nach internen und externen Kriterien differenziert. Die zu erfüllenden Erwartungshaltungen werden zum Teil von der Leitung selbst festgelegt, zum Teil werden sie von außen an das Festival herangetragen. Das grundlegende Ziel ist es, sich trotz aller Entwicklungen und des gesamten Wachstums nicht von seinen ursprünglichen Zielen, von der Basis, dem breiten, regionalen Publikum zu entfernen.

> „Trotz der Zunahme des Medien- und Brancheninteresses am Geschehen in Ostfriesland machen wir das Festival immer noch, und auch in Zukunft, in erster Linie für unser phantastisches Publikum. Und interessanterweise haben Fachbesucher und Filmgäste, Medienvertreter und andere Experten, überhaupt nichts daran auszusetzen. Im Gegenteil. Wir hören immer wieder: Bleibt so! Erhaltet diese ganz besondere Atmosphäre. Das Filmfest lebt von der unmittelbaren Begegnung von Filmschaffenden und Publikum."[230]

Zu den **internen Erfolgskriterien** zählt die Stimmung innerhalb des Teams, die auch für die externe Wahrnehmung als trotz seiner erreichten Größe weiterhin im

---

[230] www.filmfest-emden.de/Redaktion/WYSE/Projekt/Information/Wir_D.php (Letzter Zugriff: 27.03.2004)

positiven Sinne „familiäres Festival"[231] wichtig ist. Ein Gradmesser für die Teamstimmung ist die große Konstanz auf Seiten der Beschäftigten, dass bestimmte Mitarbeiter von außerhalb anreisen, um ihre Positionen alljährlich einzunehmen, ohne dass sie dafür mit hohen Gehältern gelockt werden müssten oder könnten. Diese positive Stimmung überträgt sich auch auf den Außenauftritt des Festivals, was wichtig ist, um Bedenken angesichts der ständig zunehmenden Größe des Festivals zu zerstreuen. Ein weiterer, indirekter interner Erfolgsmesser ist die schrittweise Anpassung der Wettbewerbsregularien an die steigenden Einreichzahlen. Dies bestätigt die Relevanz der Festivalwettbewerbe für nationale wie internationale Produzenten. Die hohe Teilnahme des Publikums an den Abstimmungen ist wiederum ein Beleg für die erreichte hohe Involvenz der Festivalbesucher. Hier ist eine hohe Anzahl an positiven Wertungen für viele Wettbewerbsbeiträge ein Beleg für eine gelungene Programmzusammenstellung. Anhand der Anzahl positiver Bewertungen von nicht nur unterhaltenden sondern auch sehr anspruchsvollen Beiträgen lässt sich ablesen, inwieweit es dem Festival im Laufe der Jahre gelungen ist, das Publikum auch an diese Filme heranzuführen. Die verstärkte Publikumsansprache im Bereich der anspruchsvollen Filme soll auch einer Steigerung der Besucherzahlen dienen. Im Jahr 2004 gelang es erstmals, die magische Grenze von 20.000 Besuchern zu überspringen und damit eines der lang angestrebten Ziele zu erreichen.

Zu den **externen Zielen** gehört in erster Linie die verstärkte Profilierung gegenüber dem Filmfest München, um in Zukunft insbesondere bei deutschen Produzenten ein besseres Standing zu haben. „Ein richtiger guter, großer deutscher Film für die Samstagabendschiene"[232] ist hier das erklärte Ziel. Die stärkere Einbindung von Fachbesuchern ist in diesem Zusammenhang die größte Herausforderung für das Filmfest Emden, da durch die zeitliche Nähe zum Filmfest München und dessen Fachbesucherrelevanz die Konkurrenz und der Vorsprung des Mitbewerbers sehr groß sind. Dieses Ansinnen wurde in Gesprächen mit Fachbesuchern verschiedentlich skeptisch beurteilt, da die Notwendigkeit einer weiteren Fachbesucherveranstaltung grundsätzlich angezweifelt wird. Um dieses Ziel dennoch zu erreichen wird es notwendig sein, die Bedürfnisse der Fachbesucher intensiver zu bedienen und, ähnlich der mit der Sektion „The British are Coming" gefundenen Programmnische, eine für neu zu gewinnende Fachbesucher relevante und von anderen Festivals bis dato nicht bediente Nische zu besetzen und auszubauen. Ein Zeichen für die politische Wertschätzung der Leistungen des Filmfestes für das Land Niedersachsen ist, das im Jahr 2003 erstmals der Niedersächsische Ministerpräsident zur Preisverleihung nach Emden kam.

---

[231] Rolf Eckard im Gespräch
[232] Rolf Eckard im Gespräch

### 3.2.7. Resümee zum Standing des Filmfest Emden – Aurich – Norderney und Zukunftsperspektiven

Das Filmfest Emden – Aurich – Norderney ist in den einzelnen Austragungsorten der kulturelle Höhepunkt des Jahres. Die starke Eingebundenheit in das Wirtschafts- und Kulturleben wird durch die das Festival begleitenden und es aufgreifenden Anzeigen lokaler Geschäfte und Betriebe in den Tageszeitungen und dem Festivalkatalog ausgedrückt sowie durch die das Festival flankierenden Schaufensterdekorationen nach außen getragen. Es hat sich innerhalb weniger Jahre von einer Veranstaltung mit lokaler Bedeutung zum wichtigsten Filmfestival in Niedersachsen entwickelt mit dem Anspruch, zu Filmfestivals mit nationaler Relevanz aufzuschließen. Die starke Fixierung der Entscheidungsbefugnisse auf die Festivalleitung beinhaltet die bei solchen Konstellationen möglichen Verengungen bei der Programmauswahl und eine sehr am persönlichen Geschmack ausgerichtete Programmauswahl, da relevante künstlerische Entwicklungen auch generationsbedingt übersehen werden könnten. Dies könnte eine Positionsverbesserung innerhalb der Spartenkonkurrenz erschweren. Durch enge Kontakte zu den Filmclubmitgliedern und Festivalbesuchern, den kontinuierlichen Austausch mit anderen Filmfestivals und den im Jahr 2003 vorgenommen Wechsel in der Leitungsspitze ist diese Gefahr aber als sehr gering einzuschätzen. Die bisherige Entwicklung verlief kontinuierlich, was zu einer nachhaltigen Verhaftung innerhalb der lokalen Kulturlandschaft führte. Derzeit sind größere finanzielle oder künstlerische Krisen nicht absehbar, Stringenz in der Befugnisverteilung bei gleichzeitiger Berücksichtigung externer Ratschläge ist ein Garant für die gleich bleibende Programmqualität. Filmfestivals haben es in Städten mit schwach ausgeprägter Freizeitkonkurrenz leichter, sich regional zu profilieren, als in Großstädten mit ausgeprägteren Konkurrenzsituationen. Diese Chance wurde genutzt, ohne auf zu schnelles Wachstum zu setzen und dadurch eine Schwächung innerhalb der Spartenkonkurrenz zu riskieren. Die Steigerung der Besucherzahlen erfolgte unter der Prämisse, das Festivalprofil nicht durch breitenwirksame Filme zu verwässern, sondern im Gegenteil wird der Versuch unternommen, dem Publikum die bisher weniger ausgelasteten, noch anspruchsvolleren Programmteile näher zu bringen. Zukünftig mehr Zuschauer an deutsch untertitelte Originalfassungen heranzuführen könnte eine wesentliche Voraussetzung zur weiteren Steigerung der Zuschauerzahlen sein, da so die Einbindung weiterer wichtiger Filme gelingen und die Steigerung der Gesamtauslastung erreicht werden könnte.

Der Versuch, sich weiterhin gegenüber dem Filmfest München zu profilieren, spricht für das durch die kontinuierlichen Erfolge und damit einhergegangener Anerkennung auf politischer wie finanzieller Ebene gewachsene Selbstbewusstsein der Festivalleitung. Wenn es gelingen sollte, das Prestige Emdens und die Zahl der Fachbesucher stetig zu steigern sowie die nationale Berichterstattung auszuweiten, wird sich die Konkurrenzsituation zwischen den beiden Festivals

149

weiter verschärfen. Kritisch zu beurteilen sind die Überlegungen, in Zukunft verstärkt weitere Fachbesucher, möglicherweise auch durch Kostenübernahmen für Anreise und Unterkunft, für das Filmfest zu gewinnen. Damit wird sich die Kluft verstärken zwischen finanzstarken Festivals, die neben den immer häufiger geforderten Leihmieten auch Fachbesucher „ankaufen" können, und finanzschwachen Festivals, die dafür nicht genügend Mittel zur Verfügung haben. Wenn auf der anderen Seite den geladenen Fachbesuchern aber keine relevanten Inhalte geboten werden können, kann dies zu einem nachhaltigen Imageschaden führen.

Ob es im Bereich der Pressearbeit gelingen wird, den medialen Standortnachteil gegenüber München aufzuholen und an die Medienresonanz des Filmfest München aufzuschließen, hängt auch von der zukünftigen Einbindungen von prominenten Gästen in das Festival ab. Neben der reinen Präsenz werden dafür auch die persönliche Wahrnehmung der Gäste, deren enger Kontakt zum Publikum und die entspannte Festivalatmosphäre entscheidend sein. Denn diese Wahrnehmung werden die Gäste ihrerseits branchenintern weitergeben und damit bei weiteren Prominenten das positive Image des Filmfestivals verbreiten und potentielle Festivalbesucher überregional fördern. Kann es ein größeres, die Vorteile des soziokulturellen Erlebnisses eines Kino- und Festivalbesuchs herausarbeitendes Kompliment geben, als das von Hannelore Elsner:

> „Es war wunderbar, diesen Film mit Ihnen zu sehen. Wissen Sie, im Fernsehen, da zählen nur Zahlen. Aber mitzuerleben, wie Sie mitgehen, das war herrlich."[233]

Ohne die Arbeit des Filmclubs und der VHS wäre die cineastische Versorgung und Bildung der Bewohner Emdens, Aurichs und auf Norderney sicher nicht auf dem jetzigen hohen Standard. Die geleistete kulturpolitische Arbeit ist überaus bemerkenswert und könnte als Vorbild für vergleichbare Gemeinden dienen, das kulturelle Angebot an die Bürger zu stärken, den touristischen Wert werbewirksam einzusetzen und die wirtschaftspolitischen Standortvorteile daraus zu ziehen. Gerade angesichts der finanziellen Situation der öffentlichen Hand könnte dieses Filmfestmodell Pate sein, um trotz Spardrucks in finanzschwachen Regionen die kulturelle Bildung der Bürger zu gewährleisten du zu verbessern.

## 3.3. Internationales KurzFilmFestival Hamburg

> Film ist ein sehr machtvolles, suggestives Medium und sollte sich permanent in Frage stellen können, um nicht zur reinen Ware zu werden. Festivals sind die Versuchsfelder für neue filmische Sprachen. [...] Was wären wir ohne die

---

[233] axl. „Nach drei Stunden möchten sich auch Stargäste nicht mehr sehen". In: *Heimatblatt*, 18.06.2003

Festivals und die brenzligen Momente, in denen wir zitternd die Aufführung
unserer Filme durchleiden?[234]

Einleitend werden die wesentlichen Unterschiede zwischen Kurz- und Langfilmfestivals dargestellt. Das Internationale KurzFilmFestival Hamburg wird außerdem auf Grund folgender Merkmale näher analysiert: Es ist typisch für nicht mo-
nothematisch ausgerichtete, mit variierenden inhaltlichen Programmschwer-
punkten arbeitende reine Kurzfilmfestivals mit breit gefächerter Produktions-
und Vorführformatpalette. Besonderheiten des Festivals sind die inhaltliche und
materielle Spannbreite der ausgewählten Kurzfilme, sowie die wechselseitige
Beeinflussung von Kurzfilmfestival und der Veranstalterin, der KurzFilmAgentur Hamburg e.V. Die Analyse beruht neben der Auswertung von Presseberich-
ten, Festivaldrucksachen, verschiedenen Einzelinterviews insbesondere auf einem Tiefeninterview mit Vertretern des Festivalteams, einer Besucherbefragung
im Rahmen des Festivals 2002, der Auswertung von Besucherkommentaren auf
den Stimmkarten der Wettbewerbe 2002 und 2003 sowie der persönlichen Mitarbeit in den Bereichen Programm, Organisation, Sponsoring, Presse- und Öffentlichkeitsarbeit in den Jahren 1994-2003.

Kurz- und Langfilme unterscheiden sich einzig durch ein formales Kriterium: die
Laufzeit. Es ist bemerkenswert, dass es zur Gattungsdefinition bis heute keine
allgemein anerkannte Begrenzung der Laufzeit gibt.[235] Der grundlegende Unterschied zwischen Lang- und Kurzfilmfestivals liegt in der Gestaltung der einzelnen Vorstellungen. Während bei Langfilmfestivals eine Vorstellung entweder aus
einem Kurz- und einem Langfilm oder nur aus einem Langfilm besteht, setzen
sich die Vorstellungen bei Kurzfilmfestivals aus einer Vielzahl einzelner Filme
zusammen, deren Gesamtlaufzeit in der Regel in etwa der Laufzeit eines Langfilms entspricht, sich also auf ca. 80 bis 100 Minuten beläuft. Wie sich im Rahmen der Besucherbefragung 2002 und bei Journalistengesprächen zur Pressear-

---

[234] Fritz Steingrobe, Hanna Nordholt im Gespräch

[235] Es existiert keine einheitliche Definition des Begriffs Kurzfilm. In den Richtlinien des
BKM zur Vergabe des Deutschen Kurzfilmpreises heißt es in Absatz 5. Bestimmungen:
„5.4 Als Kurzfilme gelten Filme mit einer Vorführdauer von höchstens 30 Minuten." Diese
Definition lässt offen, was mit Filmen zwischen 30 und 75 Minuten Laufzeit ist. Der in
Frankreich übliche Begriff des mittellangen Films, medi mitrage, hat sich in Deutschland
noch nicht etabliert.

Da es weder notwendig noch sinnvoll ist, im Rahmen dieser Untersuchung diese definitori-
sche Lücke zu schließen, wird dieses Fehlen unter Verweis auf Reinhard W. Wolf, dass eine
„einheitliche Festlegung […] nur zu willkürlichen Ausgrenzungen führen [würde], die der
Vielfalt der Produktionsrealtität nicht gerecht würde", akzeptiert. Wolf, Reinhard W. Kurzfilm in Deutschland – Ein Blick zurück nach vorn. In: AG Kurzfilm. German Short Films
2004. o. S.

beit für das Festival 2003 gezeigt hat, kann weder bei Kinobesuchern, die noch nie ein Kurzfilmfestival besucht haben, noch bei Journalisten, die sich noch nicht mit Kurzfilmfestivals und deren Organisation und Ablauf befasst haben, davon ausgegangen werden, dass dieser Unterschied im Programmaufbau allgemein bekannt ist.

### 3.3.1. Entstehungs- und Entwicklungsgeschichte des Internationalen KurzFilmFestival Hamburg

Die öffentliche Wahrnehmung von Kurzfilm beschränkte sich im Jahr 1985, dem ersten Festivaljahr, im Wesentlichen auf die Rolle als Vorfilm im Kino. Wenn Kinobetreiber Kurzfilme vorführten, dann vorrangig zur Umgehung der Vergnügungssteuer.[236] Dass Vor- und Hauptfilm in den seltensten Fällen aufeinander abgestimmt wurden oder werden konnten, hatte zwei Gründe. Die zum Einsatz kommenden Kurzfilme unterlagen bei der Auswahl durch die Verleiher engen Vorgaben. Zum einen musste für die in Frage kommenden Kurzfilme ein Prädikat der Filmbewertungsstelle Wiesbaden vorliegen, um den gewünschten Steuervorteil zu erbringen. Zum anderen waren den Verleihern wirtschaftliche Faktoren wichtiger, als kulturelle Aspekte. Ausgewählte Kurzfilme sollten bei den Lizenz- wie auch Kopiekosten möglichst günstig sein.[237] Die Kinobetreiber hatten ihrerseits wiederum entweder generell kein Interesse, die Kurzfilme auch wirklich zum Einsatz zu bringen, da sie auf Grund ihrer Qualität oder Inhalte beim Publikum auf wenig Interesse gestoßen wären oder im Programmablauf schlicht zusätzliche Zeit gekostet hätte. Oder, falls sie doch Interesse am Kurzfilm hatten, schlicht keine ausreichende Auswahl für eine mit dem Hauptfilm abgestimmte Programmierung zur Verfügung stand. Lediglich die Ende der 70er Jahre aufkommenden Programmkinos zeigten freiwillig Kurzfilme, kümmerten sich aber häufig über private Kontakte zu den Filmemachern gegebenenfalls selbst um Kopien.

Durch diese Allianz aus kommerziellem Interesse auf der einen und kulturellem Desinteresse auf der anderen Seite hatte das Kinopublikum jahrelang keine Gelegenheit, die aktuelle nationale und internationale Entwicklung des Kurzfilms mitzuverfolgen, mangels Rezeptionsmöglichkeit wurde der Kurzfilm in der breiten Öffentlichkeit in seiner Vielfalt und Qualität als eigenständige Film- und Kunstform schlicht übersehen. Lediglich im Rahmen der damals bestehenden

---

[236] Erfahrungen aus den Jahren 1990-1992 als Mitarbeiter des Filmkunstverleihs FiFiGe, Hamburg, sowie Berichten der damaligen Mitarbeiter.

[237] Hella Reuters, ehemalige Geschäftsführerin FiFiGe Filmkunstverleih. Die Vergnügungssteuer wird mittlerweile z.B. noch in Hessen und Sachsen beim Kinoabspiel von nicht-prädikatisierten Langfilmen ohne Vorfilme erhoben.

(Kurz-) Filmfestivals war es möglich, aktuelle Kurzfilmproduktionen in größerem Umfang im Kino zu sehen. Die ästhetische und künstlerische Vielfalt des Kurzfilms, die sich bis in die neunzehnhundertachtziger Jahre durch die zunehmende Zahl an Filmclubs, -initiativen, freien Kurzfilmproduzenten und Filmhochschulen in Westdeutschland entwickelt hatte, konnten die bestehenden Festivals auf Grund ihrer inhaltlichen Ausrichtungen nicht umfassend abdecken. Aus der Unzufriedenheit mit dieser Abspielsituation heraus beschloss die Landesarbeitsgemeinschaft Film (LAG Film), Hamburg, im Jahr 1985 unter dem Titel „No Budget Kurzfilmfestival" einen Abend mit ausgewählten Kurzfilmen im kommunalen Kino Metropolis durchzuführen. Der Name war Programm, weder für die Vorbereitung des Filmabends noch für die Produktion der Filme standen nennenswerte Etats zu Verfügung. Der überraschende Publikumserfolg ermutigte dazu, im Folgejahr einen verlängerten Kurzfilmabend zu organisieren und diese Kurzfilmabende ab 1987 zu einem jährlichen, mehrtägigen Festival auszubauen.

Die für ein wachsendes, regelmäßig stattfindendes Kurzfilmfestival notwendigen organisatorischen Arbeiten waren in den Folgejahren ohne öffentliche Zuwendungen nicht mehr zu bewältigen. Ab dem Jahr 1988 förderte die Kulturbehörde der Freien und Hansestadt Hamburg die Entwicklung des Festivals durch finanzielle Zuwendungen. Die Vorbehalte der Kulturbehörde gegenüber dieses aus Eigeninitiative entstandene, selbst verwaltete Festival wurden in einer Bemerkung des damaligen Senatsbeauftragten für Film der Freien und Hansestadt Hamburg, Dr. Hanno Jochimsen, deutlich, die im Rahmen der ersten Etatverhandlungen der Veranstalter mit der Behörde fiel. Durch den Festivalinitiator und damaligen -leiter, Markus Schaefer, auf die vermeintliche moralische Pflicht der Kulturbehörde zur Festivalförderung hingewiesen, entgegnete Dr. Jochimsen: „Herr Schaefer, die Stadt hat Sie nicht gebeten, dieses Festival zu machen."[238] Durch das gegenseitige Aufeinanderzugehen von Behörde und Festival, das Erkennen der Potentiale des Festivals für die Filmkultur und die Reputation der Stadt Hamburg auf der einen Seite und die Akzeptanz von Behördenstrukturen und -formalitäten bei der Antragstellung auf der anderen erfuhr das Festival neben der öffentlichen auch erste politische Anerkennung, die sich später formal anhand von Symbolhandlungen ablesen ließen, etwa durch Grußworte der Kultursenatoren, Eröffnungsreden und Senatsempfänge.

Durch seine besondere Programmbandbreite und den informellen Umgang mit Fachbesuchern und Gästen entwickelte sich das Festival zu einem der beliebtesten Sichtungsfestivals für andere nationale wie internationale Festivalorganisatoren sowie zu einer bedeutenden Plattform für Lizenzeinkäufer, deren Interessensspektrum durch das Programm- und Marktangebot der Kurzfilmtage Oberhausen

---

[238] KurzFilmAgentur Hamburg, Hg. Festschrift 10 Jahre KurzFilmAgentur Hamburg. Hamburg, 2002, S. 42

allein nicht abgedeckt wird. Das heutige Filmprogramm fasst der Organisations-
leiter Karsten Stempel als Filme mit „politisiertem Spaßfaktor" zusammen. Innerhalb der ersten zehn Jahre wuchs das Festival zu einer 5-7-tägigen Veranstaltung mit rund 250 Filmen, sowie internationalen Gästen und Fachbesuchern. Bis
zum Jahr 2003 stieg das Publikumsaufkommen bis auf rund 15.000 Zuschauer
an. Ein stärkeres Wachstum wurde zu Gunsten einer zum Teil sehr speziellen,
bewusst nur kleine Zuschauergruppen ansprechenden Programmgestaltung, hin-
ten angestellt. Im Vordergrund stand der Anspruch, einen möglichst umfassenden
Überblick über das aktuelle Produktionsspektrum zu bieten und frühzeitig auf
technische und künstlerische Innovationen aufmerksam zu machen. Wie reif die
Zeit nicht nur für dieses Filmfestival, sondern für eine generelle Renaissance des
Kurzfilms war, lässt sich an den rund um das Festival wachsenden Aufgaben des
Teams ablesen: Kontinuierliche Anfragen zu Produktions- und Vermarktungs-
problemen, internationale Kooperationen zur Verbreitung insbesondere des deutschen Kurzfilms im Ausland auf Festivals, Verleih und Verkauf von Kurzfilmen
an kommerzielle Kunden und Privatinteressenten. Eine besondere Rolle nahm
das Festival Ende der neunzehnhundertachtziger, Anfang der neunzehnhundertneunziger Jahre ein bei der Unterstützung Dritter zur Gründung anderer Kurzfilmfestivals ein, etwa in Köln, München oder Flensburg.

Da das Arbeitsvolumen mit wachsender Einreichmenge und länger werdendem
Festivalzeitraum weder ehrenamtlich zu bewältigen war noch der Festivaletat
ausreichte, um feste Vollzeitstellen einzurichten, wurde im Jahr 1993 als Organi-
sationsrahmen die KurzFilmAgentur Hamburg e.V. gegründet. Typisch für
selbstverwaltete, basisdemokratisch strukturierte Organisationen mit hohen
ideologischen Wertvorstellungen war, dass die Gründung der Agentur ebenso
wie vorher schon die Annahme von staatlichen Fördergeldern in Teilen des bisherigen Teams als Bedrohung der Unabhängigkeit und Verlust der Festivalidentität angesehen wurde und zum Austritt etlicher langjähriger Mitarbeiter und
Unterstützer führte. Dass zur Einbindung möglichst vieler Kritiker damals gewählte Konstrukt einer formal der Agenturgeschäftsführung unterstellten Festivalleitung, deren künstlerisch inhaltlichen wie formale Festivalentwicklungen
von der Mehrheit des wöchentlich tagenden Festivalplenums verabschiedet werden mussten, führte zu einer Stagnation der Weiterentwicklung des Festivals und
zu einem schleichenden Rückgang der individuellen Festivalinvolvenz langjähriger Mitarbeiter. Notwendige Festivalreformen wurden auf Grund wechselnder
Abstimmungsmehrheiten bis zur Jahrtausendwende immer wieder verschoben.
Erst mit dem Versuch, die Kompetenzen der Festivalleitung zu bündeln und stärken, wurde dieser Stagnation begegnet.

## 3.3.2. Problematik der Organisations- und Leitungsstruktur

Die Entwicklung der Organisationsstrukturen und die daraus resultierenden Probleme in der Bewältigung anstehender struktureller und organisatorischer Probleme lassen sich auf andere ähnlich strukturierte Festivals mit vergleichbarer Organisationsstruktur übertragen. Die Festivalstrukturen sind typisch für alternative Organisationen, die aus einem basisdemokratischen Ansatz heraus anfingen zu arbeiten und in Folge der erfolgreichen Arbeit irgendwann vor dem Problem stehen, die Organisationsstruktur den Erfordernissen einer in zeitlichem Umfang sowie das Arbeitsvolumen betreffenden und ein professionelleres Image anstrebenden Veranstaltung anzupassen. So lange das Festival sich in seiner Zielgruppenansprache in einem alternativ orientierten Spektrum bewegte und vom organisatorischen Umfang her in weiten Bereichen ehrenamtlich von zum Teil fachfremden Personen aus persönlichem Engagement heraus oder mit selbst in Schlüsselpositionen immer wieder wechselnden Verantwortlichen geleitet werden konnte, funktionierte das Modell. Auch bewegten sich die Veranstalter aus Überzeugung bewusst außerhalb der Zielgruppenansprachen der Kulturkonkurrenz. Unter diesen Umständen war es möglich, Entscheidungen in einem auf breiter Basis ruhenden, regelmäßig tagendem Plenum zu fällen. Mit der Gründung der KurzFilmAgentur Hamburg e.V. wurde eine Organisationsform gefunden, mit der erreicht wurde, zumindest einem Teil der Festivalmitarbeiter durch deren dortige Anstellung ein ganzjähriges Einkommen und gleichzeitig die dauerhafte Festivalmitarbeit zu ermöglichen und so eine größere personelle Kontinuität und damit einhergehend eine höhere Professionalität in den Arbeitsabläufen zu erreichen. Diese Umorientierung des Festivals drückte sich auch in der Umbenennung von No Budget zu Internationalem KurzFilmFestival Hamburg aus und der Aufteilung in die beiden Hauptsektionen Internationaler Wettbewerb und No Budget[239].

Bis Ende der neunzehnhundertneunziger Jahre hatten die Mitarbeiter der Agentur in weitgehender Personalunion auch in Schlüsselpositionen das Festival organisiert. Durch den Erfolg im Bereich der Vermarktung und der allgemeinen öffentlichen Wahrnehmung von Kurzfilmen und dem damit einhergehenden stetig steigenden Arbeitsaufkommen innerhalb der Agentur wurde es zunehmend problematischer, dass die Agenturmitarbeiter während der Festivalvorbereitungszeiten ihrer Agenturarbeit nicht genügend nachkommen konnten. Gleichzeitig wuchs das nationale und internationale Renommee des Festivals und auch der wachsende Finanzbedarf erforderte eine stärkere Professionalisierung, um die damit einhergehenden Anforderungen aus Wirtschaft und Verwaltung ebenso wie von Seiten der Sponsoren oder der Medien zu erfüllen. Um wieder eine stärkere per-

---

[239] Sh. auch Kapitel 3.2.

sonelle Trennung zwischen Agentur und Festival zu erreichen, wurde Ende der neunzehnhundertneunziger Jahre ein separates Leitungsteam eingeführt, dass nicht zum Stamm der Agenturmitarbeiter gehörte. Agenturmitarbeiter, die sich auch bei der Vorbereitung und Durchführung des Festivals beteiligen wollen, müssen dies seitdem neben ihrer regulären Arbeit machen. Auch sollte sich die Agenturgeschäftsführung auf die Arbeit für die KurzFilmAgentur konzentrieren, statt administrativer in erster Linie repräsentative und beratende Aufgaben innerhalb des Festivals wahrnehmen und lediglich bei die Geschäfte oder den Bestand der KurzFilmAgentur betreffenden Fragen ein Vetorecht haben um so ggf. in Festivalentscheidungen regulativ eingreifen zu können.

Diese stärkere personelle und organisatorische Trennung und damit erhoffte Professionalisierung wurde von Teilen des Festivalteams erneut als Bedrohung des Festivalcharakters gesehen. Da deswegen langjährige Festivalmitarbeiter ihren Rückzug in Aussicht stellten, wurde der Schritt nicht vollständig vollzogen und die alten Strukturen zum Teil weitergeführt, etwa das wöchentliche Plenum als Entscheidungsplattform. Die daraus resultierenden Probleme in der Festivalvorbereitung wurden deutlich, wenn es darum ging, Entscheidungen zu treffen, deren Tragweite dem Plenum nicht in Kürze zu vermitteln war oder die eine intensive Auseinandersetzung mit zum Teil sensiblen Informationen erforderten, die nicht einem wöchentlich neu, letztlich zufällig besetzten Entscheidungsträgerkreis offen gelegt werden konnten. Kontinuität in der Festivalentwicklung und Entscheidungsfindung war so nicht möglich.

Diese Mischung aus Basisdemokratie und entscheidungsbefugter Festivalleitung wurde seit 2002 sukzessive überführt in ein unabhängiges Leitungsteam, das sich von den Festivalmitarbeitern beraten lässt, in seiner Entscheidungsfindung jedoch lediglich gegenüber der Agenturgeschäftsführung zur Erklärung verpflichtet ist, um Konflikte mit den kulturellen und politischen Zielen der Agentur zu vermeiden. Diese neue Kompetenzbreite wurde in der Hoffnung eingeführt, die überfälligen Strukturreformen anzugehen und das Festival innerhalb eines ständig zunehmendem Konkurrenzumfeldes und der mittel- und langfristigen Planung zu stärken. „Wir müssen einfach riskieren, den einen oder anderen aus dem Team zu verlieren, aber insgesamt eben klarer strukturiert werden."[240]

### 3.3.3. Aufbau und Ziel fester Programmreihen und wechselnder Sonderprogramme

Bei der Programmstruktur von Kurzfilmfestivals kann man grundsätzlich unterscheiden zwischen jenen mit thematischen Schwerpunkten und anderen mit Panoramen, d. h. einer Querschnittsauswahl durch alle Gattungen und Genres. Das

---

[240] Astrid Kühl, Geschäftsführerin KurzFilmAgentur Hamburg e.V.

Internationale KurzFilmFestival Hamburg bietet in seiner heutigen Form ein Forum für alle Kurzfilmproduktionen, weder Trägermaterial (Celluloid, Video oder digitale Datenträger) noch die Gattung (z.B. Dokumentarfilme, Krimi, Komödie, Animations- oder Kinderfilme) oder Produktionsform (frei produziert oder gefördert) oder ob es Premieren oder Nachspiele sind, ist entscheidend, sondern lediglich die Qualität des einzelnen Films[241]. Nationale oder internationale Erstaufführungen sind wünschenswert, aber keine Bedingung, die Werke sollen maximal aus dem vorherigen Jahr stammen, bei späten Entdeckungen werden bei entsprechender herausragender Qualität der Filme auch Ausnahmen gemacht. Es wird darauf geachtet, dass der Anteil an von anderen Festivals nachgespielten Filmen stets so gering bleibt, dass die Festivalrelevanz für Fachbesucher nicht gefährdet ist, dass reguläre Besucher jedoch alle nach Ansicht des Auswahlteams wichtigen Produktionen zu sehen bekommt.

Bei der Programmauswahl zu den Wettbewerben „Internationaler Wettbewerb" und „No Budget" werden unterschiedliche Kommissionen eingesetzt, die in den jeweiligen Sparten kompetent in der Auswahl sind. D. h. sie besitzen ein fundiertes filmisches Wissen und bringen den Überblick über den entsprechenden Programmsektor mit, um bei der Sichtung den jeweiligen Produktionsbedingungen der Wettbewerbsprogramme gerecht zu werden und den State of the Art der jeweiligen Sektion zu kennen. Die Grenzen zwischen „Internationalem Wettbewerb" und „No Budget" sind mitunter fließend und werden von den Kommissionen nach individueller Einschätzung vorgenommen.

Der „Internationale Wettbewerb" präsentiert Kurzfilme von hohem technischem, professionellem Produktionsstandard. Hierbei wird der Begriff „professionell" an den jeweils landesüblichen Produktionsbedingungen gemessen, da es weltweit durchaus signifikante Unterschiede insbesondere im Bereich der technischen Ausstattung und der daraus resultierenden Qualität gibt.

No-Budget-Filme werden nicht nur anhand finanzieller Größenordnungen definiert, sondern der Begriff steht gleichzeitig für eine Art Geisteshaltung. „NoBudget meint die selbstständige Verwirklichung einer Idee/Vorstellung mit geringen finanziellen Mitteln unter großer ideeller Selbstbeteiligung."[242] Diese Filme entsprechen nicht gängigen Sehgewohnheiten, verstören mitunter die Zuschauer, erweitern jedoch gleichzeitig deren Spektrum über herkömmliche Erzählstrukturen und Inhalte hinaus.

Die Sektion „Made in Germany" umfasst in Deutschland oder im Ausland unter maßgeblicher deutscher Beteiligung produzierte Kurzfilme. Bei Einreichern aus

---

[241] Jürgen Kittel, künstlerischer Leiter des Internationalen KurzFilmFestival Hamburg

[242] Einreichunterlagen zum 20. Internationalen KurzFilmFestival Hamburg 2004. www.short film.com (Letzter Zugriff: 13.12.2003)

Deutschland kommt es immer wieder zu verkehrten Image- und Relevanzvorstellungen zwischen Internationalem Wettbewerb und Made in Germany. Eine Eingliederung in „Made in Germany" wird als Herabstufung gegenüber dem „Internationalen Wettbewerb" aufgefasst. Um dem entgegenzuwirken versucht das Festival die Reputation der Sektion kontinuierlich zu steigern, unter anderem durch die Einführung eines Preisgeldes und einer eigenständigen Fachjury.

Ähnliches gilt für die Sektion „Made in Hamburg", die eingeführt wurde, um der lokalen Kurzfilmproduktion ein größeres Forum zu bieten und deren Erfolg durch die Interessen anwesender Fachbesucher bestätigt wird. Auch hier bedeutet eine Eingliederung keine Herabstufung gegenüber dem „Internationalen Wettbewerb" oder „Made in Germany", sondern eine Integration in das nach Ansicht der Programmkommissionen für den einzelnen Film optimale filmkünstlerische Umfeld.

Die letzte feste Programmsektion ist der „Flotte Dreier". Dieses Programm ist einer der publikumsträchtigsten Bestandteile und neben „No Budget" der originärste Festivalbestandteil. Alljährlich können zu einem vorgegebenen Thema maximal drei Minuten lange Kurzfilme eingereicht werden. Dabei geht es um eine möglichst originelle Themenbearbeitung und ungewöhnliche Interpretationen der vorgegebenen Themen. Hier werden insbesondere auch Laien animiert, eigene Filme zu drehen und einzureichen. Die Veranstaltung soll auf beiden Seiten, Produzenten- wie Rezipientenseite, Spaß am Kurzfilm wecken, und besteht aus einer Mischung aus ernsthaften und rein unterhaltenden Filmen. Das große Publikumsinteresse beruht gerade in dieser großen Spannbreite der ausgewählten Kurzfilme, wobei die Wahl des Themas ganz entscheidend für die Anzahl und Qualität der Einreichungen ist und sehr große Schwankungen innerhalb der Programme aber auch im Vergleich der einzelnen Jahre zu beobachten sind.

Bei der Auswahl der Sonderprogramme wird darauf geachtet, das Festivalimage im Spannungsfeld zwischen den Besuchergruppen des „Internationalen Wettbewerbs" und „No Budget" zu halten und durch eine festivaltypische, gerne hintersinnige Interpretation der ausgewählten Themen Kontinuität in die Programmstruktur zu bringen. Die Sonderprogramme bewegen sich bei der Publikumsansprache zwischen Mainstream und Fachpublikum, sind thematisch oder zielgruppenorientiert ausgerichtet. Die ausgewählten Filmbeiträge zu vermeintlich alt bekannten Themen wie Sex, Tanz oder Dokumentation und Fiktion sollen möglichst die Erwartungen der Besucher brechen oder sich gegen konventionelle Sehgewohnheiten und Rezeptionswege richten. Die Sonderprogramme werden von Teammitgliedern oder außen stehenden Personen vorgeschlagen und nach Diskussion im Plenum verabschiedet. Sie entstehen in Eigenverantwortung der jeweiligen Programmverantwortlichen, bei der Filmauswahl gibt es keine Einschränkungen, so lange der vorher festgelegte Etat für Recherchen, Lizenzrechte und Transportkosten eingehalten wird.

Bei den Sichtungskommissionen für die regelmäßigen Programme wird eine Kontinuität in der Besetzung angestrebt, um den Charakter der Programmauswahl des Festivals zu wahren. In die einzelnen Kommissionen werden gleichzeitig kontinuierlich neue Sichtungsmitglieder integriert, um den Mitarbeiternachwuchs zu gewährleisten und gleichzeitig neuen filmischen Ausdrucksformen und Stilrichtungen gegenüber sensibel zu bleiben. Das Leitungsteam ist sich der Problematik bewusst, ein Auswahlteam zusammen zu stellen, das in allen Genres eine optimale Fachkompetenz besitzt. Hier werden zu Gunsten der Wahrung der gesamten Spannbreite Kompromisse eingegangen, es ist jedoch erklärtes Ziel, diese Kompetenzlücken kontinuierlich zu schließen.

Bei der Programmpräsentation werden die Mitglieder der Sichtungskommissionen gebeten, die Vorstellungen auch in den Kinos zu moderieren, um die Filme adäquat anzusagen. Dieses Konzept geht nicht nur in Hamburg nur zum Teil auf, da die Kommissionsmitglieder die Programme zwar mit einem fundierten Hintergrundwissen präsentieren können, aber nicht alle in der Lage sind, vor Publikum zu moderieren.[243] In Fällen, in denen niemand die Moderation führen kann, werden die Programme von den jeweiligen Kinoleitern angesagt, was sich dann unter Umständen, da diese nicht alle Programme vorab sichten können, zum einen auf eine Wiederholung der Inhalte aus dem Katalog beschränkt, zum anderen auch nicht jeder Kinoleiter in der Lage ist, vor Publikum zu sprechen und damit angemessen zu moderieren. Professionellere Moderationen werden seit Jahren angestrebt, sind aber entweder nicht zu finanzieren oder erreichen auf Grund fehlender Vorbereitungs- und Trainingszeiten der Mitarbeiter kein zufriedenstellendes Niveau.

### 3.3.4. Konkurrenzumfeld eines alternativ orientierten, großstädtischen Filmfestivals

Lang- und Kurzfilmfestivals haben trotz der bestehenden Unterschiede bei Programmaufbau und Außenwirkung bei vergleichbaren städtischen Umfeldern ähnliche Kultur- und Freizeitkonkurrenzumfelder. Die Kern- und Spartenkonkurrenzumfelder unterscheiden sich jedoch deutlich.

Innerhalb der **Kernkonkurrenz** steht das Festival sehr gut da, da im regulären Kinoprogramm trotz aller Bemühungen und Erfolge der KurzFilmAgentur Hamburg der Kurzfilm nur eine Ausnahmeerscheinung ist. Das Programmangebot besteht lediglich aus vereinzelten Kurzfilmen als Vorfilmen und wenigen Kurzfilmsonderprogrammen. Eine Sättigung des Publikumsinteresses ist damit nicht in Aussicht, wie die Besucherzahlen des Festivals immer wieder aufzeigen.

---

[243] Die mangelhaften Moderationen werden von Besuchern immer wieder auf den Stimmkartenrückseiten kritisiert.

Mit der zunehmenden Attraktivität von Kurzfilmen als Freizeiteventmedium und der damit einhergehenden breiteren Basis an Veranstaltern und Veranstaltungen ist die von manchen Kurzfilmproduzenten auch als monopolistisch aufgefasste Festivalstellung[244] nicht mehr gegeben, woraus sich eine Zunahme der **Spartenkonkurrenz** ergibt. Mitte bis Ende der 90er Jahre auf- oder nach Hamburg kommende Konkurrenz in Form von Kurzfilmveranstaltungen wie die „LostHighTapes"[245] oder „Kurze Dinger"[246] stellten ihre Programme ganz oder teilweise aus einem eigenen Pool an Filmen zusammen, ohne auf die Kooperation mit der KurzFilmAgentur Hamburg oder dem Festival angewiesen zu sein.[247] Damit wurde auch die Diskussion über die Qualität von einzelnen Filmbeiträgen oder gesamten Filmprogrammen auf eine breitere Basis gestellt, da die Besucher der verschiedenen Veranstaltungen sich anhand der Programmangebote das sie ansprechende aussuchen können.[248] Diese unterschiedlichen Qualitätsansprüche kommen der Programmvielfalt der Veranstaltungen und damit letztlich sowohl den Filmemachern als auch den Besuchern zu gute. Das Festival muss sich mit seinem Programmprofil jetzt jedoch gegen diese Mitbewerber behaupten. Angesichts dieser Konkurrenz wird die Frage diskutiert, ob man das Festivalprofil beibehält, weiter schärft oder sich hin zu den anderen

---

[244] Vereine wie ALL NIZO e.V. haben sich immer wieder über die angebliche Bevorzugung der KurzFilmAgentur Hamburg e.V. und des Internationalen KurzFilmFestival Hamburg durch die Kulturbehörde Hamburg und die FilmFörderung Hamburg beschwert.

[245] LostHighTapes: Monatliches Kurzfilmevent in Hamburg, München, Köln und Berlin, bei dem explizit nicht in Kinos Kurzfilme gezeigt werden, um auch Menschen zu erreichen, die sich Kurzfilme sonst nicht anschauen würden. Die Veranstaltungsreihe wurde Ende 2002 eingestellt. Näheres sh. www.losthightapes.de. (Letzter Besuch: 03.09.2002)

[246] Ein Tourneefestival mit festem Programm durch Szeneläden in Hamburg, München. Näheres sh. www.kurzedinger.de. (Letzter Besuch: 03.09.2002)

[247] Auf der anderen Seite sind weder die KurzFilmAgentur Hamburg noch das von ihr veranstaltete Festival an einer Kooperation mit allen Veranstaltern interessiert, da die Programmauswahl dieser Veranstaltungen zum Teil nicht den Qualitätsansprüchen der Agentur oder des Festivals entsprechen. Da viele der Besucher dieser Veranstaltungen, wie sich in Gesprächen während der Veranstaltungen herausstellte, sich häufig sonst nicht mit Kurzfilm beschäftigen, sind sie nicht in der Lage, die Qualität der gezeigten Filme adäquat einzusortieren. Damit sahen und sehen die Agentur und das Festival die Gefahr, dass ihrer Meinung nach mittelmäßige Kurzfilme das Bild des Kurzfilms in der Öffentlichkeit prägen könnten.

[248] Eine grundlegende Diskussion über die Qualität der Filmprogramme ist jedoch auch hier müßig, da jede Auswahlkommission eigene Maßstäbe ansetzt, die in Teilen immer auf Zustimmung wie Ablehnung stoßen werden.

Bernhard Lenz: „Schlechte Filmauswahl der Sichter"

Maurus vom Scheidt: „ [...]leider aber ist auch speziell auf Kurzfilmfestivals das Niveau der Filme teilweise sehr bescheiden, was man erst so richtig merkt, wenn man mal auf richtig guten internationalen Festivals war."

Veranstaltungen und deren Programmangeboten öffnet, um deren Zuschauerkreise ebenfalls anzusprechen.

Das Internationale KurzFilmFestival Hamburg befindet sich überregional in direkter Konkurrenz zu anderen nationalen und internationalen Kurzfilmfestivals. Es gibt eine Konkurrenz innerhalb der Festivals um Filmkopien, sei es aus terminlichen Überschneidungen, sei es, dass die Produzenten ihre Kopien nicht an alle Festivals geben können oder wollen, um die Qualität der häufig einzigen vorhandenen Kopien länger zu erhalten. Das Standing des Internationalen KurzFilmFestival Hamburg ist innerhalb dieses Konkurrenzumfeldes gut, da das Festival von Filmemachern nach wie vor als innovativ angesehen wird und speziell No-Budget-Filme auf Festivals selten gleichberechtigt neben professionell produzierten Kurzfilmen laufen, sondern wenn, dann den thematischen Schwerpunkt des Programms bildet. Außerdem wird das Internationale KurzFilmFestival bei den einreichenden Filmemachern für die programmatische Bandbreite und Mischung innerhalb der einzelnen Programmblöcke geschätzt, so dass die Möglichkeit besteht, dass Festivalbesucher Filme sehen, die sie sich in monothematischen Programmen aus vermeintlichem Desinteresse gegenüber dem Thema oder der Produktionsform nicht ansehen würden.

Einen deutlichen Nachteil hat das KurzFilmFestival gegenüber finanziell besser ausgestatteten Festivals. Der Etat lässt, abgesehen von Leihmieten für Sonderprogramme, kaum weiteren Spielraum für Leihmieten für die Filme der Wettbewerbsprogramme. Je eher andere Festivals bereit sind, Leihgebühren an Filmemacher oder Produzenten zu zahlen, umso schneller wird auch hier die Festivallandschaft in zwei Hälften geteilt werden: In jene, die finanzstark genug sind, solche Gebühren zu bezahlen, und jene, die dann aus Kostengründen auf bestimmte Filme verzichten müssen. Dem muss das KurzFilmFestival, da größere Etatsteigerungen nicht absehbar sind, versuchen, mit starker, die Alleinstellung betonende Profilausbildung und kontinuierliche, innovative Weiterentwicklung entgegenzuwirken.

Zwar gaben 90,01% der befragten Festivalbesucher an, sich auch außerhalb von Festivals für Kurzfilm zu interessieren, jedoch bedeutet dies nicht, dass Kurzfilm einen so hohen Stellenwert im Freizeitverhalten hat, dass angebotene Kurzfilmveranstaltungen wie das Festival keine Konkurrenz innerhalb des **kulturellen Konkurrenzumfeldes** hätten. Darunter fallen alle kulturellen Veranstaltungen und Events, die in etwa zeitgleich stattfinden, z.B. Kino, Theater, Sport, Museen, Lesungen. Da Kurzfilmfestival- und No-Budget-Besucher im speziellen eher finanzschwachen Personengruppen angehören, die nur einen begrenzten Etat für Freizeitausgaben zur Verfügung haben, ist der kritische Konkurrenzzeitraum über den reinen Festivalzeitraum hinaus zu betrachten

Das **Freizeitkonkurrenzumfeld** ist durch die zeitliche Überschneidung mit dem Filmfest Emden im Bereich der sportlichen Großereignisse mit dessen vergleichbar. Diese Konkurrenzveranstaltungen bieten auch die Möglichkeit, sich bei an diesen Großereignissen nicht Interessierten gezielt als Alternative zu positionieren. So kann das KurzFilmFestival eine mögliche Alternative bei sportlichen Großereignissen in der Freizeitgestaltung darstellen. Durch den umfangreichen technischen Bedarf im Bereich technische Ausstattung ist der Konkurrenzdruck in Hamburg noch stärker als beim Filmfest Emden, da technisches Gerät wie Großmonitore und Videobeams in dieser Zeit z.B. auch von Gastronomen angemietet werden und somit für Sachsponsoring nur begrenzt zur Verfügung stehen.[249] Der Preisverfall im Bereich der semiprofessionellen Video- und Projektionstechnik und die Möglichkeit zu Investitionen hat hier in den vergangenen Jahren zu größerer Unabhängigkeit von Sponsoren geführt. Darüber hinaus wird auch die Wetterdiskussion immer wieder geführt. Wenn der Sensationsfaktor des Festivals groß genug ist, werden die Besucher jedoch auch trotz Sonnenschein oder Regengüssen in die Kinos kommen, wie die Hitzewelle des Sommers 2003 bewiesen hat, die trotz teilweise weit über 30 Grad in den Kinos keine negativen Auswirkungen auf die Besucherzahlen hatte.

### 3.3.5. Kulturpolitische Ziele des Internationalen KurzFilm-Festival Hamburg

Die anfänglichen Festivalziele waren bescheiden, ging es im Jahr 1985 beim ersten Festival vornehmlich darum, Kurzfilme überhaupt einmal in den Mittelpunkt eines Kinoprogramms und des Interesses der Zuschauer zu stellen und dabei primär denjenigen Kurzfilmen eine Bühne zu geben, die ansonsten weder über einen Verleih noch im Rahmen anderer Filmfestivals über Vorführmöglichkeiten verfügten. Die Auswahl wurde von den Mitgliedern der LAG Film aus persönlich bekannten oder selbst produzierten Kurzfilmen getroffen. Bereits im zweiten Jahr wurde ein bundesweiter Einreichaufruf gestartet und die Auswahl aus den Einsendungen getroffen. „No Budget" wurde als Chance verstanden, „ambitionierten Filmemachern, denen nur geringe finanzielle Mittel zur Verfügung stehen, die Möglichkeit zu geben, ihre Kurzfilme einer breiten Öffentlichkeit zugänglich zu machen" und als Treffpunkt und Kontaktbörse für Filmemacher zu dienen.[250]

Die heutigen kulturpolitischen Ziele des Kurzfilmfestivals lassen sich unterteilen in agentur-, festivalspezifische und allgemein kurzfilmrelevante. Auf Grund der

---

[249] Bemerkenswert ist, dass andere Freizeitkonkurrenzen über das persönliche Interesse der Veranstalter hinaus, also jenseits der Fußballwettbewerbe, im Gespräch nicht erwähnt wurden.

[250] LAG Film, Hg. No Budget Kurzfilmfestival. Programmflyer 1986

ganzjährigen Kurzfilmpräsenz durch die Arbeit der KurzFilmAgentur Hamburg e.V. nimmt das Festival eine Sonderstellung innerhalb der nationalen wie internationalen Festivallandschaft ein. Das Festival selbst ist die wichtigste Werbeveranstaltung für die Arbeit der Agentur, es dient im Bereich Verleih und Vertrieb der Neukundenakquise und Kundenbindung sowie zur Film- und Lizenzstockerweiterung. Gleichzeitig ist das Festival nach wie vor der wichtigste Baustein innerhalb des Agenturgesamtkonzeptes, den Kurzfilm in seiner Vielfalt stärker in das öffentliche Bewusstsein zu bringen, seine wirtschaftlichen Möglichkeiten zu stärken, ohne ihn zu einem reinen Wirtschaftsgut umzuwerten.[251] Ein weiteres Ziel gilt der umfassenden kulturellen und ästhetischen Bildung der Zuschauer. Durch die Genre- und Stilmischung innerhalb der Programme soll der Zuschauer die Möglichkeit haben, Filmen zu begegnen, die sich jenseits seines persönlichen formalen und inhaltlichen Interessensspektrums bewegen. Hierin liegt eine der größten Stärken des Kurzfilms, da Zuschauer bei Kurzfilmen bereit sind, sich auf visuelle oder narrative Experimente einzulassen. Auf Grund der kurzen Laufzeiten von in der Regel maximal 20 Minuten sind die Besucher eher bereit, sich auf künstlerische Experimente oder ungewohnte Bildsprachen einzulassen, da im Falle des Nichtgefallens der Film schnell vorbei ist und der nächste den Erwartungen entsprechen oder positiv überraschen könnte. Immerhin 37,6% der gesamten Festivalbesucher und sogar 44% der Festivalerstbesucher gaben an, sich von den Filmprogrammen überraschen lassen zu wollen. Dies kann auch als Ausdruck des Vertrauens in die Programmqualität des Festivals und für die Bereitschaft, sich auf Unbekanntes einzulassen, interpretiert werden kann.[252]

Von Anfang an war ein wesentliches kulturpolitisches Ziel die Förderung neuer technischer Formate wie der Videotechnik und des Digitalfilm. Hierbei wurde weniger das technische Format in den Mittelpunkt gestellt, als die sich damit erschließenden Möglichkeiten, die Technik künstlerisch zu nutzen oder neue narrative Wege zu gehen. Zugleich wurden Laien Anregungen geschaffen, sich selbst kreativ mit diesen Entwicklungen auseinander zu setzen.

Neben diesen allgemeinen kulturpolitischen Zielen werden mittel- und langfristige, festivaleigene Ziele verfolgt. Dazu gehört eine eindeutige inhaltliche und

---

[251] Hier wird das Dilemma deutlich, in dem sich die meisten Kurzfilmregisseure und -produzenten befinden: Auf der einen Seite die kreativen Möglichkeiten nutzen und diese Freiräume erhalten durch die nichtkommerziellen Strukturen des Marktes für Kurzfilme und auf der anderen Seite versuchen, die wenigen kommerziellen Auswertungsmöglichkeiten ausfindig zu machen und zu nutzen.

[252] Diese Grundeinstellung wurde in vielen Publikumsgesprächen im Rahmen der Berlinale Kurzfilmprogramme, Sektion Panorama, und des Internationalen KurzFilmFestivals Hamburg geäußert. Im Vergleich dazu lag die Bereitschaft, sich auf das unbekannte im Bereich Langfilm einzulassen, deutlich geringer.

Imagefragen betreffende Positionierung. Das derzeitig extern wahrgenommene Image, „charmant provisorische, semiprofessionell"[253] organisiert zu sein, entspricht nicht den eigenen Ansprüchen, als ein trotz aller formalen Freiheiten professionelles Festival wahrgenommen zu werden. Umpositionierungen sind innerhalb des Teams nicht unumstritten, da es durchaus auch Stimmen gibt, die für eine Rückbesinnung sind, das heißt, dass das Festival wieder kompakter, übersichtlicher werden, sich auf seine Kernzielgruppen und -ziele konzentrieren sollte, auf ein Festival, dass primär aus persönlicher Begeisterung organisiert wird und sich jenseits von mit der staatlichen Förderung verbundenen Zwängen neu aufstellen. Sollte das Festival sich weiter in der derzeitigen Form entwickeln, ist auch eine Intensivierung der Lobbyarbeit angesichts des Kulturkonkurrenzdrucks bei der Vergabe der Fördergelder immer wichtiger, was angesichts des deutlich linkspolitisch geprägten Selbstverständnisses der Festivalorganisatoren in einer Stadt mit derzeit konservativer Regierung nicht leicht fällt.[254] Ungeachtet der Realisierung dieses Wachstumsplanes steht die Forderung nach größerer öffentlicher Wahrnehmung und konstanter Förderung für eine zunehmend zu beobachtende Steigerung des Selbstbewusstseins innerhalb der gesamten Kurzfilmfestivalszene, die, neben den vielen Oscars für deutsche Kurzfilme, zu einem Großteil auf die in den letzten Jahren beträchtlichen individuellen Erfolge des Festivals und bei der KurzFilmAgentur Hamburg auch über das Festival hinaus zurückgeführt werden kann.

Um auch in Kreisen der Fachbesucher eine feste Größe zu bleiben, hat das Festival verschiedene Maßnahmen ergriffen. Zum einen wird darauf geachtet, dass nicht zu viele Filme anderer nationaler oder internationaler Festivals nachgespielt werden, um seinen Stellenwert für andere Festivalscouts nicht zu gefährden. Zur weiteren Fachbesucherbindung wurde „Meet the producer" ins Leben gerufen, eine Schnittstelle zwischen Filmemachern und professionellen Produzenten. Hierdurch werden sowohl Filmemacher als auch die Produzenten an das Festival gebunden. Es bewegt sich damit bewusst weg von einer diffusen allgemeinen Fachbesucherrelevanz hin zu einer klar definierten Fachbesuchergruppe. Auch der stetige Ausbau des Filmmarktes mit zielgruppenrelevanten Angeboten dient der weiteren Bindung und Neugewinnung von klar definierten Fachbesuchergruppen.

---

[253] Meierding, Gabriele: „Der Spaßfaktor war diesmal gedrosselt". In: *Hamburger Abendblatt*, 10.06.2003

[254] Das Festivalteam hat keine parteipolitischen Präferenzen, definiert sich aus der persönlichen Geschichte der Gründungsmitglieder jedoch als „links".

### 3.3.6. Möglichkeiten und Grenzen der Erfolgsmessung des Kurz-FilmFestivals in Bezug auf kulturpolitische Zielsetzungen

Der Erfolg des KurzFilmFestivals wird in der externen Wahrnehmung in erster Linie an den Besucherzahlen gemessen. Dieser Druck, immer höhere Besucherzahlen zu generieren, führte bis zum Jahr 2000 zu einer nur noch an stets neuen Rekorden orientierten Zählweise, die einer objektiven Kontrolle nicht standgehalten hätte. Mittlerweile wurde ein Schnitt gezogen und diese Willkür durch eine eindeutig überprüf- und nachvollziehbare Besucherzählung abgelöst[255]. Aus dem Wunsch oder Druck heraus, Förderern wie Öffentlichkeit gegenüber ständig neue Besucherrekorde vermelden zu können, resultierte im Ergebnis eine Miteinbeziehung von Personengruppen, die im eigentlichen Sinn nicht den Festivalbesuchergruppen zugerechnet werden können. Die daraus resultierenden Besucherzahlen führten Mitte der neunzehnhundertneunziger Jahre zu derart absurden Ergebnissen, dass neben der neuen Fixierung von Zählkriterien eine Neubesinnung bei der Festlegung von Erfolgskriterien einsetzte. Die zur Berechnung der Gesamtbesucherzahlen relevanten Veranstaltungen und Festivalbestandteile wurden festgelegt, auch die Akkreditiertenbesuche bei den Kinovorstellungen werden nun gesondert erfasst, um das Fachbesucherecho besser belegen zu können. Neben den Kinobesuchern im Festivalzeitraum zählen nur noch alle jene Besucher dazu, die in vom KurzFilmFestival organisierte Rahmenveranstaltungen gehen, etwa den Festivalclub oder Veranstaltungen im Rahmen der allgemeinen PR-Aktivitäten, die im Festivalvorfeld stattfinden.

Ein weiterer Erfolgsfaktor ist die Zahl der eingereichten Filme, die im Jahr 2004 bei rund 3.600 Kurzfilmen lag, und der daraus resultierenden großen Auswahlchance. Da jedes Jahr internationale Filmhochschulen, Festivals, Produktionsfirmen oder auch ganze Länder als neue Einreicher erschlossen werden, steigt diese Zahl in den kommenden Jahren vermutlich weiter an. „Unser Erfolg ist zugleich auch unser Problem. Denn wie will man so viele eingereichte Filme noch gerecht bewerten?"[256] Die Suche nach einem Sichtungsmodus, der die Arbeitsbelastung für die Kommission in einem erträglichen Rahmen hält und allen Filmen gleichwertige Sichtungschancen einräumt, gehört zu den am dringendsten zu lösenden Problemen.

Ein weiterer wichtiger Erfolgsfaktor ist die Nachhaltigkeit, die das Festival in verschiedenen Bereichen erzielt. Dazu zählt, mit der Schaffung des separaten Kinderfilmfestivals Mo & Friese, die Nachwuchspflege ebenso wie versucht wird, im Rahmen der Sonderveranstaltungen im Vorfeld und während des Festi-

---

[255] Besucherzahlenentwicklung: 1994: 12.000; 1996: 15.000, 1998: 15.500, 2000: 16.500, 2002: 14.500, 2003: 15.000, 2005: 15.000

[256] Jürgen Kittel im Gespräch

vals im Festivalclub, den Grenzbereich zu anderen Künsten auszuloten und bei Besuchern Unvoreingenommenheit dem nur abstrakt Vorstellbaren gegenüber zu schaffen. Meet the Producer gehört ebenfalls in den Bereich Nachhaltigkeit, da hier der filmische Nachwuchs Chancen zur Umsetzung neuer Projekte erhält, ebenso wie Produzenten die Chance haben, frühzeitig auf neue Talente aufmerksam zu werden und diese an sich zu binden. In diesem Zusammenhang wird der Zwiespalt des Festivals deutlich, den Kurzfilm nicht nur als das Sprungbrett zum Langfilm verstanden zu wissen, sondern als eigenständiges künstlerisches Ausdrucksmittel, dem sich Filmemacher dauerhaft widmen. Dem steht in den meisten Fällen allein schon das wirtschaftliche Interesse der Filmemacher entgegen, vom Filmemachen auch den Lebensunterhalt bestreiten zu können. Die Chancen, z.B. durch Lehraufträgen an Filmhochschulen die Passion für den Kurzfilm mit dem erwirtschaften der Lebenshaltungskosten in Einklang zu bringen, sind verhältnismäßig gering. Außerhalb der Kurzfilmfachszene wird der Kurzfilm noch immer vorrangig als Visitenkarte von Jungregisseuren angesehen, die noch keinen Langfilm finanziert bekommen haben und sich mit ihren Filmen für weitere Kino- oder TV-Produktionen empfehlen wollen. Das Festival ist ein wichtiger Treffpunkt zwischen Kurzfilmern, die sich dem entgegen bewusst dieser Filmform zuwenden auf Grund der darin liegenden künstlerischen Freiheiten und kreativen Möglichkeiten.

> „Die Tendenz, narrativen Filmen, die als Visitenkarte für den ersten Langfilm angelegt sind, großen Platz einzuräumen, hat uns in den 90er Jahren manchmal geärgert. Die Bereitschaft Risiken einzugehen, sperrigen Filmen ein Forum zu geben und das Publikum nicht für dümmer zu halten, als es ist, hat zum Glück wieder zugenommen."[257]

Das Kurzfilmfestival stellt immer wieder heraus, dass Kurzfilm ein Medium ist, mit sich Filmemacher kontinuierlich beschäftigen, es begleitet dauerhaft Karrieren, um Talente zu fördern und über die Festivalszene hinaus auch ins öffentliche Bewusstsein zu bringen.

Der rezipierende Nachwuchs wird durch das parallel stattfindende KinderFilm-Festival Hamburg „Mo&Friese" angesprochen. Hier liegt ein Schwerpunkt im Aufbau von kritischer Medienkompetenz, der Vermittlung von praktischer Erfahrung im Umgang mit dem Medium Film in Seminaren und bei praktischen Übungen, in denen Schüler selbst Kurzfilme produzieren können, hinter die Kulissen der einzelnen produktionstechnischen Schritte schauen können und in Verbindung mit Gesprächen mit Filmschaffenden und Darstellern im Anschluss an die Filmvorführungen einen kritischen Umgang mit dem Medium Film im Allgemeinen zu fördern.

---

[257] Hanna Nordholt, Fritz Steingrobe im Gespräch

„In einer Welt, die maßgeblich von bewegten Bildern plus Kommentaren geprägt ist, sind Kurzfilmfestivals ein entscheidender Beitrag zur audiovisuellen Alphabetisierung. Besonders der No Budget Kurzfilm und dessen Festivals bieten die Möglichkeit radikal subjektive Zeitbilder der Welt, jenseits von Nachrichtenkanälen und Unterhaltungsindustrie, zu erstellen."[258]

### 3.3.7. Möglichkeiten und Grenzen der Presse- und Öffentlichkeitsarbeit

Die Feststellung Robin Mallicks, der Kurzfilm sei zugleich „Erfolgsgarant und Stiefkind der Filmindustrie", gilt ebenfalls für die Wahrnehmung von Kurzfilmfestivals durch die Presse. Langfilmfestivals haben bei der Öffentlichkeitsarbeit wesentliche Vorteile, die auch für die Schaffung eines den Festivalbesuch auslösenden Impulses entscheidend sein können. Langfilmfestivals können bei der Öffentlichkeitsarbeit zum Teil auf Filme zurückgreifen, die durch die Mitwirkung bekannter Persönlichkeiten oder auf Grund vorhergegangener Festival- oder Vermarktungserfolge bereits für breiteres Aufsehen gesorgt haben. Da Kurzfilme in der Regel von Nachwuchsfilmemachern oder Laien gedreht werden und selbst langjährige professionelle Kurzfilmer es selten schaffen, breite öffentliche Bekanntheit zu erlangen, kann hier nur in Ausnahmefällen auf werbewirksame, bekannte Namen zurückgegriffen werden. Im besten Fall kann, etwa im Rahmen einer Retrospektive, mit den frühen Kurzfilmen später bekannt gewordener Langfilmregisseure geworben werden oder mit den neuen Werken vergangener Kurzfilm-Oscar-Preisträger[259].

Je größer das kulturelle Konkurrenzangebot am Veranstaltungsort ist, desto schwieriger wird es im Laufe der Jahre, eine umfassende Pressepräsenz im Print-, Rundfunk- und TV-Sektor zu erreichen. Filmfestivals, insbesondere Kurzfilmfestivals sind jenseits der Fachpresse kein Thema für eine bundesweite Berichterstattung, es muss schon etwas Besonderes, in jedem Jahr erneut Einmaliges geboten werden, um kontinuierlich und umfassend in der Presse, vor allem der überregionalen, präsent zu bleiben.[260] Es stellt sich die Frage, ob sich Festivals nach dem Wunsch der Medien nach immer neuen presserelevanten Inhalten

---

[258] Hanna Nordholt, Fritz Steingrobe im Gespräch

[259] Die Brüder Christoph und Wolfgang Lauenstein sind ein gutes Beispiel dafür, wie ein Oscargewinn, 1990 für „Balance", Auslöser für eine kommerzielle Karriere sein kann, neben der zumindest zeitweise kein weiteres Interesse an der Produktion von Kurzfilmen bleibt oder mehr vorhanden ist, wodurch sie auch im Rahmen der Festivalpressearbeit nur eingeschränkt genutzt werden können.

[260] Lars-Olav Beier, Der Spiegel, auf die Anfrage nach einer Berichterstattung über das 19. Internationale KurzFilmFestival Hamburg 2003. Ohne besonderen Aufhänger müsse man sonst mit dem gleichen Recht auf Pressepräsenz über alle Filmfestivals in Deutschland berichten.

richten, um eine größere Presseresonanz zu erreichen, oder zu Gunsten der klaren Festivaldefinierung darauf verzichten und, sich auf Kernmedien konzentrierend, an kulturell und kulturpolitischen Zielen orientierten Konzepten und Inhalten festhalten. Da es in den vergangenen Jahren immer wieder gelang, mit außergewöhnlichen Veranstaltungen hohe Aufmerksamkeit bei Medien und Besuchern zu erreichen, etwa die Projektorrennen in der Markthalle und, im Folgejahr, als Open Air am Festivalzentrum Schlachthof, könnte eine Intensivierung dieser Programmbestandteile eine gesteigertes Medieninteresse mit sich bringen, ohne sich nur zur besseren Medienwahrnehmung konzeptionell oder inhaltlich zu verändern.

Zwar spielen bekannte Darsteller immer wieder bei Kurzfilmproduktionen mit, um durch ihr Mitwirken dazu beizutragen, dass diese Filme möglicherweise eine größere Öffentlichkeit erreichen. In der Regel besuchen diese Personen jedoch selten Festivalvorstellungen, da es Kurzfilmfestivals an einer Presseresonanz fehlt, die wiederum einen Besuch aus Publicitygründen attraktiv machen würde. Damit können Prominente für die Öffentlichkeitsarbeit nur eingeschränkt eingesetzt werden. Auch steht einem Einsatz öffentlichkeitswirksamer Namen bei der Pressearbeit der Anspruch des Festivals entgegen, möglichst keine einzelnen Filme herauszuheben, um die Chancengleichheit innerhalb der Wettbewerbsprogramme zu wahren und zum anderen wenn schon, dann inhaltlich oder formal herausragende Kurzfilme hervorzuheben und nicht auf Namedropping zu setzen. Beide Ansätze erschweren den Einsatz dieser PR-Faktoren und verkennen, dass mit dem Einsatz dieser Personen innerhalb eines Pressekonzeptes breitenwirksame Medien erreicht werden sollen, deren Empfänger mit fachspezifischen Informationen mangels notwendigen Vorkenntnissen nicht erreicht werden können.

Da die Werbestrategien seit Jahren innerhalb des Teams umstritten sind, in erster Linie, ob es Sinn macht, einen Großteil des Werbeetats für Außenplakatierung auszugeben, deren Wirkung trotz der Ergebnisse der Besucherbefragung (24,8% der Erstbesucher und 52,5 % der Mehrfachbesucher wurden auch durch Plakate auf das Festival aufmerksam) angezweifelt wird, stellt sich in diesem Zusammenhang die Frage, ob das Festival bei der Werbung nicht die Probe aufs Exempel machen möchte und einmal vollständig auf Außenplakatierung verzichtet. Da 55,4 % der Festivalbesucher keine Erstbesucher waren und 55,4 % der Befragten durch Mundpropaganda auf das Festival aufmerksam wurden, erscheint es denkbar, durch kostengünstigere Werbealternativen wie Online- oder Direktmarketingmaßnahmen das Stammpublikum zu erreichen, und sich durch intensivere Pressearbeit sowie verstärkte Ansprache von Besuchern aus der Gruppe der Kulturkonkurrenten weitere Besucher dazu zu gewinnen. Anhand der Besucherzahlen ließe sich der geringe Werbetat ggf. effektiver einsetzen. Dieser Versuch ist jedoch nur möglich, wenn gegenüber den Förderern der mit einkalkulierte Misserfolg in Form von Besucherrückgängen vorab dargelegt wird und die zukünftige Förderung nicht durch einen bewusst riskierten Zuschauerrückgang in Frage gestellt wird.

Eine Besonderheit sind die alljährlich unter einem bestimmten Motto stattfinden Vorveranstaltungen, die sowohl dem Wunsch der Presse nach immer wieder Neuem, Berichtenswerten nachkommen, als auch das Image des Festivals stärken, und für Preawareness sorgen. Diese Aktionen ersetzen in Teilen die fehlenden finanziellen Mittel für eine breiter angelegte Werbekampagne, sind dafür jedoch personalintensiv. Die Qualität und Originalität dieser Veranstaltungen wird ein wesentlicher Faktor für eine weiterhin erfolgreiche Pressearbeit und das innovative Image des Festivals sein.

### 3.3.8. Nutzen und Risiken des gegenseitigen Imagetransfer zwischen KurzFilmFestival und Nutzergruppen

Für die KurzFilmAgentur Hamburg ist das Festival nach wie vor die wichtigste Veranstaltung zur Außendarstellung der Agenturtätigkeit und für die Mitarbeiter die Chance, den persönlichen Kontakt zu Agenturkunden zu pflegen. Diese können sich während des Festivals einen Einblick in die weitere Arbeit der Agentur verschaffen, potentielle Neukunden direkt vor Ort kontaktet und gezielt informiert werden. Für die Kundenansprache und -pflege ist das Festivalimage einer der Kernpunkte bei der Entscheidung, das Festival und damit auch die Agentur zu besuchen.

Sponsoren aus der Konsumgüterwirtschaft tun sich schwer mit einem Engagement im Rahmen des Festivals. Kurzfilmfestivalbesucher, speziell bei einer zum Teil gezielten Ausrichtung auf alternative Zuschauerschichten, gelten als äußerst kritisch gegenüber dem Engagement von Sponsoren. Insbesondere Kunden, die ein Interesse an spitzen Zielgruppen haben, sind zu einem Engagement im breiteren Rahmen bereit, wie sich in den vergangen Jahren anhand der Sponsoren ablesen lässt. Während es bis 2002 zunehmend schwieriger wurde, für das Internationale KurzFilmFestival Hamburg Finanzsponsoren zu finden, hat sich die Situation verbessert, seit Sponsoren die Chancen des ausgeprägten Festivalprofils und der Festivalbesucher für sich erkannt haben. Die Kriterien, nach denen Unternehmen ihre Marketingbudgets vergeben, werden immer standardisierter. Waren die Unternehmen in den neunzehnhundertneunziger Jahren noch an den Festivalbesuchern als spitzer Zielgruppe interessiert, um das Markenimage zu profilieren, wird zunehmend auf Masse gesetzt. Die vormals ins Feld geführte hohe Kritik der Besucher, mit der das Engagement von Wirtschaftsunternehmen positiv beurteilt wurde, wird nun als zu kritisch negativ bewertet, was wiederum das ausschlaggebende Kriterium für Sponsoren wir Greenpeace Energy oder American Spirit war. [261] Die das Festival unterstützende, vorwiegend lokale Wirtschaft tut dies in erster Linie aus Sympathie für die Arbeit des Festivals und der KurzFilmAgentur, erst in zweiter Linie dienen ihre Engagements der internen und externen Imagepflege und der Kundenakquise. Hier gelingt es, den während des Festivals herrschenden Teamgeist auf externe Zulieferer zu übertragen. Die emotionale Einbindung der externen Mitarbeiter in das Festival führt zu hohem persönlichem Engagement der Sponsorenmitarbeiter, was sich wiederum positiv auf das dortige Betriebsklima und die Mitarbeiterbindung auswirkt.

Der Imagegewinn durch das Festival funktioniert für die beteiligten Kinos in verschiedenen Bereichen. Die mitspielenden Kinos erreichen, wie in der Publikumsbefragung nachgewiesen, neue Zuschauerschichten. Darüber hinaus bedeuten Festivals zwar einen hohen personellen Mehraufwand für die Spielstätten und ein das normale Maß übersteigendes Engagement der Kinomitarbeiter, führt jedoch auch hier zu einer positivem Beeinflussung des Betriebsklimas und zur Steigerung der Mitarbeiterbindung, da sie unter Beweis stellen können, dass „sie mehr können, als immer nur den gleichen Film vorführen, sondern Technikspezialisten sind."[262] Die beteiligten Kinos erhoffen sich von einer Teilnahme am Festival die Erschließung neuer Zuschauerschichten, können die Festivalteilnahme aber auch bei der Beantragung von Fördergeldern und Prämien einbringen, wodurch sich das Engagement über die Förderprämien auch finanziell rechnet. Das Kommunale Kino Metropolis, Geburtsort des Festivals, hat mit der Veranstaltung einen Publikumsmagneten im Haus, und stützte es deswegen sowie auf Grund seines kulturpolitischen Auftrages. Dies geschieht auch durch eine zurückhaltende Preisgestaltung bei Mietforderungen in für das Festival wirtschaftlich schweren Zeiten. Das B-Movie wiederum wird vom Festival gezielt für stark spezialisierte Sonderveranstaltungen genutzt, die den intimen Rahmen dieser Off-Spielstätte benötigen. Auf der anderen Seite kann sich das B-Movie hier innerhalb der sehr sensiblen linkspolitischen Szene profilieren. Es spricht für die Glaubwürdigkeit des Festivals, dass es auch nach zwanzig Jahren innerhalb der linksalternativen Szene ein sehr positives Standing hat und trotz des vollzogenen Imagewechsels die enge Bindung zu seiner ursprünglichen Klientel nicht verloren hat.

Für die lokale und regionale Filmwirtschaft ist das KurzFilmFestival weniger relevant als das Filmfest Hamburg. Da Kurzfilmproduktionen keine wirtschaftlich relevanten Auswirkungen auf den Medienstandort Hamburg haben, wird das Festival von der lokalen Filmwirtschaft lediglich als Talentbörse wahrgenommen, jedoch kaum als Werbeplattform genutzt oder aktiv unterstützt. Die Filmförderung Hamburg nutzt das Festival, um auf seine kulturelle Förderung auf-

---

[261] Silke Nöller, Produktmanagerin von P&S-Filter, Reemtsma, dem Hauptsponsor des Festivals von 1995–1999, und bundesweit bei weiteren Kurzfilmfestivals aktiver Sponsor.

[262] Sabine Matthiesen im Gespräch

merksam zu machen und Nachwuchsfilmemacher nach Hamburg zu holen. Wie weit diese perspektivische Förderung des Nachwuchses und die des Festivals durch finanzielle Unterstützung zur Durchführung von Meet the Producers und anderen Zusatzveranstaltungen noch möglich ist, ist angesichts der Kürzungen des Etats der Filmförderung Hamburg mittelfristig nicht absehbar.

Die Kulturbehörde der Freien und Hansestadt Hamburg ist sich der bundesweiten und internationalen Bedeutung des Kurzfilmfestivals durchaus bewusst. Die Kontinuität in der Förderung sowie zusätzliche Sonderzuwendungen zur Haushaltsanierung haben die Entwicklung des Festivals erst ermöglicht. Damit hat es die Kulturbehörde Hamburg geschafft, ein bundesweit viel beachtetes kulturpolitisches Zeichen zu setzen, dass die Vielfalt des deutschen und internationalen Kurzfilms auf breites öffentliches Interesse stößt, wenn die entsprechenden Rahmenbedingungen geschaffen werden.

### 3.3.9. Chancen und Risiken der zukünftigen Entwicklung des KurzFilmFestival

Das Internationale KurzFilmFestival Hamburg befindet sich auf Grund seiner Entwicklungsgeschichte und seines Programmaufbaus seit Jahren in einem Zwischenstadium. Auf der einen Seite strebt man einen hohen Grad an Professionalität an, auf der anderen Seite wird versucht, seinen Ursprung aus dem No Budget-Sektor nicht zu verlieren. Diese Unentschiedenheit drückt sich auch in der Außendarstellung des Festivals aus. Während es in den vergangenen Jahren gelungen ist, dem Festival eine einheitliche, professionelle CI zu verpassen, die sich durch alle Kommunikations- und Werbemittel zieht, wirkt der Auftritt während des Festivals weiterhin alternativ und teilweise semiprofessionell. Dies liegt zum einen in dem Versuch, die hohe Festivalcredibility gegenüber den No Budget-Besuchern nicht durch einen zu professionellen Auftritt zu gefährden. Gleichzeitig ist der Festivaletat nicht groß genug, um insbesondere dem Festivalzentrum die Anmutung eines Provisoriums zu nehmen. Auch ist der Auftritt des Festivalclubs weiterhin deutlich alternativ geprägt. Mittelfristig wird es notwendig werden, sich für einen einheitlichen Festivalauftritt zu entscheiden, um nicht bei beiden Festivalteilen, dem No Budget- wie dem regulären Bereich, an Glaubwürdigkeit und dadurch Anziehungskraft für alle Nutzgruppen zu verlieren.

Die hohe Zahl an Einreichungen hat sich in den vergangenen Jahren zu einem Problem bei der Bewältigung der Festivalsichtung entwickelt, da es im Rahmen der ehrenamtlich geleisteten oder nur sehr gering vergüteten Arbeit der Sichtungskommissionen zunehmend schwerer wird, alle eingereichten Filme unter adäquaten Bedingungen zu sichten und zu bewerten. Die Lösung dieser Aufgabe bildet eine der großen Herausforderungen in der zukünftigen internen Struktur des Festivals, um der drohenden Gefahr der „Vernichtung durch Erfolg"[263] zu entgehen.[264] Änderungen bei den Einreichbedingungen, wie sie das Filmfest Emden – Aurich – Norderney zur Einreichbegrenzung immer vornehmen, sind mit dem Anspruch des KurzFilmFestivals nicht vereinbar, so umfassend wie möglich über die aktuelle Kurzfilmproduktion zu informieren. Der Versuch, die Laufzeit der Kurzfilme noch oben zu begrenzen, wird auch nur halbherzig vorgenommen, denn eingereichte Kurzfilme „sollten" nicht länger als 20 Minuten sein, mittellange Filme bis zu 40 Minuten werden aber durchaus auch vorgeführt, wenn die Qualität das rechtfertigt. Auch hier wäre eine radikalere Begrenzung auch im Sinne der Profilschärfung sinnvoll, da es nicht zusätzlich zum bereits vorhandenen beachtlichen Programmspektrum Aufgabe des Festivals sein kann, auch noch den bereich der mittellange Filme zwischen 20 und 60 Minuten abzudecken.

Ob die im Teamgespräch geäußerte Vermutung richtig ist, dass man derzeit das maximale Besucherpotential bereits erreicht hat und daher weitere Steigerungen, mithin Erfolgsmeldungen in diesem Bereich nicht mehr möglich sind, darf angesichts der noch nicht gezielt angesprochenen weiteren potentiellen Besucherschichten angezweifelt werden. Hier erscheint eine Intensivierung der individuellen Zielgruppenansprache sinnvoll, ebenso wie sich Erfolge bei der Akquise überregionaler Besucher durch eine Einbindung in die Aktivitäten der Hamburg Marketing GmbH erzielen lassen könnten. Die Einbindung in nationales wie internationales Städtemarketing könnte für beide Seiten vorteilhaft sein.

Für eine erfolgreiche Ansprache neuer Festivalbesucher ist eine sprachliche Neukonzeption der Werbemittel notwendig. Die Texte der Flyer und Broschüren richten sich trotz der in den vergangenen Jahren vollzogenen sprachlichen Umorientierung immer noch zu sehr an Personen, die bestimmte Grundkenntnisse zum Festival mitbringen oder es schon einmal besucht haben. Dass zur Neuakquise von weiteren Besucherschichten auf deren geringeres Vorwissen und spezielles Konsumverhalten stärker eingegangen werden muss, ist seit Jahren Diskussionsgegenstand innerhalb des Festivalteams. Auch wenn sich hier bereits eine Verbesserung abzeichnet, erscheint es sinnvoll, darüber nachzudenken, die redaktionelle Arbeit durch Personen leisten zu lassen, die einen größeren persönlichen, insbesondere emotionalen Abstand zum Festival haben oder in der Lage sind, sprachlich stärker zu abstrahieren und sich am Wissensstand der anvisierten aber bisher nicht erreichten Zuschauerschichten zu orientieren.[265] Für die beim

---

[263] Karsten Stempel im Gespräch

[264] Dieses Problem haben angesichts zunehmender Produktionszahlen viele Festivals. Dieter Kosslick verweist auf dieses Problem z.B. im Süddeutsche Zeitung-Interview mit Fritz Göttler. „Geiz ist Gaga". A.a.O.

[265] Diese Neuausrichtung in der Zielgruppenansprache bezieht sich ausdrücklich nicht auf inhaltliche oder künstlerische Aspekte des Festivalprogramms.

Festivalteam und den Teilen der Besucher, die sie zu entschlüsseln wissen, sehr geschätzten sprachlichen Insider bleiben noch genügend Platzierungsmöglichkeiten im Rahmen des Festivalkataloges, bei Ansprachen und Moderationen. Wichtig ist, zu unterscheiden, welches Werbemittel welchen Zweck erfüllen soll, und sich dann sprachlich daran zu orientieren, um einen größtmöglichen Nutzen daraus zu ziehen.

Wenn es das Kurfilmfestival mit seinen Überlegungen ernst meint, in Zukunft das größte Filmfestival in Hamburg zu werden, und sich innerhalb des Spartenkonkurrenzumfeldes neu positionieren möchte, sind ein radikaler Umbau bei den Leitungsstrukturen und dem Gesamtaufbau notwendig. Die organisatorische und künstlerische Leitung kann nicht mehr in Teilzeitarbeit über wenige Monate hinweg geleistet werden. Die kontinuierliche Arbeit in den Bereichen Programmakquise, Sponsorenansprache aber auch bei der politischen und kulturellen Lobbyarbeit muss intensiviert werden, um zumindest eine Sicherung wenn nicht gar Steigerung des Festivaletats zu erreichen, der die Schaffung von Vollzeitstellen ermöglicht und einen professionellen Außenauftritt während des Festivals gewährleistet. Die verstärkte Einbindung von Fachbesuchern durch einen Ausbau des Marktes und gezielte Sonderveranstaltungen wurde bereits in Angriff genommen, diese Bereiche müssen weiter ausgebaut werden, um sich auch zukünftig im Konkurrenzumfeld behaupten zu können.

Das größte Problem beim Ausbau des Festivals dürfte neben der Etaterhöhung und -sicherung im Bereich Öffentlichkeitsarbeit liegen. Da das Filmfest Hamburg durch große Premieren und Starbesuche auch einen hohen externen Werbeeffekt für Hamburg haben soll, muss das KurzFilmFestival, will es versuchen, in diesem Bereich gleichzuziehen, in der Medienresonanz entsprechende Ereignisse vorzuweisen. Die Lösung der vorab genannten Probleme im Bereich der Pressearbeit durch fehlende Sensationsfaktoren wird dafür entscheidend sein, ob sich das ambitionierte Vorhaben umsetzen lässt. Denn angesichts der angespannten Haushaltslage der Stadt Hamburg ist nicht zu erwarten, dass entsprechende Umschichtungen der Festivaletats erfolgen werden. Und zur Finanzierung zweier großer Filmfestivals reicht der politische Wille in Hamburg bei aller Sympathie gegenüber dem KurzFilmFestival nicht aus. In der angestrebten kulturellen und kulturpolitischen Festivalliga treten Fragen der Sympathie gegenüber dem Förderempfänger deutlicher zurück hinter die im vorderen Teil der Arbeit beschriebenen und kritisierten Evaluationsmaßnahmen wie Umwegrentabilitätsergebnisse, externe Werbeeffekte für die Stadt und andere Erfolgskriterien, denen das Festival insbesondere in seiner derzeitigen teilweisen Profilschwammigkeit nicht gerecht werden kann. Da das Festival in den vergangenen Jahren trotz insgesamt sinkender Etats der Kulturbehörde nicht nur kontinuierlich gefördert wurde, sondern auch immer wieder Fördererhöhungen und Sonderzuwendungen zur Haushaltssanierung erhalten hat, ist das Festival Fokus intensiver Beobachtung durch andere oder ehemalige Förderempfänger. Um gegen mögliche negative Stimmen gut aufgestellt zu sein, wird das Festival zukünftig einer verschärften Kontrolle durch andere Förderempfänger, aber auch durch die Presse und Haushaltsvertreter standhalten müssen, um diese Ausnahmestellung innerhalb der Förderempfänger auch rechtfertigen zu können. Daher wird es zunehmend wichtig, die kulturpolitischen Ziele des Festivals herauszuarbeiten. Die Erfolge in der Ansprache von Kindern und Jugendlichen durch die Festivalausgründung Mo&Friese Kinderfilmfestival, die Nachverfolgung von Karrieren einzelner Filmemacher oder Produktionsfirmen gehören dazu. Aber auch das kontinuierliche Aufgreifen neuer technischer und vor allem ästhetischer Entwicklungen gehörte jahrelang zu den Kernstärken des Festivals. Um sich hier nicht in Relevanzbelangen von anderen Festivals, sei es bereits existierenden oder neu entstehenden, abhängen zu lassen, ist eine kontinuierliche Aufstockung des Sichtungspersonals mit jungen Mitgliedern unerlässlich. Die seit jeher hohe Sensibilität für neue künstlerische aber auch kommerzielle Strömungen muss sich in der Programmauswahl und durch eine ebenso kontinuierliche Ansprache von jungen Festivalbesuchern auch in der erfolgreichen Zielgruppenansprache widerspiegeln.

Die dem Zwiespalt bei der Festivalprofilierung und -entwicklung entsprechende, seit vielen Jahren anhaltende Diskussion über Pro und Contra einer weiteren Professionalisierung ist beispielhaft für die unterschiedlichen Selbstverständnisse der verschiedenen Festivalmitglieder in Bezug auf Festivalidentität und -zukunft. Ob das Festival einen Umbau in Richtung Professionalisierung mit allen Konsequenzen vollziehen kann, wird entscheidend von der Lösung der strukturellen Probleme in den Bereichen Kompetenzverteilung und Personalakquise sein. Professionalisierung darf hier nicht negativ missverstanden werden als Ausdruck einer stärkeren Kommerzialisierung, sondern als Gegenentwurf zum teilweise nicht auf finanziellen Engpässen sondern auch bewusst gewähltem semiprofessionellen Außenauftritt des Festivals, der sich an den No Budget-Wurzeln orientiert, etwa im Bereich Festivalzentrum und der Gestaltung des -clubs. Ebenso wenig ist eine Fokussierung auf den No Budget-Sektor als zweitrangige Entwicklung einzuordnen, als Reaktion auf einen vermeintlich vergeblichen Aufstieg in eine höhere Festivalliga. Der Bereich No Budget verdient die gleiche Beachtung und Förderung wie der professionelle Kurzfilm, die künstlerische Entwicklung und gesellschaftliche Relevanz spiegelt sich immer wieder ablesen an der Entwicklung neuer Kunstformen, aber auch am kommerziellen Aufgreifen ästhetischer Entwicklungen durch Werbung und Spielfilm. Nur die parallele Ausrichtung auf zwei so unterschiedliche filmkünstlerische Stilrichtungen führt letztlich zu einer gesamten Schwächung der Festivalrelevanz. Ohne eine entschiedene Ausrichtung auf ein eindeutiges Festivalprofil wird zukünftig die Gefahr bestehen, innerhalb der Spartenkonkurrenz von anderen Festivals, die sich eindeutig auf einen der Teilbereiche konzentrieren, überholt zu werden.

# 4. Perspektiven der kulturpolitischen Relevanz von Film-festivals in Deutschland

Um das einzelne Filmfestival in der vielschichtigen Festivallandschaft auf seinen individuellen kulturpolitischen Wert und die mögliche Relevanz für einzelne Nutzergruppen hin bewerten zu können, wäre es notwendig, einheitliche Erfas-sungs- und Bewertungsschemata zu entwickeln. Um eine größtmögliche Akzep-tanz der Ergebnisse bei Festivals wie Kulturpolitikern zu erzielen ist ein Höchst-maß an Transparenz bei Methodik und Datenerfassung notwendig, da nur so die darüber gewonnenen Rückschlüsse für alle Beteiligten akzeptabel sind.[266] Diese Erfassung soll nicht dazu dienen, ein Festivalranking von Platz 1 bis XY aufzu-stellen. Anhand dieser Evaluation könte der kulturpolitische Stellenwert der einzelnen Veranstaltung im Gesamtkontext der bestehenden Festivallandschaft innerhalb eines angemessenen Konkurrenzumfeldes beurteilen werden. Anhand dessen ließe sich der individuelle kulturpolitische Wert fundiert bewerten und die Sinnhaftigkeit einer zukünftigen Förderung im Vergleich zu anderen Verwen-dungen abwägen. Daneben könnten Nutzergruppen in die Lage versetzt werden, anhand dieser Ergebnisse die persönliche Relevanz einzelner Festivals abzulei-ten. Eine Evaluierung nach formalen, statistisch erfassbaren sowie kulturpolisch relevanten ideellen, lediglich indirekt erfassbaren Kriterien wäre denkbar.

## 4.1. Ansätze und Ziele einer statistischen Evaluation von Film-festivals im Konkurrenzumfeld

Zur statistischen Erfassung der formalen Angaben können Festivalprogramme anhand der vorgeführten Filme ausgewertet werden, wie dies leider nur unvoll-ständig in derzeit publizierten Festivalführern geschieht.[267]

---

[266] Ein negatives Beispiel einer Festivalevaluation stellt die Untersuchung der niedersächsi-schen Filmfestivals im Auftrag der nordmedia dar, die 2003 abgeschlossen wurde. Die Un-tersuchung diente zur Erfassung der Relevanz aller geförderten Filmfestivals um einen op-timalen Einsatz der Fördergelder zur Stärkung der relevantesten Filmfestivals in Nieder-sachsen zu erreichen. Die Evaluation wurde anhand der Angaben der Festivals, der einge-reichten Kataloge und Pressespiegel vorgenommen. Die Gesamtergebnisse wurden nicht im Einzelnen, die Besetzung der Bewertungskommission gar nicht veröffentlicht. Den teilneh-menden Festivals wurden lediglich die Entscheidungen mitgeteilt, ohne dass die Bewer-tungsmaßstäbe detailliert offen gelegt oder die Ergebnisse zum Vergleich zugänglich ge-macht wurden. Auf Grund dieser mangelhaften Methodik bleibt ein hoher Grad an Angreif-barkeit der Ergebnisse zurück. Diese Intransparenz ist bei den daraufhin nicht weiter geför-derten Festivals auf zum Teil heftigen Widerstand gestoßen, gerichtliche Schritte zum Ein-klagen der weiteren Förderung wurden nicht ausgeschlossen.

[267] Die im Folgenden aufgeführten Kategorien erheben keinen Anspruch auf Vollständigkeit.

Formale Kriterien:

- Lang-, Mittellang-[268], Kurzfilm
- Länge der zugelassenen Filme nach Metern oder Laufzeit
- Herkunftsländer
- Produktionsumstände (professionell oder nicht-prefessionell produzierte Filme)
- Real- oder Animationsfilm
- Produktionsmedien (8 / 16 / 35mm, Video, CGI)
- Welt-, Europa-, nationale oder regionale Erstaufführungen
- Anteil an Nachwuchswerken (erster bis dritter Film)

Darauf erfolgen Genre- und Gattungsbestimmung und die Erfassung von das Festival begleitenden Sonderveranstaltungen:

- z. B. Fantasy, Kriminalfilm, Science Fiction, Komödie
- z. B. Spiel,- Dokumentar-, Experimental- oder Animationsfilme
- Art und Anzahl der angebotenen Seminare, Diskussionen, Weiterbildungsmaßnahmen
- Messe: Anzahl und Zusammenstellung der Messeteilnehmer
- Filmmarkt: Art und Anzahl der angebotenen Lizenzen, getätigte Verkäufe, Grad der Marktabdeckung

Neben diesen formalen Angaben gilt es, die erreichten/anwesenden Nutzergruppen statistisch zu erfassen:

- Art der Nutzergruppen
- Anzahl der Vertreter der verschiedenen Nutzergruppen und ihre Branchenrelevanz/Stellung

Im nächsten Schritt erfolgt eine Typologisierung der Filmfestivals in Anlehnung an die von Manfred Wagner[269] nicht speziell für Film- sondern für Festivals im Allgemeinen entwickelten vier Typen. Diese Typologisierung lässt sich, leicht modifiziert, auf Filmfestivals übertragen. Innerhalb dieser Einordnung kann ein Festival durchaus gleichzeitig mehreren Bereichen zugeordnet werden.

---

[268] Anders als in Frankreich, wo die Filmkategorie Medi Metragé etabliert ist, fallen mittellange Filme mit Laufzeiten zwischen 30 und 60 Minuten bei den meisten deutschen Filmfestivals aus den Einreichbedingungen und haben es schwer, auf Filmfestivals berücksichtigt zu werden.

[269] Wagner, Manfred. Kulturfestivals. Eine Form gesellschaftlicher Reaktion auf die Krise der Achtzigerjahre. In: *art management*, Jhg. 1, Heft 1998, Wien 1983

Themenfestivals: Sie konzentrieren sich auf Beiträge zu besonderen Themen, die jährlich wechseln oder kontinuierlich feststehen. Das Interesse der Veranstalter liegt in einer möglichst fundierten Darstellung einzelner Themen, nicht in der Abdeckung der thematischen Vielfalt.

Regionalfestivals: Sie setzen sich mit der örtlichen Filmszene auseinander, präsentieren die lokalen oder regionalen Produktionen.

Zielgruppenfestivals: Diese Festivals sprechen gezielt eindeutig strukturierte Besucherschichten an. Diese Zielgruppen können nach sozialen oder demografischen Merkmalen ausgewählt werden.

Repräsentationsfestivals: Diese Festivals dienen gezielt auch dem Städtemarketing oder der Tourismusförderung, die äußere Form und das Öffentliche- wie das Medieninteresse sind von großer Relevanz.

Durch die Erfassung von Festivaltermin und -dauer und Anzahl der Spielstätten, ist eine statistische Auflistung aller Festivals möglich. Ergänzt werden müssten diese Angaben durch eine Kurzcharakterisierung der inhaltlichen Schwerpunkte. Besucherzahlen sollten nach Mengenkategorien (von ... bis ... Zuschauer) gestaffelt erfasst werden. Da die Höhe der Einnahmen aus Eintrittsgeldern oder Auslastungsquoten der Vorführungen keine relevante Aussagekraft besitzen, sollten sie nicht berücksichtigt werden. Anhand dieser Statistiken können Kulturpolitiker, Förderer und Nutzergruppen erste Konkurrenzumfelder einzelner Veranstaltungen ableiten.

Die Erfassung der kulturpolitischen Ziele und die mit dem Konkurrenzumfeld vergleichbare Bewertung dieser ist ungleich schwieriger. Für Festivals in cineastisch unterversorgten Gegenden ist die Zahl der Erstaufführungen irrelevant, da selbst im regulären Kino bereits angelaufene Filme hier einen hohen kulturpolitischen Wert darstellen können, wenn die örtlichen Kinos sie nicht im Programm haben. Der Wert eines anwesenden (Star-)Gastes muss unter verschiedenen Gesichtspunkten bewertet werden: Dient die Anwesenheit dem Erreichen einer möglichst hohen Medienpräsenz oder steht der direkte Kontakt, die Diskussion mit dem Publikum im Vordergrund und wie intensiv sind die Gäste für diese Kontakte und den direkten Austausch offen? Auch Bereiche wie die Förderung des regionalen filmproduzierenden Nachwuchses sind nur dann umsetzbar, wenn es diesen überhaupt gibt. So kann ein Fehlen dieses Programmbestandteils einem Festival nicht per se als Malus angerechnet werden. Auch die mögliche Einbindung des rezipierenden Nachwuchses ist von den lokalen sozialen Strukturen und den Bildungseinrichtungen abhängig, ebenso wie die Präsentation von Originalfassungen und das Angebot von Diskussionen unter Berücksichtigung des Bildungsgrades und der Fremdsprachenkenntnisse der anvisierten Festivalbesucher nicht grundsätzlich möglich ist. Gerade die Erfassung des Festivalumfeldes ist schwierig, da eine neutrale Bewertung von individuell unterschiedlich wahrgenommenen Umfeldern kaum zu gewährleisten ist. Dies betrifft die soziale Besucherstruktur ebenso wie die Frage nach dem formellen oder informellen Charakter einer Veranstaltung. Auch die Bewertung des realen Nutzwertes der angebotenen Sonder- und Rahmenveranstaltungen ist nur aus individuellen Gesichtspunkten möglich.

Diese Festivalmerkmale lassen sich zum Teil zwar auch tabellarisch erfassen, der Wert der Information liegt jedoch nicht im Absoluten, sondern im Quervergleich zu Veranstaltungen innerhalb eines adäquat gewählten Konkurrenzumfeldes unter Berücksichtigung der anvisierten Zielgruppen. Um die Wertigkeit der kulturpolitischen Ziele einzelner Festivals abzuleiten wäre es notwendig, auf der einen Seite die rein statistisch erfassbaren Werte zusammenzutragen und kontinuierlich zu aktualisieren und darüber hinaus vergleichbare Veranstaltungen möglichst aus persönlicher Erfahrung zu kennen, um die Erfassung und Bewertung des Festivalumfeldes vornehmen zu können und daraus Filmfestivals angemessen zu evaluieren.

Trotz all dieser nach Standardisierung klingenden Maßnahmen ist es aber auch wichtig, das individuelle Festivalprofil, die persönliche Note einer Veranstaltung zu erhalten, um nicht bei allen inhärenten kulturpolitischen Werte letztlich durch den Verlust der Individualität den speziellen Reiz des einzelnen Festivals zu verspielen. Denn mit dem Verlust individueller Eigenheiten würde auch ein wesentlicher Teil der Festivalaura verloren gehen, die einen entscheidenden Anteil an der Anziehungskraft für Festivalbesucher und damit am Erfolg von Filmfestivals hat.

## 4.2. Zukünftige wirtschaftliche Rahmenbedingungen und daraus resultierende Chancen und Risiken der kulturpolitischen Relevanz von Filmfestivals

Die Ergebnisse dieser Untersuchung sind kein Appell zur unveränderten Fortführung der derzeitigen Förderpolitik im Bereich Filmfestivals. Anhand dieser Ergebnisse gilt es auch, notwendige Änderungen in den kulturpolischen Zielsetzungen der staatlichen Filmfestivalförderung vorzunehmen, wenn sich herausstellen sollte, das alteingesessene Veranstaltungen ihre Relevanz im Laufe der Zeit haben und andere Veranstaltung mit zeitgemäßen und zukunftsweisenden Konzepten und Zielen am Nachrücken sind. Um ihren kulturpolitischen Aufgaben und Zielen gerecht zu werden, müssen staatliche Förderer den Mut aufbringen, sich gegen absehbare Widerstände seitens der bisherigen Förderempfänger im Bedarfsfall neuen Filmfestivals zuzuwenden. Es wird darauf ankommen, auch Veranstaltungen im Grenzbereich zwischen kulturpolischer Relevanz und Event richtig zuzuordnen, zwischen geschickt unter dem Deckmantel des Kulturprojekts verkauften Events, wie zum Beispiel dem Berliner U-Bahn Filmfestival „Going Underground", und wirklich kulturpolitisch relevanten Entwicklungen wie im Fall des bifilm Festivals Hamburg zu unterscheiden. Um dies vorzunehmen, ist eine fundierte Kenntnis der gegenwärtigen Filmfestivallandschaft ebenso unerlässlich wie eine kontinuierliche Beobachtung von Entwicklungen, die sich auch außerhalb der Festivalszene vollziehen. Interessant wird es, die Entwicklung von Filmfestivals wie dem bitfilm Festival weiterzuverfolgen, die sich auch der Filmpräsentation jenseits des Kinos widmen und sich auf dem schmalen Grat zwischen kultureller und technischer Innovation und kultureller Veranstaltung und Werbemaßnahme für technische Innovationen der Unterhaltungsindustrie bewegen. Dass diese Veranstaltung auch aus Mitteln der Wirtschaftsbehörde Hamburg gefördert wird, ist kein Indiz für einen Mangel an kulturpolitischer Relevanz des Festivals, sondern deutet auf die geschickte Nutzung staatlicher Fördermöglichkeiten hin wie auch die mögliche Flexibilität staatlicher Wirtschaftsförderer. An der richtigen Bewertung der kulturpolischen Relevanz gerader solcher Veranstaltungen und einer damit einhergehenden Förderentscheidung wird sich die Kompetenz der staatlichen Kulturförderer messen lassen müssen. Aber auch herkömmliche, dem Kinofilm verhaftete Festivals werden sich mit der Frage auseinandersetzen müssen, wie sie auf die weitere technische Entwicklung der Filmproduktion reagieren werden, da absehbar ist, dass ein großer Teil der nachfolgenden Generation Film nicht im Kino rezipieren wird, sondern auf multifunktionalen Spielekonsolen oder Handhelds. Welche kulturellen oder soziologischen Veränderungen dies nach sich ziehen wird, wird entscheidend sein für die weitere Entwicklung der gegenwärtigen Filmkultur. Denn will sich die kulturelle Filmproduktion nicht von der Unterhaltungsindustrie weiter abhängen lassen, wird sich die kulturpolitische Diskussion der zunehmenden Digitalisierung des Films, dem Verlassen des Kinosaals und den daraus resultierenden Veränderungen widmen müssen, und Antworten zu finden haben auf die damit einhergehenden kulturellen und sozialen aber auch wirtschaftlichen Folgen.

Während die regulären Kinobesucherzahlen von über 177 Mio. im Spitzenjahr 2001 auf 127 Mio. im Jahr 2005 zurückgingen[270], stiegen die Besucherzahlen bei Filmfestivals in den vergangenen Jahren an. Was sind die Gründe für diese entgegengesetzten Entwicklungen? Der Werbeaufwand, mit dem insbesondere Megaproduktionen mit über 100 Mio. US-Dollar Produktionskosten im regulären Kino gestartet werden, steigt ständig weiter. Um immer mehr Filme muss durch intensive, immer subtiler werdende Presse- und Promotionarbeit ein Medienhype geschaffen werden, um sie zu „Must Sees" und Eventmovies hoch zu stilisieren und dadurch die zur Amortisierung der Produktions- und Werbungskosten notwendigen Zuschauerzahlen erreichen zu können. Das kann auf Dauer nicht funktionieren, da die Einlösung der bei den Zuschauern damit geweckten übergroßen Erwartungen auf ein noch nie da gewesenes Kinoerlebnis durch sich darunter be-

---

[270] Filmförderungsanstalt Berlin

findliche minderwertige Produktionen enttäuscht wird und die permanente Sensationalisierung zu vieler Filme dazu führt, dass im Überangebot das einzelne Eventmovie letztlich wieder beliebig wird, da, sollte man eines verpasst haben, das nächste bereits in Kürze im Kino anlaufen wird. Die von Susan Vahabzadeh am Blockbustersystem geäußerte Kritik und damit verbundene attestierte Eventmüdigkeit der Kinobesucher mag ein Grund für das nachlassende Interesse am regulären Filmprogramm sein:

> „Das potentielle Publikum hat aber offensichtlich immer seltener das Gefühl, große Dinge im Kino zu verpassen. Und daran ist vielleicht auch der marketingstrategische Ereignis-Hype schuld. Wenn ein Blockbuster den nächsten jagt, wenn dauernd alle Filme gigantisch und spektakulär sind, wenn alle paar Wochen einer als der teuerste und erfolgreichste ausgerufen wird, bedeutet das nicht mehr viel: Man sieht den Wald vor lauter Bäumen nicht."[271]

Im Gegensatz zu den wöchentlichen Filmstarts besteht bei Filmfestivals die Gewissheit, dass über den begrenzten Zeitraum hinaus keine weiteren Veranstaltungen stattfinden, man also „jetzt oder nie" dabei ist. Der gesamte Rahmen einer Festivalvorführung hat per se eine besondere Anziehungskraft auf Besucher. Hinzu kommt, dass Festivalbesucher offensichtlich in die Kompetenz der Programmkommissionen vertrauen, dass hier neben, aus Werbegründen einzelnen speziell mediengerecht präsentierten Filmen oder Sonderveranstaltungen, keine dem kulturpolitischen Anspruch zuwiderlaufenden künstlich aufgebauten Events und Sensationen präsentiert werden, sondern die inhaltliche und künstlerische Qualität der Filme mit dem Image und Anspruch der Veranstaltung in Einklang steht. Dass die im Rahmen von Festivals gezeigten Filme anschließend zu einem Großteil nicht regulär in die Kinos kommen und die einzigartige Erlebnisverfassung, die von Filmfestivals bei Besuchern ausgelöst wird, scheinen die entscheidenden Impulse für einen Festivalbesuch darzustellen. Hervorgerufen oder verstärkt werden diese Impulse durch Faktoren wie (Star-)Gäste oder breite Präsenz der Veranstaltung in den Medien. Mit diesen Merkmalen heben sich Filmfestivals nicht nur vom regulären Kinoprogramm ab, sondern haben auch einen wichtigen Alleinstellungsfaktor im Vergleich zu ganzjährig präsenten Veranstaltungen innerhalb des Kultur- und Freizeitkonkurrenzfeldes. Je stärker diese Alleinstellungsmerkmale ausgeprägt sind und gegenüber Presse und Öffentlichkeit betont werden können, umso effektiver können sie innerhalb des Konkurrenzfeldes zur erfolgreichen Publikumsansprache eingesetzt werden.

Mit der weiteren Steigerung oder zumindest Stabilisierung der aktuellen Festivalbesucherzahlen ist über eine relativ konkret vorausbestimmbare Höhe der Eintrittsgelder auch eine fundierte Festivalfinanzierung verbunden. Und in der dauerhaften Sicherung der Etats wird, neben der verstärkten Publikumsanspra-

---

[271] Vahabzadeh, Susan. „Der Teutonengrimm". In: *Süddeutsche Zeitung*, 29.03.2004

che, in Zukunft die größte Herausforderung und zugleich auch größte Gefahr für Festivalveranstalter liegen: Aus finanziellen Gründen die kulturpolischen Ziele hinter wirtschaftliche, die Etats sichernde oder in erster Linie dem Marketing dienende zurückzustellen. Denn ständig steigenden Kosten in allen Bereichen, von Personalkosten über Leihmieten bis hin zu Verbrauchsmaterialien, stehen in den kommenden Jahren anhaltende und sogar zunehmende umfassende Konsolidierungsbemühungen der öffentlichen Haushalte gegenüber, die voraussichtlich weitere Reduzierungen der zur Verfügung stehenden Fördersummen zur Folge haben werden. Das zur Etatsicherung von Seiten der Förderer empfohlene Ausweichen auf Sponsoren ist Festivals nur bedingt möglich. Da diese Empfehlung mehr und mehr Förderempfängern anheim gegeben wird, wird zugleich die Zahl der Mitbewerber um die gerade im Bereich Filmfestival ohnehin relativ niedrigen Marketingetats der Wirtschaft weiter ansteigen. Zudem müssen Festivals bei verstärkten Kooperationen mit Sponsoren darauf achten, nicht ihre Glaubwürdigkeit innerhalb der bisherigen Zielgruppen und damit einen Zuschauerrückgang zu riskieren. Oder sie müssen sich zugleich auf neue Zielgruppen umorientieren, die diesen Zuschauerrückgang ggf. ausgleichen können. Insbesondere bei basisdemokratisch organisierten Veranstaltungen dürfte die verstärkte Kooperation mit Sponsoren, so sie mit inhaltlichen oder organisatorischen Änderungen verbunden sein sollte, nicht einfach umzusetzen sein. Angesichts des Drucks, trotz sinkender Förderungen auch weiterhin den Festivaletat zu decken, wird die Hemmschwelle zur inhaltlichen und formellen Festivalanpassung an sponsortaugliche Elemente zwangsläufig weiter sinken. Sollten sich Festivals, die auf eine Mischfinanzierung aus privatwirtschaftlichem Sponsoring und öffentlicher Förderung angewiesen sind, für das erfolgreiche Akquirieren von Sponsoren auch von jenen Zielen entfernen, die ausschlaggebend für die bis dato erfolgte öffentliche Förderung sind, würde durch den Wegfall dieser Förderung ein neues Loch im Gesamtetat entstehen, das wiederum durch andere Einnahmen aufgefangen werden müsste. Da sich viele Filmfestivals mit ihrem kulturell anspruchsvollen Programm zumeist außerhalb der Marketingstrategien und kommerziellen Interessen von Sponsorgebern bewegen, da sie keine werberelevanten Zielgruppen ansprechen, scheiden sie von vornherein als Empfänger relevanter Sponsoringbeiträge aus. Insbesondere diese Festivals, die, im Vergleich des Förderanteils am Gesamtetat proportional gesehen besonders von öffentlichen Zuschüssen abhängig sind, müssen sich über ihre kulturelle und kulturpolitische Relevanz bei der Akquise von Fördergeldern innerhalb des Konkurrenzumfeldes positiv positionieren.

Dies verdeutlicht, welche Gratwanderung Festivals bei der verstärkten Kooperation mit Sponsoren eventuell zu bewältigen haben werden, um nicht Gefahr zu laufen, ihre kulturpolitischen Ziele und Werte zu Gunsten einer die Finanzierung sichernden Eventisierung aufzugeben. Es kann also nicht nur Ziel sein, public private partnership Projekte zwischen Länder, Kommunen und Wirtschaftspartnern auf „ihre Kompatibilität mit dem öffentlich definierten Auftrag der Kultur-politik [zu] erörtern und gegebenenfalls auch einmal ‚Nein' zu sagen"[272], sondern auch Förderempfänger sollten weitestgehend vom finanziellen Druck befreit werden, der sie unter Umständen in eine Kooperation mit Sponsoren drängt, wel-che die Aufgabe der kulturpolitischen Ziele zur Folge haben könnte. Filmfesti-vals, die ohne öffentliche wie private Förderung auskommen, genießen weitge-hende inhaltliche Freiheit, sind in diesem Fall aber wiederum den Regeln des freien Marktes und den damit einhergehenden Beschränkungen unterworfen. Würden Filmfestivals grundsätzlich als wirtschaftliche Betriebe funktionieren, hätten dieses Modell in den vergangenen Jahren neben „Rosebud" (Veranstalter von „Fantasy Filmfest" und „Verzaubert") sicherlich weitere Veranstalter über-nommen.

Mit der staatlichen Zuwendung kann neben dem kulturpolitischen Auftrag auch eine soziale Verantwortung verbunden sein. Dass die Eigeneinnahmen der Festi-vals nur bis zu einer maximalen Auslastungsgrenze gesteigert werden können, so sie diese Grenze nicht schon erreicht haben, und die daraus resultierenden Folgen wurden bereits erläutert. Darüber hinaus gehende Forderungen nach Steigerung der Eigenertragsquote sind, wie bereits aufgeführt, unrealistisch oder widerspre-chen dem kulturpolitischen Auftrag. Trotz aller Überlegungen zur Steigerung der Kasseneinnahmen ist es wichtig, dass der Eintrittspreis für Festivalvorstellungen auch für sozial Schwache, Kinder und Jugendliche erschwinglich ist, was wie-derum bei einer Festivalerfolgsbewertung auf Umsatzbasis zu einer Verzerrung der Ergebnisse und verkehrten Rückschlüssen führen kann.[273] Durch Rabatte für bestimmte Besuchergruppen und daraus resultierende verringerte Einnahmen kann im Zuge verstärkt geforderten wirtschaftlichen Handelns der Eindruck er-weckt werden, dass die Rentabilität an dieser Stelle optimiert werden könnten. Solcherart bewusst einkalkulierte Mindereinnahmen, nicht nur im Bereich der Kinder- und Jugendintegration, sind über das Ziel der Ansprache auch gering verdienender Besucher gerechtfertigt. Wenn mit Hilfe von Filmfestivals Kinder und Jugendliche nicht frühzeitig zu einem kritischen, reflexiven Umgang mit dem Medium Kino herangeführt werden und es gleichzeitig auch als selbstver-ständlicher Freizeitgestaltungsbestandteil eingeführt wird, wird zum einen die Kinobranche in naher Zukunft weiter wachsende Akzeptanzprobleme haben. Aber was viel schwerer wiegt, insbesondere der anspruchsvolle, die üblichen Sehgewohnheiten und Erzählstrukturen sprengende Film wird noch weniger Zu-

---

[272] Scheytt, Oliver. Michael Zimmermann. „Kulturelle Grundversorgung und potemkinsche Dörfer – Zu den Irrungen und Wirrungen einer Begriffsdebatte". In: *Kulturpolitische Mittei-lungen*, Nr. 107, IV/2004. S. 27

[273] „Die Senatorin redet uns schlecht" Tom Stromberg, Jack Kurfess im Gespräch mit Armgard Seegers, Hans-Jürgen Fink. In: *Hamburger Abendblatt*, 12.06.2003

schauer erreichen. Kinder und Jugendliche über Filmfestivals und Sonderveranstaltungen frühzeitig nicht nur für das Mainstreamkino, sondern ebenso für cineastisch anspruchsvolle Werke zu interessieren, heißt letztlich „Leben lernen mit Kultur und Medien", und das nicht für eine kulturelle Elite, sondern für alle sozialen Schichten „in der kollektiven ‚Erschließung des Normalen' als ‚Substanz der Kultur'. In diesem Sinne ist ‚Kultur verstehen' dann die Schlüsselkompetenz der Zukunft' (Gerhard Schulze 2003, S. 330) – einschließlich der ‚Faszination des Ungewöhnlichen' gerade als Reiz des Normalen.""[274]

Filmfestivals können durch das präsentierte Film- und Rahmenangebot aber auch die ästhetische Bildung erwachsener Besucher beeinflussen. In Kombination mit einer aktiven Auseinandersetzung mit dem Gesehenen, sei es durch angeleitete oder sich zufällig ergebende Publikumsdiskussionen, kann der kritische Umgang mit dem Medium Film wach gehalten oder weiter geschult werden. Durch die hohe Bereitschaft der Festivalbesucher[275], sich auf Unbekanntes einzulassen, ist die Möglichkeit gegeben, sie mit Filmen zu konfrontieren, die sich visuell, in der Erzählstruktur, in der Sprachfassung und der Thematik jenseits des gängigen Spektrums bewegen. Auch können sich Besucher über Filme mit kulturellen Besonderheiten anderer Länder und deren Filmsprache oder mit nicht unmittelbar erfahrenen sozialen oder gesellschaftlichen Problemen auseinandersetzen. Ebenso bietet sich Besuchern die Chance, ästhetische Grenzbereiche zu erschließen und die Bereitschaft zu entwickeln, andersartigen Erzählstrukturen, Produktionstechniken und -standards gegenüber aufgeschlossen zu werden.

Zur besseren Positionierung innerhalb des Spartenkonkurrenzumfeldes, zur Reputationssteigerung und Relevanzbelegung gegenüber Förderern intensivieren mehr und mehr Festivals die Ansprache von Fachbesuchern. Dies wird den bereits bestehenden Konkurrenzdruck innerhalb der Spartenkonkurrenz auch auf dieser Ebene steigern. Da Fachbesucher aus Zeit- und Kostengründen jährlich nur eine begrenzte Anzahl von Filmfestivals besuchen können, werden die Qualität und Einzigartigkeit der für sie relevanten Programmbestandteile über den Erfolg dieser Ansprache entscheiden. Zu diesen entscheidenden Faktoren gehören Filmprogramme und angebotene Sonderveranstaltungen, aber auch die erwähnte Übernahme von Reise- und Aufenthaltskosten, was die Schere zwischen etatstarken und unterfinanzierten Festivals weiter öffnen wird. Angesichts des bestehenden Spartenkonkurrenzumfeldes muss jede gezielte Ansprache von Fachbesuchern im Vorfeld auf die Sinnhaftigkeit der gewählten Inhalte und die Qualität der dazugehörigen Sonderveranstaltungen überprüft werden, um nicht

---

[274] Zacharias, Wolfgang. „Wozu kulturelle Grundversorgung? – Stellungnahmen von kulturpolitischen Akteuren". In: *Kulturpolitische Mitteilungen*, Nr. 106, III/2004. S. 43

[275] Besucherbefragung IKFF 2002: 37,6% Aller Besucher lassen sich vom Programm überraschen

Bereiche auszuwählen, die bereits von Dritten erfolgreich besetzt sind oder für die es schlicht keinen Bedarf gibt. Ebenso sind die damit verbundenen Kosten, mögliche Mehreinnahmen aber auch finanzielle wie organisatorische Mehrbelastungen mit dem zu erreichenden Nutzen in Relation zu stellen. Andernfalls droht in Verbindung mit diesen Veränderungen die Gefahr von Mehrkosten ohne reputativen Gegenwert, durch den diese Kosten möglicherweise mit Hilfe gesteigerter Förderung oder Sponsorgaben ausgeglichen werden könnten. Ebenso könnte es auf Veranstalterseite durch die organisatorische Mehrbelastung zu einer personellen Überforderungen und damit Qualitätsverlusten bei der Gesamtveranstaltung kommen, was einen nachhaltigen Imageschaden und Zuschauerrückgänge nach sich ziehen kann. Angesichts dieser Problemstellungen muss die grundsätzliche Frage gestellt werden, inwieweit die Anwesenheit von Fachbesuchern ein sinnvolles Merkmal zur Relevanzbewertung darstellen. Insbesondere Festivals in mit Blick auf das kulturelle Angebot unterversorgten Gegenden, mit einer starken lokalen oder regionalen Zielgruppenansprache bedürfen keiner gesonderten Fachbesucherrelevanz. Der kulturpolitische Wert dieser Veranstaltungen liegt in der Schaffung eines vielfältigen örtlichen Kulturangebots.

Auch für Filmemacher und Produzenten kann die Fülle an Veranstaltungen eine finanzielle und organisatorische Belastung bedeuten. Da Festivals für programmierte Filmkopien meistens nur die Kosten für einen Transportweg übernehmen, in der Regel den Rücktransport zum Versender, fallen für die Einreicher die Kosten für die Hintransporte an, wenn kein direkter Weiterversand von einem Festival zum nächsten ansteht. Neben diesen Transportkosten sind die Kosten für Festivalkopien eine weitere finanzielle Belastung. Somit befinden sich Filmemacher und Produzenten bei einem von Festivals häufig ins Programm genommenen Film in der zwiespältigen Situation, dass sie abwägen müssen, wie viele Festivalteilnahmen sie sich finanziell überhaupt leisten können. Durch ein häufiges Kopienabspiel wird die Qualität der analogen Kopien schnell beeinträchtigt. Um die Abnutzung der Kopien durch einzelne Festivals zu begrenzen, sie somit für möglichst viele Festivals in spielbarem Zustand zu erhalten und die Kosten für neue Kopien möglichst zu vermeiden, wurde seitens der European Coordination of Filmfestivals im „Code of Ethics"[276] eine maximale Vorführanzahl je Film pro Festival festgelegt. Darüber hinausgehende Vorführungen müssen mit dem Einreicher verhandelt und ggf. gesondert vergütet werden. Teilweise springen deutsche Filmförderungen bereits mit allgemeiner Vertriebs- oder gezielter Festivalförderung ein, übernehmen die Kosten für Filmkopien, Untertitelungen und Werbematerialproduktion. Jedoch ist die Zahl der so geförderten Kopien verschwindend gering im Vergleich zur Anzahl der im internationalen Festivalreigen um-

---

[276] European Coordination of Film Festivals „Code of Ethics". www.eurofilmfest.org/ecff/about/about3.lasso?&nr=5 (Letzter Zugriff: 21.02.2004)

laufenden Filme. Eine komplette Zuweisung der Hin- und Rücktransportkosten an die Festivals würde nur einen Teil dieses Kostenproblem lösen und nüchtern betrachtet lediglich zwischen zwei Förderempfängern verschieben. Denkbar wäre ein der GEMA ähnliches Modell, bei dem Filmemacher und Produzenten zukünftig je nach Festivalteilnahmen aus einem Fonds für Kopien-, Untertitelungs-, Werbematerialproduktions- und Transportkosten anteilig bezuschusst werden. Um lediglich Umschichtungen von Fördergeldern von einem Empfänger zum anderen zu vermeiden, sollten Festivals nur mit einem eher symbolischen Beitrag an den Zahlungen in diesen Fonds beteiligt werden. Weitere Einzahler könnten auch direkte und indirekte Nutznießer von Filmfestivals sein wie öffentlich-rechtliche Sendeanstalten, der Verband der privaten Rundfunk- und Fernsehanbieter, der Deutsche Videothekenverband oder FFA. Da die Festivallandschaft international geprägt ist, sollte auch über ein europäisches Fördermodell nachgedacht werden, das im Rahmen des MEDIA-Programms geregelt werden könnte.

Angesichts der seit Jahren anhaltenden Konzentrationen auf dem deutschen Kinomarkt und dem damit einhergehenden Rückgang an Programmvielfalt übernehmen Filmfestivals auch eine stetig an Bedeutung zunehmende Rolle bei der öffentlichen Präsentation von Kinofilmen, welche die künstlerische und kulturelle Vielfalt dieser Kunstform über das kommerzielle Angebot hinaus widerspiegeln. Festivals sind auch für viele geförderte Filme oft die einzige Möglichkeit, einen Weg in die Öffentlichkeit finden zu können. In der Regel sind dies Filme, die auf Grund ihrer Thematik, Machart oder auch einer Fehleinschätzung ihrer Marktpotentiale seitens der Verleiher keine Chance auf eine reguläre kommerzielle Auswertung bekommen. Ohne Festivals als letzten Teil einer vielfältigen Form von aufeinander aufbauenden Filmförderungsmaßnahmen würden somit kulturell motivierte Förderungen letztlich häufig ins Leere laufen.

Die Zukunft des deutschen und europäischen Fördersystems ist derzeit ungewiss. Noch sind die laufenden GATS-Verhandlungen, die den Bereich Filmproduktion und -förderung betreffen, nicht abgeschlossen und damit die Frage, ob sich die US-amerikanische Sichtweise durchsetzen wird, die Film gemäß der dortigen Produktions- und Verwertungsmechanismen als reines Wirtschaftsgut ansieht, oder die europäische, die Film zumindest in seiner Zwitterfunktion als Kulturwirtschaftsgut ansieht, das unverzichtbarer Teil der kulturellen Identität Europas ist, die nur erhalten und fortgeführt werden kann, wenn auch die existierenden Fördersysteme bestand haben. Folgt man der Argumentation Monika Griefahns, Vorsitzende des Ausschusses für Kultur und Medien des Deutschen Bundestages, dass kulturelle Förderung in den Bereich der nachhaltig wirksamen öffentlichen Investitionen fällt und nicht als konsumptive Ausgabe betrachtet wird, dann kann diese Form der Förderung aus den zum Abbau von subventionierten Wirtschaftsleistungen und -gütern geltenden Bestimmungen ausgenommen werden.[277] Ebenso kann man sie aus den GATS-Verhandlungen ausklammern, wenn man zwischen Subventionen unterscheidet, die zur Verbesserung der Marktchancen oder beim Strukturwandel helfen sollen, mithin zukünftig verboten werden sollen. Oder ob Filmförderung als Subvention einer nicht-wirtschaftlichen Leistung betrachtet wird, die ohne diese Förderung grundsätzlich nicht existieren könnte, da sie generell keine wirtschaftlich tragfähige Basis hat.[278] Da mit dieser Form der Subvention keine Marktteilnehmer beeinträchtigt werden, da es diesen Marktbereich ohne Förderung nicht gäbe, ist auch die Chancengleichheit der internationalen Marktteilnehmer nicht gefährdet. Der Ausgang der GATS-Verhandlungen wird wesentlich über die Zukunft der deutschen und europäischen Filmförderungen entscheiden und damit indirekt auch über die Zukunft der derzeitigen Festivallandschaft und -filmprogramme.

Mit zunehmender Leistungssteigerung digitaler Filmprojektoren nimmt auch die Zahl an Festivals zu, die in Ergänzung zu analogen auch digitale Filmkopien akzeptieren und digitale Vorführungen anbieten. Die Auswirkungen dieser fortschreitenden Digitalisierung der Filmvorführungen bringt für Filmfestivals gleichermaßen Vor- wie Nachteile mit sich. Derzeit gibt es weder national noch international einen einheitlichen Verschlüsselungs- oder Projektionsstandard, was auf Grund der immensen Investitionen für die digitale Umrüstung eines Kinosaals, gravierende Auswirkungen auf die Festivalprogrammplanung besonders bei finanzschwächeren Veranstaltungen haben kann. Und sobald Kinos ganz auf Digitalprojektionen umgestellt werden, werden vor allem Festivals mit Retrospektiven vor Probleme bei der Projektion analoger Kopien gestellt werden, da die dann für den Festivalzeitraum erforderliche technische Nachrüstung von Kinos wiederum mit hohen Kosten und noch größerem organisatorischem Aufwand verbunden sein wird. Auch wird es im Laufe der Jahre schwieriger werden, Filmvorführer zu finden, die im Umgang mit klassischen Projektoren und Filmkopien noch geübt genug sind, um die Filmkopien nicht durch unsachgemäße Handhabung zu schädigen. Der Vorteil digitaler Filmkopien liegt in der Verschleißfreiheit, wodurch auch bei häufigen Festivalabspielen die Abnutzung der einzelnen digitalen Kopie ausgeschlossen wird.[279] Auch Untertitelungen werden technisch vereinfacht und finanziell erheblich günstiger möglich. Die mit digita-

---

[277] Griefahn, Monika. „Kulturförderung ist eine Investition in die Zukunft!". In: *Kulturpolitische Mitteilungen*, Nr. 105, II/2004

[278] Fuchs, Max. Olaf Zimmermann. „Subvention – Kulturförderung in der Diskussion". In: *Kulturpolitische Mitteilungen*, Nr. 105, II/2004

[279] Hier sei nur kurz der Hinweis erlaubt, dass das Abspiel von geklebten, mit Laufsteifen durchzogenen, abgespielten Filmkopien kaum der ursprünglich beabsichtigten Filmästhetik entsprechen kann.

len Projektionen einhergehenden Veränderungen des Filmlooks können mit der Einführung des Farbfilms im vorigen Jahrhundert verglichen werden, der in der Anfangszeit für eine populistische Spielerei gehalten und von vielen Filmtheoretikern wie -praktikern abgelehnt wurde. Der damals schnell einsetzende Gewöhnungseffekt seitens des Publikums und die damit verbundenen neuen ästhetischen Möglichkeiten für Filmschaffende sorgten für einen schnellen Siegeszug gegenüber dem Schwarzweißfilm. Ebenso schnell wird sich die Gewöhnung bei heutigen Kinozuschauern einstellen, da der damit verbundene veränderte Look zum Teil aus Fernsehproduktionen und von anderen Events mit Digitalprojektionen bereits vertraut ist. Außerdem bieten digitale Projektionen die Chance, digital produzierte und postproduzierte Filme in der Originalqualität vorzuführen, ohne die mit dem Trägermaterialwechsel verbundenen, den Look verändernden Einflüsse wie Materialkörnung und Spektralunterschiede hinnehmen zu müssen. Zukünftig werden sich die Pioniere der digitalen Projektion, die Videofilmfestivals, neu Positionieren müssen. Sie waren die ersten, die nicht analog projizierte Vorführungen anboten, und somit Videoproduktionen im Originalformat vorgeführt werden konnten, wodurch viele Filme überhaupt erst eine Chance zur Festivalteilnahme bekamen. Mit der fortschreitenden Akzeptanz von Video- und Digitalfilmen im Rahmen anderer Festivals und der bundesweiten Einführung der Digitalprojektion werden sich diese Festivals die Frage stellen müssen, inwieweit sie jenseits der reinen Trägermaterialien auch weitergehende profilstiftende Programmkriterien haben, welche angesichts der allgemeinen Digitalprojektion ihre zukünftige Programmgestaltung auszeichnen werden, welche kulturellen Ziele sie noch erfüllen können, welche kulturpolische Relevanz sie noch haben werden, welchen Platz sie zukünftig innerhalb des Konkurrenzumfeldes einnehmen werden, um eine weitere Förderung zu rechtfertigen.

Die immer häufiger vorkommende Untersuchung von Filmfestivals auf ihre lokalen und regionalen tourismus- und wirtschaftsfördernden Einflüsse stimmen bedenklich. Wurden in den vergangenen Jahren schon kulturelle Filmförderungen zugunsten einer kommerziell ausgerichteten umstrukturiert oder auf Grund von öffentlichen Sparmaßnahmen sogar ganz eingestellt, so scheint es im Festivalsektor vermehrt ähnliche Ansätze zu geben. Der wirtschaftliche Nutzen von Filmfestivals entwickelt sich zu einem Förderentscheidungen beeinflussenden Kriterium und droht, einen höheren Stellenwert als die kulturpolitischen Inhalte einzunehmen. Dass sich Kulturpolitik bei der Diskussion um die weitere Förderwürdigkeit von Filmfestivals zunehmend wirtschaftspolitischen Entscheidungsstrukturen hinwendet, ist ein deutliches Zeichen, wie schwach der Stand kulturpolitischer Anliegen und der Kultur per se innerhalb der öffentlichen Verwaltungen und der Politik ist:

„Die aktuelle Krise der Kulturpolitik tritt zwar vor allem als Finanzierungskrise in Erscheinung, sie ist allerdings m.E. auch sehr stark eine Folge der Verunsicherung, welche Relevanz Kulturpolitik als Politikfeld in der Gesellschaft überhaupt noch hat."[280]

Um in Zeiten großer wirtschaftlicher Anspannung die Kulturausgaben von Bund, Ländern und Gemeinden zu rechtfertigen, drohen damit die Ergebnisse von Umwegrentabilitätsanalysen eine an sach- und themengerechten Inhalten orientierte Kulturpolitik zu ersetzen. Umwegrentabilitätsanalysen könnten damit im öffentlich geförderten Kultursektor in steigendem Maße zu einer relevanten Entscheidungshilfe bei der Vergabe von Fördermitteln werden, denn, wie Christopher Schmidt es in der Süddeutschen Zeitung ausdrückt, „geduldet wird die Kunst, solange sie wenigstens nicht defizitär ist, erwünscht ist sie jedoch nur, wenn sie sich als Standortfaktor vermarkten lässt und Umwegrentabilität verspricht."[281] Wie nahe er damit real angedachten Kulturpolitikmodellen kommt, zeigte sich angesichts der Überlegung der ehemaligen Hamburger Kultursenatorin Dr. Dana Horáková, eine Umfrage durchführen zu lassen, um zu ermitteln, „was der Mensch, der sie finanziert, unter Kultur versteht,"[282] um darauf aufbauend die Inhalte der zukünftig zu fördernden Kulturvorhaben zu bestimmen. Eine aktive, inhaltsorientiert ausgestaltete und selbstbewusste Kulturpolitik droht angesichts solcher Vorstellungen einer defensiv reaktiven zu weichen. Es wäre zu wünschen, dass Förderer und Politiker Filmfestivals trotz der bestehenden und sich aller Voraussicht nach weiter verschärfenden Haushaltslage weniger wirtschaftsfokussiert und verstärkt unter kulturpolitischen Aspekten betrachten würden und die Zielsetzungen und Erfolgsanalysen der zu fördernden Veranstaltungen lediglich sekundär auch unter wirtschaftlichen und touristischen Aspekten betrachtet werden.

Dies ist keine generelle Absage an die Nutzung der festivalimmanenten tourismus- und wirtschaftsfördernden Möglichkeiten. Filmfestivals können durchaus sinnvoll in das Städtemarketing zur Tourismus- und Wirtschaftsförderung integriert werden, solange sich die zu integrierenden Veranstaltungen dazu nicht auf Kosten ihrer ursprünglichen kulturpolitischen Ziele anpassen oder ganz eventisieren müssen. Von einer Bündelung der kulturellen Aktivitäten in Lokal- oder Regionalmarketingaktionen können Filmfestivals in den Bereichen Öffentlichkeitsarbeit und Werbung sogar profitieren. Laut Schleswig-Holsteins Bildungsministerin Ute Erdsiek-Rave bilden die „kulturtouristischen Leitlinien (...) den

---

[280] Fuchs, Max. „Wozu kulturelle Grundversorgung? – Stellungnahmen von kulturpolitischen Akteuren". In: *Kulturpolitische Mitteilungen*, Nr. 106, III/2004. S. 42

[281] Schmidt, Christopher: Bretter, die das Geld bedeuten Schließt die Subventionsfresser – oder: Wie die allgegenwärtige Sparpolitik auch zur Zähmung der Kultur benutzt wird. In: *Süddeutsche Zeitung*, 25.06.2003

[282] „Frau Senatorin, reicht ihr ‚Glanz' für Hamburg?" Dr. Dana Horáková im Gespräch mit dem Hamburger Abendblatt. In: *Hamburger Abendblatt*, 06.03.2003

189

strategischen Rahmen, in dem das erhebliche kulturelle Potenzial Schleswig-Holsteins noch systematischer und zielgerichteter für den Tourismus erschlossen werden kann."[283] Das geplante kulturtouristische Marketing, das seit Herbst 2003 in Schleswig-Holstein entwickelt wird, könnte durchaus, wenn es denn zu Ende gebracht wird, bundesweit als Anstoß dienen für weitere ähnliche Vorhaben.

Die grundsätzliche Bedeutung von Filmfestivals zum Erhalt einer vielfältigen Kinokultur steht in der allgemeinen Förderdiskussion außer Frage, jedes einzelne Festival ist jedoch zukünftig gefordert, seinen individuellen kulturpolitischen Wert herauszuarbeiten, um seine weitere Förderwürdigkeit zu rechtfertigen. Eine von Veranstaltern wie Kulturpolitikern und Förderern gleichermaßen anerkannte Festivalevaluierung kann nur erfolgen, wenn man sich auf eine gemeinsame Bemessungsgrundlage einigt. Durch abgestimmte mittel- und langfristige Ziele und deren regelmäßige Erfolgskontrolle und Hinterfragung kann die Sinnhaftigkeit jedes einzelnen Festivals und dessen kontinuierliche Förderung in den kommenden Jahren kontrolliert werden. Und es bedarf mehr Politiker, die sich jenseits des allgemeinen finanziellen Lamentos explizit für die Belange der Kulturpolitik stark machen. Dies auch von Politikern aus kulturfremden Ressorts, um bei der zunehmenden Vermengung von kultur- und wirtschaftspolitischen Interessen Fürsprecher aus dem „gegnerischen" Lager zu haben, die den in beiden Bereichen liegenden Wert des Kulturwirtschaftsgutes Film wertschätzen und auch zukünftig als Teil unseres kulturellen Erbes breitenwirksam präsentieren und lebendig halten wollen und Filmfestivals als dafür unverzichtbaren Bestandteil anerkennen.

„Vielleicht meinen Sie, Kulturpolitik ist schöngeistige Spielerei, aber das wäre Unsinn. Kulturpolitik ist in Zeiten ökonomischer Vorherrschaft der harte Kampf, um einen vernachlässigten Sektor im Bewusstsein zu halten."[284]

---

[283] www.landesregierung.schleswig-holstein.de/coremedia/generator/Aktueller_20Bestand/StK /Pressemitteilungen/August_202003/Tourismus-Standort-SH__StK__190803.html (Letzter Zugriff:21.08.2003)

[284] Grill, Markus; Jürgen Kaufmann im Interview mit Björn Engholm: „Was macht eigentlich Björn Engholm?" In: *Stern*, 10/2003

## 5. Anhänge

## 5.1. Literaturverzeichnis

25. Biberacher Filmfestspiele: Informationen und Angebote für potentielle Sponsoren, 2003

Ac, Bi, ded, oom: Dustin Hofman war der Partykönig. In: *Der Tagesspiegel*, 10.02.2003

AG Kurzfilm, Hg. German Short Films 2004. Dresden 2004

KurzFilmAgentur Hamburg e.V.. Festschrift: 10 Jahre KurzFilmAgentur Hamburg e.V. Hamburg, 2003

Althen, Michael: Nichts als das Leben. In: *Frankfurter Allgemeine Zeitung*, 17.02.2003

Alscher, Ludger u. A., Hg.. Lexikon der Kunst in 5 Bänden. Westberlin: Das Europäische Buch, 1984

Aw:'Super-Festival' wird weiter gefördert. In: *blickpunkt:film*, 26/2003

Bartella, Raimund: Finanzkrise lässt kommunale Kulturausgaben abschmelzen. In: *Kulturpolitische Mitteilungen*, Nr. 103, IV/2003

Bax, Daniel: Good bye, Berlinale! Stars bleiben weg. In: *Die Tageszeitung*, 30.01.2004

Behrens, Volker: Der Goldene Bär geht nach Altona. In: *Hamburger Abendblatt*, 16.02.2004

Behrens, Volker: Ein Erfolg der Filmstadt Hamburg. In: *Hamburger Abendblatt*, 17.02.2004

Behrens, Volker: Hamburgs bärenstarker Filmer. In: *Hamburger Abendblatt*, 16.02.2004

Behrens, Volker: Hemdsärmeliger Auftreten! In: *Hamburger Abendblatt*, 06.11.2002

Beier, Lars-Olav. Nadine Miesen, Martin Wolf: Glamour im Billiglohnland. In: *Der Spiegel*, 6/2004

Bendixen, Peter. Einführung in Kunst- und Kulturökonomie. Opladen/Wiesbaden: Westdeutscher Verlag, 1998

Benjamin, Walter. Das Kunstwerk im Zeitalter seiner technischen Reproduzierbarkeit. Frankfurt/Main: Edition Suhrkamp, 1996

Benner, Sissi, Daisy Frank: Sehnsucht der Stars: Berlin bei Nacht. In: *Bunte*, 7/2004

Berlinale: Auch Nick Nolte sagt ab. In: *Hamburger Morgenpost*, 05.02.2004

Berlinale 2004: Easy durchs Festival. Sonderbeilage in: *Der Tagesspiegel*, Februar 2004

Berndt, Ralph, und Arnold Hermanns, Hg. Handbuch Marketing-Kommunikation. Wiesbaden: Gabler, 1993

Binder, Elisabeth: Die Star-Sitterin. In: *Der Tagesspiegel*, 08.02.2004

Binder, Elisabeth: Panne, Persiflage oder Pointe? In: *Der Tagesspiegel*, 08.02.2002

Binder, Elisabeth: Tafeln mit den Filmhelden. In: *Der Tagespiegel*, 07.02.2004

BKM – Kinoprogrammpreis 2001: Motivationsschub für die Branche. In: *Filmecho/Filmwoche*, 43/2001

Blaney, Martin: Berlinale Cp-Production Market opens for business. In: *Screen Berlinale Daily News*, 08.02.2004

Blothner, Dirk. Filminhalte und Zielgruppen. Wirkungspsychologische Untersuchung zur Zielgruppenbestimmung von Kinofilmen der Jahre 1998 und 1999 auf Basis des GfK-Panels. Berlin: FFA, 2000

Blothner, Dirk. Filminhalte und Zielgruppen 2. Fortführung der wirkungspsychologischen Untersuchung zur Zielgruppenbestimmung von Kinofilmen des Jahres 2000 auf Basis des GfK-Panels. Berlin: FFA, 2001

Blothner, Dirk. Filminhalte und Zielgruppen. Wirkungspsychologische Analyse der GfK-Paneldaten des Jahres 2001. Berlin: FFA, 2003

Blothner, Dirk. Filminhalte und Zielgruppen 4. Generalisierung und Tendenzen zum Verständnis der Zielgruppenbildung im Kino. Berlin: FFA, 2004

Brockhaus-Enzyklopädie in 24 Bd. – 19., neubearb. Aufl. Nammheim: F.A. Brockhaus 1988

Brinker, Bettina: Kunst als vielfältiges Bindemittel. In: *Hamburger Abendblatt*, 30.03.2004

Burmeister, Thomas: Hamburger Frauen im Oscar-Rennen. In: *Hamburger Abendblatt*, 20.02.2004

Burmester, Hans-Peter, Hg. Transformation von Film und Kino in der europäischen Integration. Evangelische Akademie Loccum: Loccum, 1999, Heft 4

Busche, Andreas: Die Kamera starrt. In: *Die Tageszeitung*, 11.02.2003

Cassen, Bernard: Kultur versus Handelsrecht. In: *Le Monde Diplomatique / Die Tageszeitung*, 11.2003

Chp: Gute Aussichten für Berlinale-Filmmarkt. In: *Der Tagesspiegel*, 08.02.2004

Christie, Jan:'Und das alles in einem Film!'. In: *Die Tageszeitung*, 06.02.2004

Connemann, Gitta: Kultur ist Lebensmittel – Zur Diskussion um die ‚kulturelle Grundversorgung'. In: *Kulturpolitische Mitteilungen*. Nr. 107, IV/2004

Conrad, Andreas: Großes Theater. In: *Der Tagesspiegel*, 06.02.2004

Conrad, Andreas: It's Showtime. In: *Der Tagespiegel*, 07.02.2002

Conrad, Andreas: Virginias große Nase. In: *Der Tagesspiegel*, 10.02.2003

Deeken, Insa: Schaufenster des britischen Films. In: *Frankfurter Rundschau*, 14.07.1999

Ded: Wenders und Hopper geben Starthilfe. In: *Der Tagesspiegel*, 11.02.2003

Dendler, Carolin: Mein Treffen mit Jack Nicholson: Es ging um Sex, Sex, Sex. In: *Bild am Sonntag*, 08.02.2004

Der Kinderspiegel. In: *Der Tagesspiegel*, 07.02.2004

Der Markt für Content unter den Bedingungen der Digitalisierung – Prognosen, Entwicklungsszenarien und Handlungsbedarf". McKinsey & Company. Eine Untersuchung im Auftrag von film20. 2004

Deutscher Städtetag (a). Aktuelle Finanzlage der Städte – Rückblick auf 2002 und Prognose für 2003. Berlin, 27.01.2003

Deutscher Städtetag (b). Die Folgen der desolaten Finanzsituation: Investitionen sinken, Defizite steigen – die Städte sparen, wo sie können. Hintergrundpapier des Deutschen Städtetages. Berlin: 27.01.2003

Deutscher Städtetag (c). Städte befürworten gegenüber Staatsminister Nida-Rümelin einen "kooperativen Kulturföderalismus". Magdeburg, 19.10.2001

Die sechs wichtigsten Regeln für erfolgreiche Sponsoren. Manuela Rousseau im Die Welt-Interview. In: *Die Welt*, 03.09.2001

Dobson, Patricia: One year on: how was it for you? In: *Screen Berlinale Daily News*, 07.02.2004

Dock: Brian de Palma in Berlin. In: *Filmecho/Filmwoche*, 6/2003

Dockhorn, Katharina: Bewerbungsflut für Berlinale. In: *Filmeche/Filmwoche*, 6/2004

Dockhorn, Katharina: Der Oscar diktiert den Wettbewerbsablauf. Interview mit Dieter Kosslick. In: *Filmecho/Filmwoche*, 6/2004

Dockhorn, Katharina: Ein junger Stern auf dem Roten Teppich. In: *Filmecho/Filmwoche*, 6/2004

Dockhorn, Katharina: Filmmärkte und Fondsstrukturen. Interview mit Marco Mehlitz. In: *Filmecho/Filmwoche*, 6/2004

Dockhorn, Katharina: Sozialer Realismus made in Germany. In: *Filmecho/Filmwoche*, 6/2004

DPA: Kinotod schwächt auch die Berlinale. In: *Die Tageszeitung*, 18.10.2003

Eggers, Dirk. Filmfinanzierung: Grundlagen – Beispiele. 2. akt. Auflage. Hamburg: S+W Steuer- und Wirtschaftsverlag, 1997

Eickhoff, Ulrich: Immer nur klage, was auch geschieht – Anmerkungen zur Larmoryanz der Kulturmenschen. In: *politik und kultur*, März/April 2004

Ein Lächeln für Berlin. In: *Berliner Morgenpost*, 08.02.2004

FFA. Marktanteil deutscher Film im Fünfjahresvergleich 1996 – 2000. Berlin: FFA, 2001

FFA. Marktanteil deutscher Film im Fünfjahresvergleich 1998 – 2002. Berlin: FFA, 2003

FFA. Kinobesuch und Umsatz zum Jahresabschluss 2000 in den einzelnen Bundesländern. Berlin: FFA, 2001

FFA. Die Kinobesucher 2005. Strukturen und Entwicklung auf Basis des GfK Panels. Berlin: FFA, 2006

Film #01. Hamburg: Zeitverlag, 2004

Filmfest Braunschweig. Journal 2003

Filmfest Braunschweig. Katalog 2003

Filmstars treffen sich in Emden. In: *Osnabrücker Zeitung*, 04.06.2003

Frank, Björn. Zur Ökonomie der Filmindustrie. Hamburg: S+W Steuer- und Wirtschaftsverlag, 1997

Frater, Patrick: Probst's market stand. In: *Screen Berlinale Daily News*, 06.02.2004

Frau Senatorin, reicht ihr ‚Glanz' für Hamburg? Interview mit Dr. Dana Horáková. In: *Hamburger Abendblatt*, 06.03.2003

Fricke, Harald: Antikörpoer im Getriebe. In: *Die Tageszeitung*, 05.02.2004

Fricke, Harald: Im Schlachthof der Popkultur. In: *Die Tageszeitung*, 08.09.2003

Friedrich-Ebert-Stiftung, Hg. Die DDR, Realitäten – Argumente: Kultur. Zur Kulturpolitik in der DDR. Entwicklungen und Tendenzen. Bonn-Bad Godesberg: Friedrich-Ebert-Stiftung, 1989

Fuchs, Max. Olaf Zimmermann: Subvention – Kulturförderung in der Diskussion. In: *Kulturpolitische Mitteilungen*, Nr. 105, II/2004

Fuchs, Max: Kinder zum Olymp – Kulturelle Bildung zwischen Küken und berühmten Dirigenten. In: *politik und kultur*, März/April 2004

Fuchs, Max: Staat oder Markt? Kulturpolitik im Begründungsnotstand. In: *politik und kultur*, März/April 2004

Fuchs, Max: Wozu kulturelle Grundversorgung? – Stellungnahmen von kulturpolitischen Akteuren. In: *Kulturpolitische Mitteilungen*, Nr. 106, III/2004

Funk, Hans-J: Auch die Kultur muss gesund wirtschaften. Interview mit der Hamburger Kultursenatorin Dr. Dana Horáková. In: *Hamburger Abendblatt*, 31.05./01.06.2003

Gabler Wirtschaftslexikon. 15. überarb. und akt. Aufl. Wiesbaden: Gabler, 2000

Gaitanides, Michael und Jörn Kruse. Stars in Film und Sport: Ökonomische Analyse des Starphänomens. München: R. Fischer, 2001

Gaitanides, Michael. Ökonomie des Spielfilms. München: R. Fischer, 2001

Gallus, Thomas. Kommunale Kulturbetriebe und Kultur-Sponsoring als Instrumente der Kommunalpolitik: Eine Analyse unter Anwendung der Instrumentalthese auf kommunale Kulturbetriebe. Frankfurt am Main: Peter Lang, Europäischer Verlag der Hochschulschriften, 1997

Garling, Gonne: 'Ich bin verliebt in Höb und Höbchen'. Interview mit Dana Horáková. In: *Bild Hamburg*, 05.02.2004

Gebhardt, Winfried, Ronald Hitzler und Michaela Pfadenhauer, Hg. Events. Soziologie des Außergewöhnlichen. Opladen: Leske + Budrich, 2000

Genscher, Hans-Dietrich. Auswärtige Kulturpolitik. Repräsentation und Dialog. In: Hilmar Hoffmann, Hg. Die Kultur unseres Jahrhunderts. Bd. VI 1970-90. Düsseldorf, 1990. In: Hoffmann, Hilmar/Kurt-Jürgen Maaß Hg. Freund oder Fratze: Das Bild von Deutschland in der Welt und die Aufgaben der Kulturpolitik. Frankfurt/Main, New York: Campus Verlag, 1994

Gessler, Barbara: Europa und die Kultur – Kulturpolitische Signale aus Paris und Brüssel. In: *politik und kultur*, März/April 2004.

Glombitza, Birgit: Die Schöne Frau Trotzdem. In: *Die Tageszeitung*, 07.02.2003

Glombitza, Birgit: 'Sie war genauso wie im Film'. In: *Die Tageszeitung*, 12.02.2004

Göttler, Fritz: Ein Bullshit für Bush. In: *Süddeutsche Zeitung*, 17.02.2003

Göttler, Fritz: Geiz ist Gaga" - Interview mit Dieter Kosslick. *Süddeutsche Zeitung*, 27.01.2004

Goldt, Max: Quitten für die Menschen zwischen Emden und Zittau. Zürich: Haffmanns Verlag,1993

Gravenor, Natalie: Kinderfilmfest & 14plus: Zwischen Tradition und Aufbruch. In: *Screen Berlinale Daily News*, 08.02.2004

Gravenor, Natalie: Panorama: storytelling, politics and sensory overload. In: *Screen Berlinale Daily News*, 06.02.2004

Gretzschel, Matthias: Wie steht es um die Kultur? In: *Hamburger Abendblatt*, 18.11.2003

Griefahn, Monika: Kulturförderung ist eine Investition in die Zukunft! In: *Kulturpolitische Mitteilungen*, Nr. 105, II/2004

Griefahn, Monika. Interview mit Norbert Sievers: Die Kulturpolitik des Bundes. In: *Kulturpolitische Mitteilungen*, Nr. 102, III/2003

Grill, Markus. Jürgen Kaufmann: Was macht eigentlich Björn Engholm? In: *Stern*, 10/2003

Gülfirat, Suzan: Altona holt den Goldenen Bären. *Der Tagesspiegel, Hamburg*, 16.02.2004

Hager, Kurt. Beiträge zur Kulturpolitik – Reden und Aufsätze. Band 1. Berlin (Ost) 1987, S. 11. In Friedrich-Ebert-Stiftung, Hg. Die DDR, Realitäten – Argumente: Kultur. Zur Kulturpolitik in der DDR. Entwicklungen und Tendenzen. Bonn-Bad Godesberg: Friedrich-Ebert-Stiftung, 1989

Hamburger Film-Diva in Wahrheit Porno-Star. In: *Bild*, 16.02.2004

Hamburger Liebesfilm gewinnt die Berlinale. In: *Hamburger Abendblatt*, 16.02.2004

Harris, Dana: Fussy fest courts wider appeal. In: *Variety*, 02.-08.02.2004

Haubrich, Yvonne: Die Hauptstadt der Stars. In: *Frau im Spiegel*, 8/2004

Heidsiek, Birgit: Musik ist Trumpf. In: *Medienbulletin*, 12/2003

Heidsiek, Birgit: Zwischen Zukunft und Vergangenheit. In: *Filmecho/Filmwoche*, 6/2004

Heinrichs, Werner und Armin Klein. Kulturmanagement von A-Z. München: Deutscher Taschenbuch Verlag , 2001

Heimsath, Volker. Filmförderung als zeitgemäße Kulturpolitik – Fakten und Analysen der Entwicklung in der Bundesrepublik Deutschland. Berlin: Oberhofer, 1988

Hema: Legenden in Schwarz-Weiß. In: *Der Tagesspiegel*, 09.02.2003

Hermes, Manfred: Die Wirtschaft verführen. Interview mit Wieland Speck. In: *Die Tageszeitung*, 06.02.2004

Herrmanns, Arnold. Charakterisierung und Arten des Sponsorings. In: Berndt, Ralph und Arnold Hermanns, Hg. Handbuch Marketing-Kommunikation. Wiesbaden: Gabler, 1993

Heuer, Karl-Heinz: Kulturfinanzierung: Die doppelte Sackgasse. In: *politik und kultur*, November/Dezember 2003

Hippen, Wilfried: Independent Ouldenbörgh. In: *Die Tageszeitung, Ausgabe Nord*, 02.09,2003

Hoffmann, Hilmar. Gestern begann die Zukunft: Entwicklung und gesellschaftliche Bedeutung der Medienvielfalt. Darmstadt: Wissenschaftliche Buchgesellschaft, 1994

Hoffmann, Hilmar und Kurt-Jürgen Maaß, Hg. Freund oder Fratze: Das Bild von Deutschland in der Welt und die Aufgaben der Kulturpolitik. Frankfurt/Main, New York: Campus Verlag, 1994

Im Bund mit der Kultur. Neue Aufgaben der Kulturpolitik. Presse- und Informationsamt der Bundesregierung: Berlin, 2002

In solchen Filmen lernte die neue Kino-Heldin ihr Handwerk. In: *Bild*, 16.02.2004

Ingenhoven, Hili. Sarah Lau, Kati Degenhardt: Der heiße Tanz um den Goldenen Bären. In: *Gala*, 8/2004

Internationales Filmfest Braunschweig: Zur Neuaufstellung des Internationalen Filmfest Braunschweig. 2002

Jacobsen, Wolfgang. 50 Jahre Internationale Filmfestspiele Berlin. Berlin: Filmmuseum Berlin – Deutsche Kinemathek, Nicolaische Verlagsbuchhandlung Beuermann, 2000

Jäckel, Kerstin: Die Glamour-Ministerin. In: *Bunte*, 7/2004

Jetschin, Bernd: Berliner Filmmarkt will wachsen. In: *Filmecho/Filmwoche*, 6/2004

Jom: Neue Reihe der Berlinale. In: *Blickpunkt: Film*, 6/2004

Karrasek, Hellmuth: Mehr Sterne als am Himmel. In: *Der Tagesspiegel*, 07.02.2004

Kastner, Ruth: Ein unglaubliches Geschenk. Dienstjubiläum: Ein Jahr ist Kultursenatorin Dana Horáková im Amt. Eine Bilanz. In: *Hamburger Abendblatt*, 06.02.2003

Katalog Filmfest Emden, Aurich Norderney 2002

Keine Trendwende bei den Stadtfinanzen in 2004: Neue Einschnitte bei kommunalen Leistungen zu erwarten. Pressemitteilung Deutscher Städtetag, 30.12.2003

Kilb, Andreas: Schrift der Augen und Gedächtnis der Welt. In: *Frankfurter Allgemeine Zeitung*, 06.02.2003

Kleber, Reinhard: Eine neue Plattform für Produzenten. In: *Filmecho/Filmwoche*, 6/2004

Kleber, Reinhard: Wir wollen mehr Jugendliche gewinnen. In: *Filmecho/Filmwoche*, 6/2004

Klein, Armin. Kultur-Management: Das Marketingkonzept für Kulturbetriebe. München: Deutscher Taschenbuch Verlag, 2001

Koebner, Thomas. Sachlexikon des Films. Stuttgart: Reclam, 2002

Kötz, Michael und Günter Minas. Zeitgeist mit Eigensinn – Eine Filmfestivalgeschichte. Mannheim: Internationales Filmfestival Mannheim-Heidelberg, 2001

Kothenschulte, Daniel: Liebe auf der Flucht. In: *Frankfurter Rundschau*, 16.02.2004

Kreitling, Holger: Berlinale kulinarisch: Bitte zwei oder drei Würstchen ohne Darm. In: *Berliner Morgenpost*, 08.02.2004

Kritiker punkten für den Goldenen Bären. In: *Der Tagesspiegel*, 11.02.2003

Koll, Horst Peter. Lexikon des internationalen Films: das komplette Angebot in Kino, Fernsehen, auf Video und DVD. Marburg: Schüren, 2003

Kröger, Franz. Norbert Sievers: Stillstand ist Rückschritt. Abschied vom Kulturboom? In: *Kulturpolitische Mitteilungen*, Nr. 103, IV/2003

Kühn, Detlef: Jenseits von Dogville. In: *epd Film*, 1/2004

Kürthy, Ildiko von: Immer schön auf dem Teppich bleiben. In: *Stern*, 8/2004

Kuhlbrodt, Detlef: Lola läuft wieder. In: *Die Tageszeitung*, 07.02.2003

Kulturföderalismus in Deutschland erhalten. Rede von Staatsminister Nida-Rümelin vor dem Deutschen Bundestag am 5. Juli 2001 zum Antrag der Fraktion der F.D.P. BT-Drucksache 14/4911

Kulturstaatsministerin Weiss: Durchbruch bei der Filmförderung – Entwurf zur Gesetzesnovelle vorgestellt. Presse- und Informationsamt der Bundesregierung. Pressemitteilung Nr.146

KurzFilmAgentur Hamburg, Hg. Festschrift 10 Jahre KurzFilmAgentur Hamburg. Hamburg, 2002

KurzFilmAgentur Hamburg, Katalog Internationales KurzFilmFestival Hamburg: 1998, 1999, 2000, 2001, 2002, 2003

LAG Film, Hg. NO BUDGET Kurzfilmfestival. Programmflyer 1985

LAG Film, Hg. NO BUDGET Kurzfilmfestival. Programmheft 1986

Lahnstein, Manfred. Wie die Kultur der Wirtschaft hilft. In: Freund oder Fratze. Das Bild von Deutschland in der Welt und die Aufgaben der Kulturpolitik. Frankfurt/New York: Campus Verlag, 1991

Lang, Susanne: 'Schwarz sind nie die Helden, – nur Cops und Sklaven'. Interview mit Kalipha Eddie Mbalo. In: *Die Tageszeitung*, 09.02.2004

Lau, Sarah. Hili Ingenhoven, Tatjana Detloff: Hier steppt der Jack. In: *Gala*, 8/2004

Lenssen, Claudia: 'Die Idee funktioniert'. Interview mit Dieter Kosslick. In: *Die Tageszeitung*, 07.02.2004

Lenssen, Claudia: 'Tränen sind heikel'. Interview mit Andres Veiel. In: *Die Tageszeitung*, 06.02.2004

Macnab, Geoffrey: Keep it cheap and local, say European producers. In: *Screen Berlinale Daily News*, 06.02.2004

Mandel, Birgit: PR für Kunst und Kultur – Zwischen Kunst und Vermittlung. Frankfurt a.M.: Frankfurter Allgemeine Buch, 2004

Maria Simon, der ‚Shooting Star'. In: *Hamburger Abendblatt*, 09.02.2004

Martenstein, Harald: Festival, die erste. In: *Der Tagesspiegel*, 07.02.2002

Martenstein, Harald: Festival, die zweite. In: *Der Tagesspiegel*, 08.02.2002

Martenstein, Harald: Harald Tribune. In: *Der Tagesspiegel*, 06.02.2004

Martensein, Harald: Kanzler, Gott und ein Clown. In: *Der Tagesspiegel*, 08.02.2002

Meinert, Peer: 'Er hat seinen Job gut gemacht'. In: *Hamburger Morgenpost*, 15.01.2004

Meyer, Hans Joachim: Pflichtaufgabe Kultur? Kultur als gleichberechtigtes Thema in der öffentlichen Debatte. In: *politik und kultur*, März/April 2004

Meyer-Döring, Heike: reelport, die erste digitale Plattform für Filmfestivals in Oberhausen. In: *Media Info*, Februar 2004

Mielke, André: Mehr Klarheit im Hochaus, bitteschön! In: *Berliner Morgenpost*, 08.02.2002

Mielke, André: Nicht alles wird anders, aber vieles besser. In: *Berliner Morgenpost*, 07.02.2003

Milkert, Axel: Filmfest lockt im Wettbewerb mit großen Namen. In: *Emder Zeitung*, 15.05.2003

Milkert, Axel: Etwas Besonderes, weil es in der Region verankert ist. In: *Emder Zeitung*, 12.06.2003

Mischke, Joachim: Kultur muss zum Image der Stadt passen. In: *Hamburger Abendblatt*, 11.03.2004

Möller, Barbara: 396 Filme, 3700 Journalisten. In: *Hamburger Abendblatt*, 06.02.2004

Monteagudo, Luciano: Die Hochöfen der Dialektik. In: *Die Tageszeitung*, 11.02.2004

Monaco, James. Film und Neue Medien: Lexikon der Fachbegriffe. Reinbek bei Hamburg: Rowohlt-Taschenbuch-Verlag, 2000

Neckermann, Gerhard. Das Programmkino-Publikum im 1. Halbjahr 2001. Berlin: FFA, 2001

Neckermann, Gerhard, und Dirk Blothner. Das Kinobesucherpotenzial 2010 nach sozio-demographischen und psychologischen Merkmalen. Berlin: FFA, 2001

Neue Filmförderung des Bundes. Die Beauftragte der Bundesregierung für Kultur und Medien, Hg. Berlin 2004

Neue Formel für Filmfestival in Cannes. In: *Baseler Zeitung*, 23.02.2004

Nicodemus, Katja. Auf der anderen Seite. In: Revolver, Heft 14. Frankfurt: Verlag der Autoren, 2006

Nord, Cristina. Der Tiger im Baum. In: Revolver, Heft 14. Frankfurt: Verlag der Autoren, 2006

Nord, Cristina: Der Fluch der guten Absicht. In: *Die Tageszeitung*, 05.03.2004

Nord, Cristina: Die vielen Unschärfen, der Berlinale. In: *Die Tageszeitung*, 17.02.2003

Nord, Cristina: Gedanken fallen. In: *Die Tageszeitung*, 10.02.2003

Nord, Cristina: Kein Fax aus Hollywood. Interview mit Dieter Kosslick. *Die Tageszeitung*, 01./02.02.2003

Nord, Cristina: Macht es größer. In: *Die Tageszeitung*, 21.05.2003

Nord, Cristina: Welt im Vakuum. In: *Die Tageszeitung*, 19.05.2003

Nord, Cristina: Wer fliegen will, ist hier gerade richtig. In: *Die Tageszeitung*, 06.02.2003

Nordische Filmtage Lübeck: Ausrichtung und Zielsetzung 2002

Oew, ac: Die C-Klasse. In: *Die Tageszeitung*, 09.02.2003

Oloew, Mathias: Sie fühlen sich gut, sie stehen auf Berlin. In: *Die Tageszeitung*, 11.02.2003

Oppermann, Thomas. Schützen und fördern. Kulturpolitik in Niedersachsen. In: Schneider, Wolfgang. Kultur. Politik. Diskurs. Aus Lehre und Forschung des Instituts für Kulturpolitik der Universität Hildesheim. Heft 4, 2001

Pahlke-Grygier, Sabine. Berlinale – 52 Jahre Internationale Filmfestspiele Berlin. O.J.

Peitz, Christiane: Festival, die dritte. In: *Der Tagesspiegel*, 09.02.2004

Peitz, Christiane: Festival, die vierte. In: *Der Tagesspiegel*, 10.02.2004

Piel, Monika: Kultur in der Kundenfalle? – Bedarf, Bedingungen und Bekenntnisse in der Krise des Gemeinwesens. In: *politik und kultur*, Juli/August 2003

Popovic, Anja: Flirts und Tränen der Rührung. In: *Berliner Morgenpost*, 16.02.2004

Prechtel, Adrian: Sanfter Geruch von Sorge. ‚Das Parfum' sollte die Biennale in Venedig eröffnen. In: *Abendzeitung*, 26./27.08.2006

Prommer, Elisabeth. Kinobesuch im Lebenslauf: eine historische und medienbiographische Studie. Konstanz: UVK-Medien, 1999

Pütz, Uwe: Geschäft mit Glanz und Glamour. In: *Mobil*, 2/2004

Reski, Petra: Kultur ist das Allerletzte. In: *Die Zeit*, 15.01.2004

Ritzmann, Kai: Angst, etwas zu verpassen. In: *Berliner Morgenpost*, 08.02.2004

Röndigs, Nicole: 'Elitärer Preis für schmutzigen Film'. In: *Hamburger Morgenpost*, 16.02.2004

Roth, Wilhelm: Neue Leitung, bewährte Qualität. In: *epd Film*, 11/2003

Rother, Rainer, Hg. Sachlexikon Film. Hamburg: Rowohlt Taschenbuch Verlag, 1997

Samlowski, Wolfgang, Hg. International Guide Film – Video – Festivals 2003. Berlin: Vistas Verlag, 2003

Schellen, Petra, Eberhard Spohd: Zwischen Event und ästhetischer Bildung. In: *Die Tageszeitung*, 24.02.2004

Schellen, Petra: Klimawandel. In: *Die Tageszeitung*, 14.01.2004

Schenk, Irmbert, Hg. Erlebnisort Kino. Marburg: Schüren, 2000

Scheytt, Oliver, Michael Zimmermann, Hg. Was Bleibt? Kulturpolitik in persönlicher Bilanz. Bonn: Kulturpolitische Gesellschaft, 2001

Scheytt, Oliver: Kulturelle Grundversorgung am Ende? Kampflos? In: *Kulturpolitische Mitteilungen*, Nr. 102, III/2003

Scheytt, Oliver. Michael Zimmermann: Kulturelle Grundversorgung und gesellschaftliche Nachhaltigkeit – Überlegungen zu einem kulturpolitischen Schlüsselbegriff aus aktuellem Anlass. In: *Kulturpolitische Mitteilungen*, Nr. 106, III/2004

Scheytt, Oliver. Michael Zimmermann: Kulturelle Grundversorgung und potemkinsche Dörfer – Zu den Irrungen und Wirrungen einer Begriffsdebatte. In: *Kulturpolitische Mitteilungen*, Nr. 107, IV/2004

Schmidt, Christopher: Bretter, die das Geld bedeuten Schließt die Subventions-fresser – oder: Wie die allgegenwärtige Sparpolitik auch zur Zähmung der Kultur benutzt wird. In: *Süddeutsche Zeitung*, 25.06.2003

Schmidt, Thomas E. und Klaus Hartung. Vorzüge zeigen: Ein Gespräch mit Jutta Limbach, der neuen Präsidentin des Goethe-Instituts/InterNationes – über Grenzen kultureller Verständigung und den deutschen Exportschlager Grundgesetz. In: *Die Zeit*, 19/2002

Schneider, Wolfgang. Film braucht Politik! Anmerkungen zur Filmpolitik in Deutschland und Europa. In: Transformationen von Film und Kino in der europäischen Integration, Hans-Peter Burmester, Hg. Rehburg-Looccum 2000

Schneider, Wolfgang. Kultur. Politik,. Diskurs. Aus Lehre und Forschung des Instituts für Kulturpolitik der Universität Hildesheim. Heft 2. 1999. Hildesheim: Gebrüder Gerstenberg, 1999

Schneider, Wolfgang. Kultur. Politik,. Diskurs. Aus Lehre und Forschung des Instituts für Kulturpolitik der Universität Hildesheim. Heft 4. 2001. Hildesheim: Gebrüder Gerstenberg, 2001

Schwencke, Olaf, Klaus H. Revermann und Alfons Spielhoff, Hg. Plädoyers für eine neue Kulturpolitik. München: Carl Hanser Verlag, 1974

Schwerfel, Heinz Petzer: Kino und Kunst. Eine Liebesgeschichte. Köln: DuMont Literatur und Kunst, 2003

Schütze, Silke: Berlinale 2004: charming, political and retrospective. In: *Screen Berlinale Daily News*, 05.02.2004

Schütze, Silke: Berlinale is family affair. In: *Screen Berlinale Daily News*, 07.02.2004

Schulte, Gerlinde: Wirtschaftsfaktor Berlinale. In: *Die Welt*, 17.02.2003

Schulte, Gerlinde: Augenringe und volle Kassen. In: *Berliner Morgenpost*, 16.02.2003

Schulz-Ojala, Jan: Der heilige Ernst der Liebe. In: *Der Tagesspiegel*, 14.02.2004

Schulz-Ojala, Jan: About Jack. In: *Der Tagesspiegel*, 06.02.2004

Schulz-Ojala, Jan: Drei Farben: Grün. In: *Der Tagesspiegel*, 07.02.2002

sg: Verwelkte Blumen zum Abschied. In: *Profil*, 14.06.2004

Siegessäule extra: Im Geheimdienst des Teddys. 2/2003

Sievers, Norbert: Quo vadis Kulturpolitik? – Anmerkungen zu den gegenwärtigen Kürzungen im Kulturbereich. In: *Kulturpolitische Mitteilungen*, Nr. 103, IV/2003

Silbermann, Alphons, Michael Schaaf, Gerhard Adam. Filmanalyse: Grundlagen – Methoden – Didaktik. München: R. Oldenbourg, 1980

Söndermann, Michael. Zur Empirie des Kultursektors (Arbeitstitel). In: Lammert, Norbert Hg. Alles nur Theater? Beiträge zur Debatte über Kulturstaat und Bürgergesellschaft. DuMont, 2004

Spohd, Eberhard: „Zeitgespür und Events". In: *Die Tageszeitung*, 18.11.2003

Stadt Köln. Kulturwirtschaftsbericht Köln: Daten und Analysen zu den Branchen Medienwirtschaft, Kunstmarkt, Designmarkt, Musikwirtschaft, Darstellende Kunst / Entertainment und Literaturmarkt. Köln: Stadt Köln, 2000

Statistische Veröffentlichung der Kultusministerkonferenz. Ausgaben der Länder für Film und Filmförderung. Sonderheft Nr. 87. Bonn: Kultusministerkonferenz, 1998

Stei: Anknüpfen an die politische Tradition. In: *Blickpunkt: Film*, 7/2003

Stei: Casting ohne Ende. In: *Blickpunkt: Film*, 7/2004

Stei: Kontaktbörse für Newcomer. In: *Blickpunkt: Film*, 7/2003

Stei: Marktteilnehmerzahlen von der Krise unberührt. In: *Blickpunkt: Film*, 7/2003

Stei: Regiestars schnuppern Berliner Luft. In: *Blickpunkt: Film*, 7/2004

Stei: „Wir wollen das Weltkino erfassen". In: *Blickpunkt: Film*, 7/2004

Taszman, Kira: Forum 2004: Mut zu Experiment und künstlerischer Vielfalt. In: *Screen Berlinale Daily News*, 07.02.2004

Tesche, Siegfried: Wir Förderer fiebern ganz schön mit. Interview mit Thomas Schäffer. In: *Filmecho/Filmwoche*, 6/2004

Thomma, Norbert: Eine Farbe wie Fanfaren. In: *Der Tagesspiegel*, 07.02.2004

Trotz-Franz, Lydia. Programmkinos: Auslastung, Bestand, Besuch und Eintrittspreise. Untersuchungszeitraum 19989 – 2000. Berlin: FFA, 2001

Tsp: Roter Teppich für 400 Filme. In: *Der Tagesspiegel*, 06.02.2004

Tsp: Schröder: TV muss Film stärker fördern. In: *Der Tagesspiegel*, 07.02.2002

TV Movie: Berlinale 2003 – Sonderheft

Verband der Filmverleiher e.V. Standpunkte zur Filmförderung in Deutschland. Wiesbaden: Verband der Filmverleiher, 2000

Vorzüge zeigen. Ein Gespräch mit Jutta Limbach, der neuen Präsidentin des Goethe-Instituts/InterNationes – über Grenzen kultureller Verständigung und den deutschen Exportschlager Grundgesetz. In: *Die Zeit*, 19/2002

Vahabzadeh, Susan: Der Teutonengrimm. In: *Süddeutsche Zeitung*, 29.03.2004

Wahrig Deutsches Wörterbuch, 7. überarbeitete Auflage. Gütersloh, Wissen Media Verlag, 2002

Wagner, Manfred. Kulturfestivals. Eine Form gesellschaftlicher Reaktion auf die Krise der Achtzigerjahre. In: art management, Jhg. 1, Heft 1998, Wien 1983

Weiss, Christina. 10 Jahre Kulturpolitik für Hamburg. Abschiedsrede vom 30. Oktober 2001. Antrittsrede vom 1. Juli 1991. Kulturbehörde Hamburg, Hg. Hamburg 2001

Weiss, Christina. Die Kunst der Vermittlung - Kulturpolitik heute. In: Was Bleibt? Kulturpolitik in persönlicher Bilanz. Hg. v. Oliver Scheytt und Michael Zimmermann. Kulturpolitische Gesellschaft e.V. Bonn. Essen: Klartext Verlag, 2001.

Weiss, Christina. Stadt ist Bühne: Kulturpolitik heute. Hamburg: Europäische Verlagsanstalt, 1999

Welck, Karin von: Wozu kulturelle Grundversorgung? – Stellungnahmen von kulturpolitischen Akteuren. In: *Kulturpolitische Mitteilungen*, Nr. 106, III/ 2004

Westphal, Anke und Frank Junghänel: Das modernste Filmfestival der Welt. Interview mit Dieter Kosslick. In: *Berliner Zeitung*, 31.01.2004

Wild, Leonie: 'Deutschland ist nicht Top of the Pops'. Interview mit Wieland Speck. In: *Eurogay*, 2/2003

Willms, Beate: Kommunen im Jahr des Schreckens. In: *Die Tageszeitung*, 28.01.2003

Winkler, Thomas: In Jodies Himmel. In: *Die Tageszeitung*, 08./09.2003

Wolf, Reinhard W.. Kurzfilm in Deutschland – Ein Blick zurück nach vorn. In: AG Kurzfilm. German Short Films 2004

Wüstenrot Stiftung, Hg. Kultur – und Stadtentwicklung. Kulturelle Potentiale als Image- und Standortfaktoren in Mittelstädten. Ludwigsburg, 1999

Zacharias, Wolfgang: Wozu kulturelle Grundversorgung? – Stellungnahmen von kulturpolitischen Akteuren. In: *Kulturpolitische Mitteilungen*, Nr. 106, III/2004

Zander, Peter: Gerhard le Doux. In: *Berliner Morgenpost*, 07.02.2002

zim: Schauspieler auf Promo-Tour. In: *Blickpunkt: Film*, 7/2003

Zimmermann, Olaf, und Gabriele Schulz, Hg. Positionen und Diskussionen zur Kulturpolitik: Fragen des Deutschen Kulturrates an die im Deutschen Bundestag vertretenen Parteien zur Bundestagswahl 2002. Bonn/Berlin: Deutscher Kulturrat, 2000

Zoll, Markus. Die Kinobesucher 2002 Strukturen und Entwicklungen auf Basis des GfK Panels. Berlin: FFA, 2002

## 5.2. Rundfunkberichte

Traube, Rainer. „Herr der Filme". Dieter Kosslick im Interview, Deutschen Welle, 04.02.2004

## 5.3. Onlineartikel mit Autorennennung

Aas, Nils Klevjer: Streiflichter: Quantifizierung des Phänomens „Europäische Filmfestivals. In: Vortrag des Autors auf der von der Europäischen Union veranstalteten Konferenz zum Thema „Angemessene Förderung europäischer Filme" während der Internationalen Filmwoche in Valladolid (Spanien) 1997 www.obs.coe.int/online_publication/expert/00001262.html

Beier, Lars-Olaf. Martin Wolf: Es geht auch ohne Hollywood – Berlinale-Chef Kosslick im Interview. Spiegel Online, 31.01.2005 www.spiegel.de/kultur/kino/0,1518,339479,00.html

Blaney, Martin: Accept Diversity. Dieter Kosslick im Interview. www.german-cinema.de/magazine/2002/01/focus/kosslick.html

Brandes-Druba, Bernd: Die Zukunft des KulturTourismus. www.kulturnetz-sh.de/kultur.news/index.php?lkv1=ja&e=2741

Dorn, Christine: Hier entsteht ein riesiger Talent-Markt. www.heute.t-online.de/ZDFde/druckansicht/0,1986,2104233,00.html

Feldkamp, Heinz-Dieter. M. Scheunemann, S. Schulz im Gespräch mit Festivalleitern Rolf Eckard, Thorsten Hecht: Wir fühlen uns in erster Linie dem Publikum vor Ort verpflichtet. www.nibis.ni.schule.de/~rs-leer/zisch/zisch78.htm

Hochreither, Irmgard. Karin Rocholl: Dieter Kosslick: Das Global Playerle. www.stern.de/unterhaltung/film/index.html?id=519772&eid=519579

Klingsporn, Johannes: 2. Berliner Forum für Filmwirtschaft der Friedrich Ebert Stiftung 2001 – Odyssee im Verleihmarkt. www.vdfkino.de/presse/pdf/vdf_20010223-001.pdf

Mallick, Robin: Der Deutsche Kurzfilm – erfolgreich in aller Welt. www.goethe.de/kug/kue/flm/thm/de23842.htm

Merseburger, Peter: Neigung zum leicht entzündbaren Massenrausch. www.welt.de/data/2003/06/23/122974.html?s=2

Mueller, Claus: Re-Positioning Berlin European Film Market, Newsletter Nr. 181, 26.02.-04.03.2004. www.filmfestivals.com

Munkwitz, Matthias: Zum Verhältnis von Kultur und Ökonomie. Görlitz: Institut für kulturelle Infrastruktur Sachsen, 2001. www.kultur.org/texte/verhaeltnis.htm

Nida-Rümelin, Julian: Die kulturelle Dimension des Nationalstaates. www.bun desregierung.de/dokumente/-,413.72068/Namensbeitrag/dokument.htm

Nida-Rümelin, Julian: Filmpolitisches Konzept. Vorschläge zur Reform der Filmförderung und zur Aufwertung des deutschen Films als Kulturgut. www.filmförderung-bkm.de/03politik/31.htm

Rodek, Hanns-Georg: Kosslick gut, Berlinale gut".www.welt.de/daten/2002/02/18/0218fo315050.htx

Scheytt, Oliver: Künste und kulturelle Bildung als Kraftfelder der Kulturpolitik" Aus Politik und Zeitgeschichte (B 12/2003). www.bpb.de/publikationen/ZVTFOF,4,0,K%FCnste_und_kulturelle_Bildung_als_Kraftfelder_der_Kult urpolitik.html#art4

Schneider, Florian. Osteuropa und Pop: Unerwartete Begegnungen und eine überraschende Juryentscheidung prägen die 46. internationalen Kurzfilmtage in Oberhausen. www.heise.de/tp/deutsch/inhalt/kino/8159/1.html

Schwaiger, Manfred. Messung der Wirkung von Sponsoringaktivitäten im Kulturbereich – Zwischenbericht über ein Projekt im Auftrag des AKS/Arbeitskreis Kultursponsoring. Ludwig-Maximilians-Universität München. www.aks-online.org/aks_engine.shtml?id=23

Strunz, Dieter: Raus aus der Nische". www.morgenpost.de/archiv2003/030211/feuilleton/story583446.html

Suchsland, Rüdiger: Alles auf Anfang, vielleicht". www.bundestag.de/das parlament/2002/06_7/panorama/020.html

Weiss, Christina: „Filmpolitisches Konzept: Vorschläge zur Reform der Filmförderung und zur Aufwertung des deutschen Films als Kulturgut." www.bundesregierung.de/Regierung/ Beauftragte-fuer-Kultur-und-Me,9460/Filmpolitisches-Konzept.htm

Weiss, Christina und Dieter Kosslick im Interview mit Susanne Dorn: Ein richtig guter Film. Vorwärts, 01.02.2004. www.vorwaerts.de/allother.php/rubrik/schlaglicht/iAid/6378

Weiss, Christina: Eröffnungsansprache der 54. Berlinale. www.bundesregie rung.de/servlet/init.cms.layout.LayoutServlet?global.naviknoten=413&link= bpa_notiz_druck&global.printview=2&link.docs=601263

Yifan, Wu. The FIAPF, International Federation of Film Producers Associations Answering Questions From Journalists. www.6th.siff.com/eng/news3_31.htm

## 5.4. Onlineartikel ohne Autorennennung

„Begründung zur Novelle des Filmförderungsgesetzes" www.bundesregie
rung.de/Regierung/ Beauftragte-fuer-Kultur-und-Me.9431/Filmpolitik.htm

„Berlinale-Jubel in Hamburg: Wir haben seit Donnerstag durchgefeiert"
www.spiegel.de/kultur/kino/0,1518,286632,00.html

Commentary by Dieter Kosslick. www.efp-online.com

„Der Glamour ist da" www.zdf.de/ZDFde/inhalt/30/0,1872,2099038,00.html

Deutscher Marktanteil von 1955 – 1998 in Prozent. www.deutsches-filminsti
tut.de/dt2ja0009c.htm

„Deutscher Städtetag: Städte befürworten gegenüber Staatsminister Nida-Rümelin einen ‚kooperativen Kulturföderalismus'" www.staedtetag.de/php/print.
html ?/10/presseecke/pressedienst.htm

„Deutschland entwickelt sich nachhaltig: Machen Sie mit beim Dialog Nachhaltigkeit" www.bundesregierung.de/Themen-A-Z/-,11405/Nachhaltige-Entwi
cklung.htmwww.dialog-nachhaltigkeit.de/html/infos.htm#indikatoren

„Die Beauftragte der Bundesregierung für Kultur und Medien" www.bundes
regierung.de/Regierung/-,4562/Beauftragte-fuer-Kultur-und-Me.htm

„Die Bundesregierung: Perspektive für Deutschland – Unsere Strategie für eine
nachhaltige Entwicklung." www.nachhaltigkeitsrat.de/n_strategie/index.
html

„Die goldenen Regeln des Sponsoring" Interview Manuela Rousseau.
www.faz.net vom 21.09.2002

European Coordination of Film Festivals „Code of Ethics": www.eurofilm
fest.org/ecff/about/about3.lasso?&nr=5.

„Eröffnungsrede der Kulturstaatsministerin Dr. Christina Weiss." www.film
20.de/news/?c=News&ID=3723

„Filmfestivals in Niedersachsen" www.niedersachsen.de/master/0,,C863746
_N15376_L20_D0_I198,00.html

„Fördermöglichkeiten in einem veränderten Umfeld". PopScriptum 6.
www2.rz.hu-berlin.de/fpm/popscrip/themen/pst06/pst060A0.htm

„Gestaltende Kultur- und Medienpolitik" www.bundesregierung.de/dokumente/-
,413.66760/Artikel/dokument.htm

Informationsdienst Soziokultur Nr 45. www.soziokultur.de/_seiten/infodienst 45/
thema.htm

„Intendant der Berlinale ist zufrieden mit Etat und Qualität". www.bundes
tag.de/bic/hib/2003/2003_021/04.html

„Jute und Polyethylen als Sinnbild des Glamours" www.heute.t-online.de/ZDFde/druckansicht/0,1986,2101223,00.html

Kultur- und Medienpolitik des Bundes. www.bundesregierung.de/dokumente/-,9576.439898/Artikel/dokument.htm

„Kultur bedeutet Kleinscheiß – Kommunen und Länder geben sich kleinkariert bei der finanziellen Kulturförderung". www.home.t-online.de/home/boa-kue nstlerkooperative/kultuirnew1.htm

„Meister der fröhlichen Gelassenheit". www.heute.t-online.de/ZDFde/druck ansicht/0,1986,2101220,00.html

„Oberhausener Manifest". www.deutsches-filminstitut.de/dt2ti0003.htm

Rat für Nachhaltige Entwicklung: „Kultur und Nachhaltigkeit – Thesen und Ergebnisse aus einem Ideenworkshop vom 11./12.12.2001, Berlin". www.nachhaltigkeitsrat.de/service/download/pdf/Kultur_und_Nachhaltigkei t01-02.pdf

„Statement von Prof. Dr Max Fuchs, Präsident des Deutschen Kulturrates auf der außerordentlichen Hauptversammlung des Deutschen Städtetages am 24. September 2003 in Berlin". www.staedtetag.de/10/schwerpunkte/artikel/29/zusatzfenster64.html

Stellungnahme des Deutschen Kulturrates zu den GATS 2000-Verhandlungen der WTO über bestimmte audiovisuelle Dienstleistungen und über Kulturdienstleistungen. www.kulturrat.de/aktuell/Stellungnahmen/gats.htm

Vortrag der Kulturstaatsministerin Weiss zum Thema „Bundeskulturpolitik – Was heißt das?" am 24.02.2003 in Hamburg. www.bundesregierung.de/dokumente/-,413.469075/Rede/dokument.htm

## 5.5. Diverse Homepages

Arbeitskreis Kultursponsoring: www.aks-online.org

Defa Stiftung: www.defa-stiftung.de

European Coordination of Filmfestivals: www.eurofilmfest.org

Exportunion: www.german-cinema.de

Filmbewertungsstelle Wiesbaden: www.fbw-film.de

Filmförderungsanstalt Berlin: www.ffa.de

Filmförderung Hamburg: www.ffhh.de

Goethe Institute: www.goethe-institut.de

International Federation of Film Producers Association: www.fiapf.org

Kulturveranstaltungen des Bundes in Berlin: www.kbberlin.de

KurzFilmAgentur Hamburg e.V.: www.shortfilm.com

KurzFilmForum für Kunst und Kommerz: www.kurzfilm.de

Kommunale Kinos e.V.: www.kommunale-kinos.de

Mediadesk Deutschland: www.mediadesk.de

Talent Campus, Berlinale: www.berlinale-talentcampus.de

## 5.6. Filmfestivals

Augsburger Kinderfilmfest: www.filmfest-augsburg.de

Augsburger Kurzfilmwochenende: www.filmfest-augsburg.de

Backup Festival. Neue Medien im Film, Weimar: www.backup-festival.de

Bamberger Kurzfilmtage: www.bambergerkurzfilmtage.de

Berliner Medienfestival für Kinder und Jugendliche:
www.berliner-medienfestival.de

Best before, Hildesheim: www.bestbefore2002.de

Biberacher Filmfestspiele: www.filmfest-biberach.de

Bunter Hund – Kurzfilmfest München: www.kurzfilmfest-muenchen.de

Cellulart – Jenaer Kurzfilmfest: www.cellulart.de

Dokumentart, Neubrandenburg: www.latuecht.de/dokart/

Dresdner Schmalfilmtage: www.schmalfilmtage.de

Duisburger Filmwoche – Festival des deutschsprachigen Dokumentarfilms:
www.duisburg.de/Filmwoche/

Europäisches Filmfest Stuttgart Ludwigsburg: www.filmfest-s-lb.de

European Media Art Festival: www.emaf.de

Exground Filmfest, Wiesbaden: www.exground.com

Femme Totale – Internationales Filmfestival Dortmund: www.femmetotale.de/

Festival garage: www.garage-g.de

Filmfest Dresden – Internationales Festival für Animations- und Kurzfilm:
www.filmfest-dresden.de

Filmfest Marburg Amöneburg: www.openeyes-filmfest.de

Filmfest München: www.filmfest-muenchen.de

Filmfest Oldenburg:www.filmfest-oldenburg.de

Filmfest Weiterstadt: www.filmfest-weiterstadt.de

Filmfestival Cottbus: www.filmfestivalcottbus.de

Filmfestival Max Ophüls Preis: www.filmfestival-max-ophuels.de

Filmfestival Münster: www.filmfestival.muenster.de/index.html

Filmfestival Ökomedia, Freiburg: www.oekomedia-institut.de

Filmkunstfest Schwerin: www.filmkunstfest-schwerin.de

Feminale – Internationales Frauen Film Festival, Köln: www.feminale.de

Filmschau Baden-Württemberg: www.filmbuerobw.de

Flensburger Kurzfilmtage: www.kurzfilmtage.flensburg.de

Französische Filmtage, Tübingen/ Stuttgart: www.filmtage-tuebingen.de

g-niale Kurzfilmfestival: www.garage-g.de

Go East – Festival des mittel- und osteuropäischen Films, Wiesbaden: www.filmfestival-goeast.de

Goldener Spatz – Deutsche Kinder-Film & Fernseh-Festival, Gera: www.goldenerspatz.de

Independent Days, Karlsruhe: www.bohemia-filmkunst.de/id/

Interfilm – Internationales Kurzfilmfestival, Berlin: www.interfilm.de

Internationale Filmfestspiele Berlin: www.berlinale.de

Internationale Filmtage Hof: www.hofer-filmtage.de

Internationale Grenzland-Filmtage, Selb: www.grenzland-filmtage.de

Internationale Kurzfilmtage Oberhausen: www.kurzfilmtage.de

Internationales Bochumer Videofestival: www.videofestival.org

Internationales Dokumentarfilmfestival München: www.dokfest-muenchen.de

Internationales Filmfestival Mannheim-Heidelberg: www.mannheim-filmfestival.com

Internationales Filmfest Braunschweig: www.filmfest-braunschweig-de

Internationales Filmfest Emden, Aurich, Norderney: www.filmfestemden.de

Internationales Filmwochenende Würzburg:www.filmwochenende-wuerzburg.de

Internationales Kinder- und Jugendfilmfest Marl: www.kinderfilmfestival.de

Internationales KurzFilmFestival Hamburg: www.shortfilm.com

Internationales Kurzfilmfest, Tübingen: www.filmtage-tuebingen.de

Internationales Leipziger Festival für Dokumentar- und Animationsfilm: www.dokfestival-leipzig.de

Internationales Studentenfilmfestival Sehsüchte, Potsdam: www.sehsuechte.de

Internationales Trickfilmfestival Stuttgart: www.itfs.de

Husumer Filmtage: www.husumer-filmtage.de

Kasseler Dokumentarfilm und Videofest: www.filmladen.de/dokfest/

Kinderfilmfest Hof: www.kinderfilmfest-hof.de

Kinderfilm-Festival der Internationalen Filmfestspiele Berlin: www.berlinale.de

Kinofest Lünen: www.kinofestluenen.de

Kontakt – Das Bayreuther Filmfest: www.kontrast-filmfest.de

Kurze Dinger, München: www.kurzedinger.de

Kurzfilmwochenende Augsburg: www.filmfest-augsburg.de

Lesben Film Festival, Berlin: www.lesbenfilmfest.de

Lesbisch-Schwule Filmtage Hamburg: www.lsf-hamburg.de

Mo & Friese – KinderFilmFestival Hamburg: www.shortfilm.com

NaturVision – Internationales Natur- und Tierfilmfestival, Freyung/ Schönau: www.natur-vision.de

Nippon Connection – Japanisches Filmfestival, Frankfurt: www.nipponconnection.de

Nordische Filmtage Lübeck: www.filmtage.luebeck.de

Perspektive – Nürnberger Filmfestival für Menschenrechte: www.fitame.de

Regensburger Kurzfilmwoche: www.regensburger-kurzfilmwoche.de

Rottweiler KurzFilmTage: www.rottweiler-kurzfilmtage.de

Schlingel – Internationales Filmfestival für Kinder und junges Publikum: www.ff-schlingel.de

Short Cuts Cologne – Internationales Kurzfilmfestival Köln: www.short-cuts-cologne.de

Shortmoves – Kurzfilmfestival, Halle: www.shortmoves.de

Tage des unabhängigen Films, Augsburg: www.filmfest-augsburg.de

Unabhängiges Filmfest Osnabrück: www.filmfest-os.de

Up and coming Film Festival Hannover: www.up-and-coming.de

Video/Filmtage, Koblenz: www.videofilmtage.de/

Werkstatt für junge Filmer, Wiesbaden: www.werkstatt-fuer-junge-filmer.de

Zwergwerk – Oldenburger Kurzfilmtage: www.zwergwerk.net

**Studien zur Kulturpolitik**

Herausgegeben von Prof. Dr. Wolfgang Schneider

www.peterlang.de